# 晚清最后十八年

## 八国联军侵华,朝中各派内斗

黄治军 著

## 图书在版编目（CIP）数据

晚清最后十八年. 2 / 黄治军著. —— 北京：华文出版社，2019.11（2023.11重印）

ISBN 978-7-5075-5159-4

Ⅰ.①晚… Ⅱ.①黄… Ⅲ.①中国历史－研究－清后期 Ⅳ.①K252.07

中国版本图书馆CIP数据核字（2019）第152225号

---

晚清最后十八年 2

WANQING ZUIHOU SHIBA NIAN 2

---

| 著　　者： | 黄治军 |
| --- | --- |
| 策　　划： | 胡慧华 |
| 责任编辑： | 刘超平　寇　宁 |
| 出版发行： | 华文出版社 |
| 地　　址： | 北京市西城区广外大街305号8区2号楼 |
| 邮政编码： | 100055 |
| 网　　址： | http://www.hwcbs.cn |
| 电　　话： | 总编室 010-58336239　编辑部 010-58336222<br>发行部 010-58336267 |
| 经　　销： | 新华书店 |
| 印　　刷： | 三河市龙大印装有限公司 |
| 开　　本： | 710mm×1000mm　1/16 |
| 印　　张： | 21.75 |
| 字　　数： | 300千字 |
| 版　　次： | 2019年11月第1版 |
| 印　　次： | 2023年11月第10次印刷 |
| 标准书号： | ISBN 978-7-5075-5159-4 |
| 定　　价： | 53.80元 |

*版权所有，侵权必究*

# 目 录

第一章　"强拆血案"：武术大师赵三多自创义和拳会 ………… 1
第二章　义和拳的"神化"之路 ……………………………………… 19
第三章　党争的开始：端王集团的惊世废立阴谋 ………………… 26
第四章　慈禧的布局：荣禄崛起 …………………………………… 42
第五章　权力安全：慈禧维持统治的核心 ………………………… 58
第六章　党争的发酵：山东巡抚之争 ……………………………… 74
第七章　义和拳进京前的疯狂 ……………………………………… 93
第八章　义和拳是如何进北京的 …………………………………… 110
第九章　端王步步紧逼，慈禧调军自保 …………………………… 121
第十章　被内外势力逼到绝境的慈禧进退失据 …………………… 132
第十一章　开战决策的秘密：最后的御前会议 …………………… 147
第十二章　向十一国开战 …………………………………………… 167
第十三章　大沽口保卫战：优势下的惨败 ………………………… 180
第十四章　租界之战：裕禄的一场政治表演 ……………………… 197
第十五章　"东南互保"：大臣的算计 …………………………… 214

| 第十六章 | 聂士成：最后一位传统名将之死 | 234 |
| 第十七章 | 四千发炮弹攻不下使馆：荣禄的秘密 | 252 |
| 第十八章 | 北京的沦陷 | 268 |
| 第十九章 | 八国联军在京津的暴行 | 281 |
| 第二十章 | 李鸿章一生中最后一次议和 | 293 |
| 第二十一章 | 义和团运动与八国联军侵华的终极启示 | 318 |

# 第一章
# "强拆血案":武术大师赵三多自创义和拳会

## 强拆血案案发梨园屯

在山东省的最西部,山东、直隶、河南三省交界处,有一个叫冠县的地方。和清国大多数农村一样,它土地贫瘠,人们靠在盐碱地上种植棉花为生,思想封闭。自从1861年(咸丰十一年)第二次鸦片战争后允许传教士进入清国内陆地区传教之后,在冠县总共24个村中,有11个村建起了教堂。

梨园屯就是这11个村其中之一,这是一个总共有近300户人家的大村,实际上相当于我们现在的"镇",其中入教的教民有20多户。

而镇民和教民的相处并不和谐。

1861年,第一批传教士便到达梨园屯,之后陆续有其他传教士到来。外来人口到来,首先要解决的就是住房问题,他们见屯子中心有一座已经破败的玉皇庙空着,便打起了这座破庙的主意——想在这座玉皇庙的地基上建一座教堂。

但要拆掉这座玉皇庙,还是会有不小的麻烦,因为这座庙是有主人的。

大约在康熙年间,梨园屯当地的富人捐出了一块地,总共有41亩左右,分作两部分。

一部分是三亩多的宅基地,主要用于修建当时的"希望小学"——义学,以及义学旁边的玉皇庙。另外一部分是大约38亩的耕地,这是"学田",用来维持义学的日常开支。

现在我们知道了，玉皇庙的房产和地产是屯子里公产的一部分，用我们今天的话来说，它是镇民共有的小产权"庙"。镇民的想法是，如果传教士可以不打这块地皮的主意，换别的地方修教堂，玉皇大帝和王母娘娘就不用搬家，那就最好；如果一定要拆迁玉皇庙重建教堂，那么至少要给神仙一笔"安置费"吧。

当然，所谓的"神仙安置费"也就是给镇民们的一笔拆迁费，地是大家的，你要用地，就必须出钱。应该说这个要求并不过分，屯子里的人最担心的就是：传教士仗着他们是洋人，强拆了玉皇庙，拆迁费却没有着落。

而接下来发生的事情似乎证明镇民们想多了，传教士并没有强拆，只有20多户教民向"街道办事处主任"（三街会首）提出了一个请求：将那41亩地和房产分了了事，并且他们这些教民只要包括玉皇庙在内的那三亩宅基地。

教民们虽然入了洋教，但他们世世代代也是梨园屯的人，祖辈们留下的公产自然也有他们的份儿。于是三街会首召集当地士绅研究商讨，确定了分配方案：20多户教民如愿以偿地分到了那三亩宅基地，而其他镇民分得了38亩耕地。

虽然宅基地是教民自己想要的，但三街会首搞出这个分配方案还是别有用心的。三街会首并不是教民，自然要维护镇民们的利益，宅基地是薄田，不能种棉花，又只有三亩多，把它们分给教民应是让镇民占了便宜。正是出于这种考虑，三街会首还让大家立了个分地清单的字据，以防教民将来反悔。

而教民们接下来的行动很是出乎会首们的预料：教民们不仅没有反悔，还高高兴兴地接受了分地清单。然后，他们把得到的三亩宅基地集体献给了传教士！地基上的玉皇庙被推倒，一座小教堂赫然耸立！

难怪他们不要良田只要地基，原来是拿来献给洋人啊！三街会首和镇民们都有一种上当受骗的感觉。特别是主持分地的三街会首和士绅们，他们的权威受到了挑战，原本能拿得最多的拆迁银子也落了空，是可忍，孰不可忍！

而镇民们愤怒的原因也是拆迁费落了空，他们原本指望能从传教士征地修教堂中分得一笔银子，没想到狡猾的传教士还是通过"曲线拿地"无偿获得了地基。作为天然的弱势群体，每当外来势力入侵时，底层农民们就一直对自己利益可能遭受的损害十分敏感。镇民们感觉他们既遭受了损失，又受到了侮辱；更有甚者，当时已有不少镇民传言：洋人其实是给了屯里教民人家40两银子的，只是教民们偷偷私分了，并没有给屯里。听到这样的传言，镇民们更加愤怒了。

三街会首和士绅的代表六个人，带领愤怒的镇民来到县衙上告。就是从这一天起，梨园屯漫长的民教冲突正式开始！

## "六大冤"的上告之路

镇民告的是教民没有权力将"屯里的地献给洋人"，但关于这个问题，本来就是一笔糊涂账。朝廷因在第二次鸦片战争中战败，被迫允许基督教传教士进入内地传教，而教民拿他们自己的地献给教会修教堂到底可不可以，总理各国事务衙门（相当于大清的"外交部"，以下简称总理衙门）夹在民族感情和洋人之间，一直支支吾吾，问题悬而未决。聪明的县老爷只好将此回避，他根据三街会首签下的分地清单判定：传教士拿地有效，修建教堂行为合情、合理、合法。

三街会首们签这个分地单子原本是防止教民反悔的，现在反而吃了一个哑巴亏，因此他们情绪比较激动，态度比较恶劣，动作也比较粗暴。县老爷只好不拿他们当"干部"，出动兵勇把他们抓了起来。他们最后虽然被保释出狱，但在梨园屯颜面无存。

六个人决定：再往上告。我就不相信没个做主的地方！他们分工明确：有人负责变卖家产，筹集上告资金；有人背着干粮，躲过地方官的围追堵截，从东昌府、济东道，一直上告到山东巡抚衙门。

然而，上告是没有用的。在东昌府，知府明确地告诉他们："你们所说的事情即便有理，我也管不了，就算是我想管，也不敢管啊！"其中那三个"上告专业户"被抓了起来，被判坐牢。这六户原本还算富裕的人家倾家荡产，但官府的行动并没有吓退他们，他们一直在坚持上告。从拆迁事件发生起，几年、十几年的时间过去了，有人坐牢、有人家破人亡、有人被革去功名，年华老去，他们也由最初镇民口中的"六先生"，变成了梨园屯的"六大冤"。

在"六大冤"上告的同时，梨园屯的镇民也没有放弃为夺回地基而努力。他们和教民进行了无数次扯皮，今天镇民扬言要炸了教堂，明天教民扬言要带洋人来捉人，大家你来我往，谁都不好惹。

教民们毕竟是人少的一方，最终还是他们逐渐妥协了。在县衙的调解下，经过漫长曲折的谈判，双方终于达成了协议：由县衙专门拨出白银200两，为教民在其他地方买块地皮，修建一座崭新的教堂，但教民要把玉皇庙的地基退还给镇民。

这个结果其实是谁都没有"妥协"，等于是县衙主动承担了200两银子买地皮和修建教堂的费用，就让官府花钱去买个稳定吧！

在镇民和教民看来，事情已经得到解决了。但他们还忘了此事牵涉的另外一个机构——教会。

教会是传教士的组织，它对这个调解的结果很不满意。教会认为，既然教民们已经把地献出来了，按照西方的契约精神，那么就连教民也不能再对这块地进行处置，能做主的只有接受献地的传教士和教会。

其实教会的反对也是有其他原因的：事情闹到这个地步，已经不再是一个纯粹的地皮问题，而是关系到今后在乡村中的威信。威信一下降，传教工作就不好开展。

问题又拖下去了。几年后，山东主教越过山东巡抚衙门，直接找到西方国家驻北京的公使，请公使们出面向总理衙门"提出抗议"，要求重新解决。

总理衙门很快批示给山东，山东巡抚衙门指示东昌府解决。在东昌知府的干预下，冠县县衙的调解裁决又变了：由县衙专门拨出白银200两，为镇民在其他地方买块地皮，修建一座崭新的玉皇庙，但镇民要同意玉皇庙的地基归教会。

绕了一圈，还是冠县县衙出钱，只不过地皮又给了教会。县衙认为这个转变是很高明的，应该三方都会满意。然而，现实情况却不是这样的。

当初教民之所以妥协，并不是他们真心想妥协，只是他们畏惧没有入教的镇民人多势众。现在，看到县衙在教会的压力下不得不偏向教会，他们开始有了自己的打算：必须将闹事的镇民们"整怕"，免得他们将来报复。

在教民的要求下，教会向县衙提出：必须惩罚那些"无知愚民"，将为首的"六大冤"全部通缉捉拿，才算完（"扬言必须将控争之人按名拿究，方肯干休"）。

连县老爷都觉得这个要求比较过分，不打算理睬。而在梨园屯，"官府受教会的压力要来拿人"的谣言已是满天飞，这些谣言正是教民发出来的，为的是给镇民们一个警告。"六大冤"赶紧去做一件事情——搬武器。

1853年，太平天国运动高涨的时期，山东巡抚衙门曾经下过一道指令，要求通省办"团"。当然，这个"团"就是我们在历史书中经常见到的地主武装——团练。而当年梨园屯的团练首领正是"六大冤"之一，而现在，他们把原本用于团练的武器搬到了玉皇庙，准备一旦官兵来捉人，就大规模发动镇民武力对抗！

这么多的人持械聚集，严重影响地方稳定！

山东巡抚衙门再一次被惊动了，迅速派出以"副省长"（道台）牵头，东昌知府、临清知州、冠县县衙组成的四套班子进驻梨园屯，找到"六大冤"做思想工作，动之以情、晓之以理：你们原本就是知书达理的人，有的还吃过皇粮，干什么跟官府对抗呢？虽说你们是地头蛇，强龙也不压地头蛇，但你们也是知道的，教会可不是一般的强龙啊！他们可以直通北京的公使，而公使又可以直接向总理衙门交涉，外交压力朝廷又顶不住，所以官司你们是打不赢的。武力对抗更没有好下场，你们不想想，这是谁的天下？你们手里有枪，还能多过朝廷的枪？

"六大冤"原本就不是打算要对抗官府的，只是为了自保；现在道台大人亲自做思想工作，他们终于泄气了。是的，这是一场不可能的胜利，因为结果早已注定了。为了争地，"六大冤"已经倾家荡产，不能再坚持下去了。

"六大冤"同意不再上告，也保证不再武力抗教，玉皇庙的地基给教会。然后，"六大冤"相继带领他们的家人，全部离开了梨园屯，远走他乡。"六大冤"很清楚：虽然自己不再闹事了，但不能保证其他人不再对教民闹事，他们必须防备将来可能遭到的打击报复。

在"六大冤"离开之前，镇民中还有八位并不甘心的落第秀才想继续上告，他们找"六大冤"帮忙，被"六大冤"拒绝了。八个人也最终没有再闹起来，在梨园屯的教案史料中，他们留下了一个统一的外号——"八大讼"。

随着"六大冤"和"八大讼"的彻底撤出，在后来整个义和团运动中出现的第一个利益集团——士绅集团的争斗告一段落了。他们是乡村秩序（包括邻里纠纷、家族矛盾、乡村庙会、祭祀、红白喜事等的秩序）的维护者，也是朝廷在乡村的真正统治基础。县老爷断个案子，除了银子和美女，士绅们的态度起了关键性作用，甚至完全可以替代县官断案。手中的这些权力也一直是士绅们在乡村里拥有威信的根源，现在突然冒出一批传教士、冒出一个教会，竟然可以剥夺他们原本掌控的维护乡村秩序的权力，竟然可以让一部分教民从此不受他们的管辖，很不爽啊！

但是，教会的出现除了会削弱士绅集团对乡民的掌控，其实还给了士绅集团趁机摆脱官府的机会。

因为教会势力同样冲击了官府，当教会势力向地方官府势力发动进攻时，原先受地方官掌控的士绅其实也在趁机摆脱官府，去争取他们在乡村中更大的权力地盘。这正是一直跟官府站在一起的士绅一反常态，不惜全力"为民争地"的另一原因。事实上，士绅们在领导镇民们进行抗争时，都有意无意地拉开了与州县官府的距离，他们并不相信同样受制于教会的州县官府的"能耐"能比他们大多少,直到道台前来压制。

也就是说,随着教会势力的到来,无论是对外还是对内,朝廷行政系统对这个国家的掌控能力都进一步被削弱了。教民们只相信教会,乡民和士绅也并不信任地方官府,在广大的乡村,朝廷开始逐步丧失它的统治根基。

教会得到了地皮,他们开始组织人马扩建教堂,原来的小教堂又变成了大教堂,这件事情深深地刺痛着梨园屯的人们。但是,有知识的"先生"们不再闹事了,梨园屯的人们一时间没有了主张,一开始,他们并没有再阻止教堂的扩建,不再折腾、不再闹事、不再上告、不再拦轿喊冤,梨园屯恢复了暂时的稳定。

但稳定也仅仅是暂时的。

因为"十八魁"已经横空出世!

## "十八魁"拜师赵三多

梨园屯有十八个年轻力壮的男人。其中的一个,就是我们在历史书中常见的阎书勤。他们都出生于贫困之家,没有读过什么书,不懂什么大道理。他们从小就从父辈的口中听到玉皇庙的争地纠纷,小时候是躲在树后用弹弓袭击教民和传教士,现在,他们决心用行动来捍卫家乡人民的财产和尊严。

而他们的行动,就是诉诸武力。十八个小伙子公开宣言:官已经不讲法,那我们就不守法!

他们不会再上告了,十几年的上告已经被证明是毫无结果的,官府只关心稳定,并不在意何为真正的矛盾纠纷和利益诉求。矛盾很复杂,但地方官府只会用"不允许破坏稳定"的说法来维护稳定,这样的稳定又如何能维持?

"十八魁"就是镇民给他们取的外号,看来照这样发展下去,什么"三十六天罡""七十二地煞""一百单八将"也很快就会出现。用专业术语说，"十八魁"是一种"激情型的政治参与"，他们对土地之争的感性认识要远远超过理性认识。他们只知道"要守住祖祖辈辈的土地，不要让它们被洋人夺去"，即使是用武力，即使是用暴力，他们也不会认为这有什么不对，他们自认是在做一件无比正义之事——维权！

因为穷，"十八魁"也并没有什么可以害怕失去的。怕个啥，干吧！

"十八魁"包围了教堂，对教堂发起了进攻，各种长短的扁担飞舞，各种大小的石头横飞，教堂的扩建陷入僵局。然后，"十八魁"冲进教民家，把教民们赶出了梨园屯，直到教民们搬来了救兵。

在这之后的几年时间里，梨园屯的局势陷入了僵持：只要教会前来扩建教堂，"十八魁"就会率领镇民冒死拆房；而只要镇民试图在地皮上推倒教堂重建玉皇庙，教会则也会出动洋枪队阻止。

无奈的东昌知府只好下了一道命令：双方都不得修，就让那块地荒在那里吧。

这仍然只是道和稀泥的命令，也仍然让双方都不满意。而随着教会势力越来越大，"十八魁"很清楚：要夺回土地，就必须战胜洋人的洋枪！

有什么办法呢？

他们的目光落到了邻县威县（属直隶）一个叫赵三多的人身上。"十八魁"打算前去拜师，而赵三多，是大名鼎鼎的梅花拳传人。

在介绍赵三多和梅花拳之前，我们要先介绍一下当时直（直隶）东（山东）境内的三大民间武术组织。

首先是白莲教。白莲教虽然在清国的北方地区影响广泛，但从严格意义上来说，白莲教算不上是真正的武术组织，而是一个崇尚武力的宗教组织。

它的教义认为，这个世界是有末日的（不是2012年，具体哪天不太清楚），而且这世界末日还不止一次，是有三次——从过去、现在到未来各一次，这也就是白莲教说的"三劫"。由一劫转向另一劫称为"运劫"，此时白莲教信仰的最高神——无生老母就会指派一位救世主（从过去到未来分别是燃灯古佛、释迦牟尼和弥勒佛）降世，信奉白莲教的人们就是在这"过去佛"、"现在佛"和"未来佛"的带领下,"黑暗即将过去,光明将要到来",最终战胜世界末日(不信教的人就不敢保证了)。

白莲教的活动中心在北方,而北方的活动中心在山东,每当人们感觉活不下去的时候,白莲教就出场了,它是被利用得最多的起义旗帜。元末,这里的人们利用白莲教的旗帜反元(给朱元璋帮了忙)。明朝建立后,白莲教又反明。而到大清建立,白莲教竟然又成为反清复明的旗帜,成为一个永远反政府的组织。

对于历代王朝的统治者来说,他们谈白莲教而色变,白莲教几乎就是叛乱的代名词。朱元璋虽然也是混过白莲教的,但他上台后第一件事情就是禁教。此后明清的各位皇帝都继承了这个传统。白莲教被定性为历史悠久的"邪教组织",一旦发现,就会被严厉镇压。

其次是大刀会。它是甲午战争之后在山东地区新出现的民间团体。

甲午战争中,山东内陆的大量兵力被抽调到奉天前线保护陵寝,导致当地兵力空虚。这种情况正是土匪喜闻乐见的,所谓月黑风高夜,谋财害命时,地主家的"密码箱"他们已经惦记很久了。而地主老财为了保护财产,自然要花钱雇用一些武术高强的人做保镖,后来这些人干脆成立了一个组织——大刀会。

大刀会的成员中有不少武师,由于他们是奉行拿人钱财替人消灾的,所以他们很喜欢吹牛,比如他们的刀是世界上最快的刀,而他们的身体也是世界上最坚硬的盾——刀枪不入。另外,并不是什么人都可以加入大刀会,除了要会武术,入会时还要交上一笔"香火钱",相当于"加盟费",从此就有资格受雇于地主老财了。

一开始,地方官府对大刀会的存在基本上是默许的,打击土匪盗贼,这也是好事嘛。然而后来官方开始严厉打击大刀会,因为大刀会做了一件给政府找麻烦的事——反教(教会)。

土匪们洗劫财物后,为了逃避打击,纷纷入教。对于教会来说,这只是又增加了几个教民,而大刀会和教会的梁子却正式结下了。

最后出场的是梅花拳，它既没有"反清复明"的宗旨，也没有打击土匪盗贼的任务，这是一个真正属于老百姓自己的传统武术组织，在直隶和山东有广泛的练习者（引自《梅花拳拳谱》："好练之家可传也，不好练之家仅仅收藏也，不可传匪人也"）。

梅花拳最初是在桩上练习的，因此它又叫"梅花桩"。关于拳法的部分这里就不过多讲述了，它主要包括基本形体（架子）、成拳、拧拳和器械四个部分。大家可以想象，一个原本在桩上练习的拳法，对身体的柔韧性、协调性的要求那是相当高的；练练它不仅可以减肥，还能在腹部练出像梅花花瓣一样的若干块腹肌。

而梅花拳除了练习拳术套路的"武场"之外，还有练习内功心法的"文场"，这很容易让人联想到白莲教式的宗教迷信。我曾经看过部分"文场"的词句，看完后深受启发，感觉在尘世中重新鼓起了生活的勇气。因为它们简直是另外一个版本的"心灵鸡汤"，比如练武要讲究武德、保持高尚的情操等。

另外，作为民间自卫的武术组织，梅花拳并不反抗朝廷，这是梅花拳和白莲教的一个区别。

平时加入梅花拳的都是普通人，主要是为了锻炼身体、保护自己，他们不反朝廷，也不像大刀会的成员那样，把武术当作一种谋生的手段。梅花拳的武术宗旨强调的是"自卫"，也就是人不犯我，我不犯人；人若犯我，以理服人；人若再犯……抡起拳头上去，直打得对方两眼冒梅花！每年春天梅花盛开的时日，正是所有梅花拳传人的节日，各大梅花拳传人都要聚在一起，组织自己的门徒进行拳法套路表演和切磋——亮拳。

作为大名鼎鼎的梅花拳第14代传人，赵三多已经收了近2000名弟子了，面对前来拜师的"十八魁"，他感到很为难。

赵三多很清楚"十八魁"拜师学艺的目的就是对付教会，碍于梅花拳严格强调"自卫"的传统，赵三多并不想卷入与洋人的纠纷中。既然连"六大冤"都因害怕遭到打击报复离开了梨园屯，他这个外乡人更加有理由不去管。

但对"十八魁"的遭遇，赵三多又深感同情，他虽然是外乡人，但梨园屯两代人维权的故事还是打动了他。他很矛盾，他觉得作为一个远近闻名的武术大师，他有必要为乡邻仗义出手。

考虑了很久，赵三多还是拒绝了。没办法，师门的规矩太严格，而洋人的枪又太厉害，自己是没有办法抵挡的。

但是，赵三多不答应，他的弟子们很有意见，因为"十八魁"诉说的冤屈引起了这些热血弟子的同情。他们一起找到赵三多，跪地请求赵三多，然后他们采用了激将法：师父啊，您好歹也是十里八乡的武术大师，怎么会怕洋枪呢？

跪请和激将之下，赵三多终于同意收"十八魁"为徒。梨园屯拆迁事件终于变成了梅花拳师门的事。而赵三多没有想到的是，他的这个决定，将使他再也没有回头路。

## 赵三多将队伍改为"义和拳"

1897年4月27日（光绪二十三年三月二十六乙卯日），梅花盛开的季节，在传统的"亮拳"之后，"十八魁"带领近2000人攻打了教堂，其中大部分人都是梅花拳的弟子。在冲突中，一名保护教堂的教民被打死，梨园屯所有教民的家全部遭到洗劫。20多户教民全部逃离了梨园屯，"十八魁"将教堂捣毁，夺回了全部三亩地基。

山东巡抚衙门再一次被震惊了。此时的山东巡抚正是在甲午战争中与李鸿章作对的李秉衡。李秉衡很快做出批示，要求冠县县衙认真处理好此案，维护社会稳定。而冠县县衙一向是没什么主意的，现在他们看到镇民势力强大，又打算默许"十八魁"的夺地行动，但又不敢太得罪教会；考虑之下，冠县县衙发布告示：无论是镇民还是教会，地基都不能要，必须收归县衙所有，去盖一所义学，同时县衙负责为教会另外购买一块地修建教堂。

绕了一圈，玉皇庙土地的所有权又变了，这次干脆收为官府所有。维护稳定如果只是用临时救火这一招，看来是怎么样也稳定不了啊。

果然，在土地收归县衙所有后，县衙顶不住"十八魁"等梅花拳弟子的压力，又被迫允许在地基上修建新的玉皇庙。庙宇很快就修好了，竣工的那天，梅花拳的弟子们都把这当作对抗教会的重大胜利，他们举行了盛大的庆祝典礼，而他们似乎高兴得太早了。

山东的主教又找到了各国驻北京的公使，公使向总理衙门施压，提出了四点要求：限定山东官府三日内拿办"十八魁"；赔偿教堂损失白银两万两；将亲自负责此事的东昌知府撤职；将负有领导责任的济东道道台调换。

与此同时，山东巨野县又发生了著名的"巨野教案"。1897年11月1日，两名原本在阳谷县和郓城县传教的德国籍传教士路过巨野磨盘张庄，天色已晚，他们便来到庄中的教堂里投宿。这座教堂本来住着德国传教士薛田资，他把自己的卧室让给两位投宿者，自己则睡到仆人的房里，这一举动救了薛田资一命。

夜晚，十几个当地的庄民摸黑潜入了教堂。他们手里拿着大刀、火枪，准确摸到薛田资的卧室，把床上睡着的人当成了薛田资一顿猛砍，直到床上的两人断气，他们才发现可能杀错了。而庄子里的教民闻讯赶来了，这伙人只好趁黑离开。

隔壁的薛田资惊恐地目睹了这一切，他仓皇出逃。等到第二天，薛田资将两位德国传教士被杀一事电告德国驻北京公使。

这到底是一起谋杀案还是抢财杀人案，到最后并没有定论，按照巨野官方的说法，当晚参与事件的人是听说了教堂里存有钱物，于是便"起意行窃"，结果导致传教士被害，财物被抢劫。

实际上是没有多少人相信这个裁定的。跟梨园屯一样，磨盘张庄的民教冲突越发严重，而作为传教士，薛田资自然要维护教民、欺压庄民，再加上他自己平时可能还不太检点、仗势欺人，庄民们对他早已是恨之入骨。这是一场有计划的谋杀，而官方的说法是有意淡化民教冲突。

1897年11月14日（光绪二十三年十月二十丙子日），德国的军舰开到了胶州湾，要用武力解决问题并趁机侵占山东。最后在德国的压力下，李秉衡被革去山东巡抚之职。本来朝廷已经升李秉衡为四川总督，但在德国的施压下李秉衡不准再升职，接替李秉衡的是原陕西布政使张汝梅。山东刚经历了甲午战争，又要面对德国出兵山东，群情激愤是可想而知的。朝廷指示：在这个节骨眼上，山东其他有民教冲突的地方，官府应全力避免和洋人冲突，免得外国人又要动武。

山东官场顿时一片风声鹤唳，冠县县衙的态度来了个180度转变：他们将刚刚建好的新玉皇庙强制拆掉，宣布地基归教民，县衙为教民拨付白银400两再修教堂。同时，官兵开始捉拿"十八魁"，清查"乱党"。

"十八魁"和大部分"乱党"都是梅花拳弟子，梅花拳师门已经深深地卷入了民教冲突之中，师门中的头领紧急开会商讨对策。他们意识到赵三多已经为师门闯下了滔天巨祸，很可能会给师门带来灭顶之灾！

而赵三多和他的弟子们也没有了退路，此时即使他们投案自首，也难以自保，教会和教民一定会对他们穷追猛打，看来坚持"斗争"下去是唯一的选择。

商量之下，其他的头领并不反对赵三多和他的弟子继续反教反洋，但不准再使用"梅花拳"的名号，也不准再说是梅花拳中人，这是梅花拳师门得以自保的唯一途径。

赵三多必须为他的队伍想一个新名号。

一百多年以前（乾隆年间），山东地区曾发生一件大事：清水教头领王伦率众起义反抗朝廷。王伦原本是白莲教教徒，后来自立门户，创立清水教，而同时他也学习梅花拳，所以也算得上梅花拳师门中人（头衔真多啊）。在起义时，王伦考虑到白莲教是朝廷严厉镇压的邪教，受打击的目标太大，而梅花拳师门严禁起义闹事，于是王伦的队伍既没有打出"白莲教"旗号，也没有打出"梅花拳"旗号，而是打出了一个新名号，一个充满能量、正义和血气的名号。

这就是"义和拳"！

所谓义和，就是为了一个共同的目标，大家走到一起来，"义气相和"。

所谓义和，就是为了维护自己的权益，保护自己的利益，大家必须把退无可退的拳头亮出来，追求"正义与和谐"。

所谓义和，就是维护中国的传统之"义"、中国的传统之"和"，用当时英国驻北京公使窦纳乐后来向国内报告的用语来说，就是"这个团体的成员将联合起来进行正义的事业，如果有必要，他们将使用武力"！

估计是赵三多原本就知道王伦的故事，或者是他的"参谋们"把这个故事说给了赵三多听。赵三多把"义和拳"的名号从一百多年前的王伦手里移了过来，他为自己队伍采用的新名号，正是义和拳！

从组织结构上来说，赵三多的义和拳既不是起源于白莲教，也不是起源于大刀会，而是和梅花拳有着更加直接的联系。赵三多的义和拳是一个继承了梅花拳开放门风的组织，加上要对抗洋枪，人越多越好；于是，尽管在组织起源上，义和拳和白莲教以及大刀会没什么关系，但不能阻止白莲教教徒和大刀会成员加入义和拳组织。义和拳就像一条小溪，它的干流汇集了很多的支流，包罗万象，包容万千，这正是作为一个基层自发组织的复杂之处。

义和拳的兴起和山东冠县、直隶威县都有关系，赵三多就是直隶人。所以，相对于接下来故事中即将讲述的"义和团，起山东"，我们其实还应该记住这样一句话：义和拳，起直东！

而在当时地方官府给朝廷的奏章报告中，无一例外地把义和拳说成"起源于白莲教"，直隶吴桥县县令劳乃宣还专门写了本书（《义和拳教门源流考》），向朝廷证明义和拳就是"源自白莲教"，是白莲教的一支。劳县令的这本书不仅让当时的朝廷信了，后来的很多人也相信了。

如果我们认为这些地方官是不了解实情，那就错了，恰恰相反，他们是非常了解情况的。因为白莲教是朝廷早已经定性的"邪教"，按照《大清律》，把民间组织定性为"邪教"的权限在朝廷，而只要把义和拳和白莲教扯上关系，这就是借白莲教"邪教"之名给义和拳定罪的捷径。只要朝廷一定罪，他们就可以很方便地出动官兵用简单粗暴的手法去打击,而百姓们的各种利益诉求就能以"打击邪教"之名掩盖,县老爷仍然可以多一事不如少一事,只要该收的税能够收上来,该摊派的劳工能够摊派下去,县老爷对乡村事务是很少真正关心的。

现在我们知道了,从义和拳产生的"根源"来说,其实我们可以拨开层层的迷雾,压下种种的争论,用一句话来概括:义和拳起源于维权,或者说是老百姓们自认为的维权。

尽管这样的维权的"正当性"更多地存在于百姓们固有的观念中,尽管这样的维权其实带有很重的乡土观念而和"现代契约精神"不符;但是,义和拳产生的本质原因是上告无门,寻求帮助无路,民教互仇。百姓们想不通的是:为什么洋人的教会可以为教民做主,而大清的官府却不能为他们做主?

无论是"六大冤""八大讼",还是"十八魁"与赵三多,他们都是大清乡村中随处可见的普通人,他们并没有三头六臂,也不是天生的坏蛋或者好人。如果不是诉冤无门,他们是很难自发组织起来的,他们只是比较老实和非常现实的人。当他们发现在这块土地上有惊无险地生活实在是一件很需要技术的事时,他们时刻担心的就是失去自己仅有的利益。他们的头脑中其实并没有过多的"义和"的观念,只是出于本能和现实的考量去维护自己的利益。

在赵三多启用"义和拳"的名号并准备再次行动的同时,张汝梅指示东昌知府洪用舟,要将梨园屯的动乱消灭在萌芽阶段。洪用舟找到了赵三多,知府大人要亲自做赵三多的思想工作。

洪用舟告诉赵三多:你也算是在地方上有名望的人,为何要跟着"十八魁"做"匪"呢?只要你解散义和拳队伍,不再聚众闹事,我就可以把你和被通缉的"十八魁"区别对待,并且赐你一块官匾,挂在你家门前,保证你一家老小的安全和荣誉。

而"十八魁"以及其他激进派的弟子一直在鼓动着赵三多,甚至威胁着赵三多:干吧!师父,官方的话是不能信的,不蒸馒头争口气啊,干吧!

这一时期的赵三多陷入了深深的矛盾之中。他左右为难，走投无路，优柔难决，似乎往哪一个方向走都有道理，也都有风险。史料记载，赵三多甚至还联系过教会，主动表示皈依教会，自己去入教了事。

而接下来的事情是赵三多没有料到的：义和拳的队伍里混进了著名的"反清分子"姚文起等一干人，他们和激进的"十八魁"一起，正在积极策划将义和拳队伍拉向"反清复明"的境地！

1898年10月（光绪二十四年八月），姚文起等人伙同"十八魁"绑架了赵三多一家老小（有的史料记载他们还烧了赵家的房子），逼迫正在犹豫不决的赵三多不要解散义和拳，亮旗起事！

赵三多不得不同意了，但"反清"要落得个千刀万剐、株连九族的下场，这是他打死也不会干的。赵三多能够同意的只是继续反教反洋，为"十八魁"争回土地，现在赵三多必须为他的反教反洋但不反清打出一个响亮的口号。

和"义和拳"的名号一样，这个口号也是现成的。

在1898年四川地区的反教活动中，余栋臣领导的反教队伍打出了一个著名的口号，这个口号几乎流传了大半个清国，赵三多也可以为他的队伍打出这个口号！

在梨园屯西北十里左右的蒋家庄马场，赵三多率领他的几千弟子聚集在此，当时的一位法国传教士（中文名赵席珍）正好路过此地，他在日记中记录道：所有人的手里都拿着棍棒或者刀枪，穿着锃亮的马靴。赵三多宣布：我们义和拳只灭洋人，不反朝廷，只要朝廷不站到洋人一边，义和拳绝不与之对抗（"但戮洋人，非叛国家！"）！

赵三多的身后，飘扬着一面镶有黑边的黄色大旗，黄色正是朝廷黄龙旗的颜色，赵三多用这个行动表明了他所言非虚（历史上如果要起义，旗子的颜色必定是当时朝廷常用色的反色），旗子上绣的正是从余栋臣队伍的口号中演化而来的四个大字：

"扶清灭洋"！

这个著名的口号出现了。当然，它的版本也有可能是"助清灭洋""顺清灭洋""兴清灭洋""保清灭洋"等，现场是由法国人用法语记载下来的，再译成中文必然有多个版本。这些意思差不多的口号，当时在各地也都被打出过，而"扶清灭洋"是最响亮、最著名的，因此这里采用这个口号。

旗子亮出来了，但赵三多他们其实不过是为了争块地，至少从现在来看，它和"扶清灭洋"实在扯不上多少关系。而为自己的行动想一个宏大的口号、一个重大的名头，这也一直是封建时代基层老百姓的智慧。他们为什么不直说："我就是为了那一亩三分地？"当然不能这么说，为了你那点儿地，不说官老爷不理你，其他人也不会理你，你那"一亩三分地"算什么？大家都有很多大事要忙。

在百姓们看来，名头越大是越好的，越大越能引起"上面"的重视。梨园屯的三亩土地之争就这样和"扶清灭洋"联系到一起了。

然而，不论赵三多他们如何标榜"扶清""保清"，在朝廷眼里，他们都是反民。亮旗的消息很快被报告给了地方官府，地方官府层层上报，山东紧急发电给直隶，要求直隶出兵对匪徒"合力围剿"(《直东剿匪电存》)。

与此同时，山东官员对赵三多的思想工作又开始了，他们软硬兼施、威逼利诱。赵三多明白了，无论他们举什么样的旗、喊什么口号，官府都是不可能容忍的。在官员的压力之下，在姚文起和"十八魁"逼迫的风头过后，赵三多做出了一个惊人的举动。

他把那些徒子徒孙叫到了集市上，当众向他们跪下，请他们解散回家！徒子徒孙们动容了，他们大部分自行解散。

然而，随后不久，事态进一步恶化：冠县红桃园的教民与义和拳拳民发生冲突，姚文起聚众七八十人，焚烧了红桃园教堂；清军开始抓捕"十八魁"以及姚文起等人，义和拳成员人人自危，与清军发生冲突。赵三多逃出威县，直到1901年，才被袁世凯的部将段祺瑞率军抓捕，在牢房里绝食自杀。姚文起等19人当时便很快被捕，姚文起被枭首示众，以震慑闹事之人，而阎书勤在1900年被捕处死。"十八魁"中的大部分人逃走，从此流落江湖，杳无音信，沉寂于茫茫人海。

旗帜飘扬了不久，义和拳队伍就被迫解散。然而，一个人的到来却让一切都改变了，他不仅重新打出了"义和拳"的名号，还进行了颠覆性的升级换代！

他是泗水县人朱红灯。

# 第二章
# 义和拳的"神化"之路

## 朱红灯成为"神拳"领袖

在冠县发生"义和拳"事件的同时,一件恐怖的事情也正在山东黄河沿岸的县份上演,这就是1898年的夏秋大水灾。

黄河沿岸,山东30余县受灾,农田和棉花地几乎全部被淹了;房屋被冲毁了,道路上全是逃荒的灾民。灾民们吃光了路边的柳树叶、榆树皮,吃光了地里的毛毛虫,吃光了路边腐烂的野狗和老鼠尸体;更恐怖的是,连丢在路边的死婴都会成为食物。

在贫穷的州县,地方官府不是在忙着调粮赈灾,而是在忙着进行另一件事情——杀人。

山东本来就是《马关条约》赔款的支付大省之一,甲午战争之后一直在筹措赔款。朝廷摊派到省里,省里摊派到州县,各地早已经是赤字严重,加上大灾之年,贫穷州县甚至连监狱里都没有余粮。为了给狱卒们省下口饭吃,死刑犯就只好不等到秋后了,统统先拉出去处死。

此时北京正在进行戊戌变法,而在与北京近在咫尺的山东,大多数农村人口对"变法"毫无感受,他们唯一的愿望就是吃顿饱饭。

天灾之年造成的流民很多,而大量的流民聚集在一起,总是会成立个什么帮派组织的(比如丐帮)。山东原本就是武术大省,流民中有很多都是习武之人,看来兴起一两个武术组织是不奇怪的,而神拳的特别之处就在于"神"。

只要是练习"神拳"的人,经过一定的程序,就可以让神仙上身,获得神力——这叫"降神附体"。

这是一种结合了武术的对神力的极度崇拜。自古以来,每到灾荒之年,正是绝望的情绪特别容易蔓延的时候,也正是各路神仙特别容易出现和扩散的时候——因为人们不仅需要五谷杂粮,更需要精神慰藉。

1898年底,大水之后,受灾各县神拳遍地开花。灾民们整家、整村地加入,连那些因交不起香火钱而被大刀会排斥在外的武林高手,也纷纷入拳。而拳民最多的,还是受灾最严重的茌平等县。

茌平位于鲁西平原地区,紧靠济南,即使没有水灾,这里也是常年积涝、地薄民穷,土地盐碱化程度很高。稠密的人口带来了极端的贫困,美国传教士明恩溥记录道:"他们非常穷,以致要花极大的力气才能将狼从门口赶走。"

水灾时,朱红灯跟随灾民大军逃荒到了长清县(今济南市长清区),朱红灯也加入了长清当地的神拳。朱红灯个子矮小,人们都叫他"小朱子",但他却有一项在灾民中受人尊敬的技术——能看病。正是在行医看病的过程中,朱红灯很快在神拳队伍中积累起了巨大的威望。

1899年2月,已经成为长清神拳组织的一个大头领的朱红灯来到了拳民最多的茌平。

而朱红灯到茌平来,是准备来做一件大事的:他要成为茌平拳民的领袖!

这个难度其实并不大。拳民都是灾民,一帮人聚在一起,不可能天天口吐白沫儿,他们先得有饭吃。

在天灾之年,找饭吃无非就这么几种途径:一是抢官府(造反),这个风险有点儿大,弄不好就把脑袋给丢了;二是抢路人(当土匪),这也有代价,落草为寇的名声毕竟不太好听,更何况路人也没有吃的啊!

朱红灯将要带领拳民进行的是一种既不需要造反,也不需要落草的全新找饭方式——反教。

教民中有不少流民地痞,但也有不少家境殷实者,更何况他们还能够得到教会的灾粮补助,抢他们才有效果。更重要的是,在大清的土地上,只要打着"反教"的旗号去抢劫教民和教堂,不仅没有道德负担,甚至还有优越感。

反教就不能怕洋人的洋枪,朱红灯必须要让拳民相信跟着他练习神拳真的可以"降神附体"——刀枪不入!

也就是说,朱红灯必须把神拳中的"降神附体"由形式走向实质。他能有什么办法呢?

跟随朱红灯一同来到茌平的,还有另外一个人——心诚和尚。他自小出家,练习了20多年的少林硬气功,大家又叫他"铜头和尚"。铜头和尚当众表演时,运起少林硬气功,大刀砍不进、长矛刺不进,犹如神灵附体,"刀枪不入",多少能够为朱红灯在拳民中聚拢人气。但是,洋人手里的"枪"并不是长矛,而是洋枪,如何能让拳民相信神拳可以挡子弹呢?朱红灯他们也有办法。

办法就是向魔术师学习。

演示时,枪是真正的鸟枪,可以当场验货。鸟枪虽然没有洋枪的威力大,但也是可以打死人的,而问题出在鸟枪的子弹上。在表演过程中,只要用偷梁换柱的手法将铁砂换成黑豆,如此一来,"挡子弹"就变成了挡黑豆。魔术不过是预定的程序,很多的"神话"也是如此啊。

神话流传开了,大家一传十,十传百,最后成了朱红灯的人不仅能挡子弹,甚至连炮弹也不怕!

在大水过后,朱红灯终于又依靠医术之外的魔术,依靠"刀枪不入"的神话,迅速建立了威望,聚拢了人气,他率领的队伍进一步壮大了。实际上,朱红灯并不是天生有领袖欲望,只是在这样的乱世,找饭吃很艰难,人们期望找到一条能够轻松找到饭吃的捷径。大家只相信,世道乱了,谁的拳头硬,谁就是大哥!

因为生存的需要,朱红灯终于走到和当初赵三多相同的那一步了:既不想得罪官府,又要进行"灭洋"。接下来,朱红灯等人要解决的就是如何带领大家去"反教灭洋",而之前赵三多的"义和拳"不仅已经打出了"灭洋"的名号,更是打出了"灭洋"的名气,朱红灯等人又把"义和拳"的名号拿了过来，用"义和拳"来称呼神拳。

朱红灯版的"义和拳"和赵三多版的"义和拳"在很多地方是相同的，比如他们都"只反洋人不反官府"，朱红灯打出的也是"扶清灭洋"的旗帜。为了避免刺激官府，朱红灯的弟子们所请的那些"神"，有"三国"中的英雄，有"西游记"中的英雄，唯独没有在山东地区家喻户晓的水浒英雄。盖因这些好汉曾经举起过反抗官府的大旗，而朱红灯的队伍自然要避嫌。谁说老百姓就没有"政治智慧"呢？

但朱红灯版的"义和拳"还是与赵三多的有很大不同。如果说赵三多版的"义和拳"主要是要维权，朱红灯版的"义和拳"就主要是抢粮。但它们最大的不同还是在于"神"。赵三多版的"义和拳"是没有神仙什么事的，而朱红灯版的"义和拳"却是"降神附体、刀枪不入"，越传越"神"。在更多的时候，他们打出的其实是"神助义和拳"或者"天下义和拳"的旗号，真正的"高端大气上档次"啊！

在过去很多的书中，人们常常把这当作愚昧和可笑的（事实如此）。其实在大清的社会，早就暗伏产生"义和拳"的根源：民众安全感的普遍丧失。

长期以来，大清的子民总是沉默的大多数，他们的普遍性格是安分守己、畏惧权力、习惯性地从众，不到万不得已不可能做出一点儿"越格"的事情。而在1898年前后，大清普通百姓的不安全感是空前的，这种不安全感绝不只是源于三年前甲午战败，而是源于基层百姓生活中的现实。

当北京的光绪皇帝大张旗鼓"变法"之际，百姓们对新思想毫无感觉，但对日渐恶化的生活环境和状态却感触尤深。经过一次次的内忧外患，他们已经实实在在地明白，损害这个国家肌体的不仅是西方国家的洋枪洋炮，还有朝廷政治体制的落后、分配不公以及官场腐败，它们给百姓生活带来的损伤甚至要比那些洋枪洋炮更加厉害！千百年来百姓们的传统观念是"不患寡而患不均"，但并不是他们天生就喜欢"寡"，只是当他们发现这种贫困其实是由盘剥、非正义和不公正的行为造成的时候，相比于贫困本身，更加让人不可忍受。大清不能只有分赃，而没有分配吧？与赤裸裸的剥削比起来，人们倒是宁愿在相对公平的环境下"寡"一点儿，因为这样至少还有机会和希望。

戊戌变法本来就是去破解这一切难题的，然而变法又很快被扼杀，无果而终，却也让人发现，腐败的源头原来就在皇宫之中，出自党争，出自落后的政治体制。这种挫败感深深地刺痛着清国的人们，再加上基层官员又是这样不作为或者乱作为，在基层的"无政府"状态之中，百姓们发现剩下的出路似乎只有两条了：一条是奋起直追，拼命加入官僚集团的分赃圈；一条是在已经确认自己无法通过正当竞争去获取利益时，去另辟蹊径。一旦失去对规章制度、伦理道德的敬畏，剩下的便只有对暴力的恐惧以及崇拜：在这个乱世，其实就是比谁更流氓。

而暴力的极致便是"神力"。

然而，崇尚暴力、标榜神力并不能让拳民真正强大起来。就拿信仰来说，他们信仰的也并不是"神"本身，而是"神"可能给他们带来的某种利己的"力量"，这正是弱势心理的完美体现。

所谓弱势心理正是期待救世主、高人、神人的心理，因为他们相信的并不是自己，而是虚构中的"强者"，只有依赖强者，才有希望以最短的时间、最低的代价（降神）去获取最大的利益。从这个意义上说，义和拳有很大的局限性。"扶清灭洋"仍是几千年来，先帮助朝廷，然后依靠朝廷，不受欺负过好日子的传统"依靠"思想的表现。

接下来，朱红灯就要带领大家行动了，"灭洋"的第一步是"斗法"。

## 无力灭拳，慈禧连撤山东巡抚

1899年，这也是一个大灾年。跟上一年的大水灾不同，这一年是大旱灾，而且是很严重的一种旱灾——春旱。

进入新年后，老天爷滴雨不下，连月的烈日造成土地干涸龟裂，往年正常的春耕春种被打断了。村民们聚在一起无所事事，又开始忧心起本年的夏粮秋粮。

朱红灯带领拳民求雨，而与此同时，教会也在组织教民求雨。朱红灯等头领到处宣扬"神助义和拳可得雨水"。而教会也在到处告诉大家：只要加入教会，成为教民，虔诚信教，上帝一定会"将甘露遍洒人间"；并且有上帝的庇佑，拳民即使到教堂放火，火也"烧不起来"，拳民抢劫教民，上帝定会来惩罚拳民！

这是一场本土组织与外来集团的斗争，为了压过对方，他们必须宣传自己、争抢信徒！

在当时普通百姓们的眼里，这就是两个差不多的组织，谁的"法术"更灵，谁更亲近，他们就跟谁走。一个向本国的神仙求雨，另一个向外国的神仙求雨；一个宣扬"降神附体，刀枪不入"，另一个宣扬"上帝的意志无处不在，水火不进"。它们有什么区别？在当时拳民和教民的眼里，对方都是不可理喻的，都是"邪教"。

在这样的心理驱使下，教会拥有洋枪洋炮的事实反而在百姓们和拳民们心目中被淡化了。是的，洋人手中有洋枪洋炮，很厉害，但它们很可能也只是来自西方"法术"中的一种，而古老的中华法术是可以打败它们的！百姓和拳民们并不知道，"外面的世界"早已经是以近代科学技术为基础的世界，教会虽然也在宣扬"神"，但在关键时刻，它是要用钢铁大炮来体现"上帝的意志"的，而不是大清子民手中的长矛大刀。

由于对"外面的世界"不了解、对自己和对方认识不够，拳民被自我催眠了。从事实上说，这是一种比"降神附体、刀枪不入"更强大的催眠："刀枪不入"还只是防御，而认为对方"不过如此"则会激发人们的斗志，由被动防御转向主动进攻！

大量攻击性的传单开始在齐鲁大地上出现：

"只因天主爷、耶稣爷不遵守佛法，大违圣道，今上天大怒，免去雨雪！"

"我们是上天派来的，来收拾作恶的洋鬼子！"

"杀了洋鬼头，猛雨往下流！"

朱红灯率领无事和无粮的拳民转战10多个村庄，见教堂就烧，烧完再抢，骚乱进一步升级。虽然老天爷就是不给面子，雨一直没有下，证明了无论是拳会还是教会的"法术"都不灵。然而，"神助义和拳"的亲近感和加入拳会的实际利益还是吸引了更多的普通百姓。教会紧张了，在北京，各国公使不断对总理衙门施压，山东的教会大量购买枪炮，加强武力戒备，官府出动越来越多的兵马弹压。

然而，由于拳民人数越来越多，各地"剿拳"不力，更大规模的民教骚乱一触即发，整个山东都成了火药桶！朝廷又拿出了应对危机最常用的一招——撤官。1899年3月14日（光绪二十五年二月初三辛巳日），山东巡抚张汝梅被撤职。这是继李秉衡之后被撤掉的第二任山东巡抚。

巡抚是皇上外放的官，所谓封疆大吏，是必须由皇上钦点的，代表皇上管辖"王土"，平时即使是军机处和总理衙门，对巡抚也只能发政令而没有管辖权。此时的慈禧也是焦头烂额：半年前（1898年9月），她刚刚终止了戊戌变法、囚禁了光绪，刚刚实现"临朝训政"不足半年，而现在，面对山东越来越复杂和严峻的局势，慈禧将派谁来收拾这个烂摊子？

# 第三章
# 党争的开始：端王集团的惊世废立阴谋

## 慈禧给了端王集团夺权良机

1898年5月，慈禧最重要的政治盟友之一——恭亲王奕䜣去世了。多年以来，李鸿章是慈禧在朝堂外的干将，而奕䜣是慈禧在朝堂中的柱石，所谓"内依恭亲王，外靠李鸿章"，说的就是这个现象。

奕䜣虽然是满人，但他最大的特色就是"开明"，总理衙门就是奕䜣创立的。凭着亲王的尊贵身份和当年咸丰去世时帮助慈禧夺权的老资格，奕䜣一直能在阻止满族亲贵排挤汉族官员（排汉）和反对洋务运动（排外）中起到作用，也一直能够对朝中各派进行有效的整合。而随着奕䜣的去世，朝堂之上能够阻止满族亲贵排外和排汉的人消失了，更要命的是，汉臣似乎自己也"不争气"。

30多年前，正是为了解决当时内有太平天国起义，外有西方列强压境的统治危机，朝廷不得已才让大量汉人进入权力核心。然而曾国藩、李鸿章等人搞了30多年的洋务运动，却换来一次更大的内忧外患——甲午战争的惨败和《马关条约》。于是，在所有的满人中间，尤其是所有的八旗子弟中间，"向后转"的呼声很高，不仅李鸿章等人被"打回原形"，朝堂之上，其他汉人大臣们说话也基本抬不起头了，取而代之的是满族亲贵把持朝堂。

这是自太平天国运动爆发，朝廷不得不重用汉臣以来，大权第一次回到满人手中。而为首的，正是端郡王——爱新觉罗·载漪。人们常常叫他端王。

1898年，端王已经42岁了，他跟光绪皇帝爱新觉罗·载湉同是道光皇帝的孙子之一，也都属于"载"字辈，是比光绪大了十几岁的堂兄。

"端"的封号不是因为他老端着。1894年甲午战争期间，正是帝后两党争斗最激烈的时刻，而慈禧借着六十大寿大封了一批皇族亲贵，载漪就是这时候被晋升为郡王的。慈禧本来是要封他为"瑞郡王"，拟旨的大臣却将"瑞"字错写为"端"，而圣旨最大的特色就是错了也只能当成对的，于是他从此就只好在那里"端"着了。

作为王公子弟、天生的贵族，端王从小就不爱读书，却对舞枪弄棒、打打杀杀很有兴趣。1894年，端王召集一伙八旗子弟，给他们装备新式武器，在京城组建了一支八旗洋枪队——武胜新队，并向慈禧报告说要率领武胜新队上战场杀敌。当然，敌是没有办法去杀的，但这支八旗洋枪队从此就掌握在他的手里。

有王爷身份，再加上有军队在手，载漪的身边逐渐围拢了一批朝廷的"高干子弟"，满族亲贵中的"少壮派"。据不完全统计，他们是：贝勒（皇室爵位第三级）载濂、辅国公（皇室爵位第六级）载澜，这两位是端王的亲兄弟；另外还有庄亲王载勋、贝勒载滢，这两位是端王的堂兄弟；以及怡亲王溥静、贝子（皇室爵位第四级）溥伦，这两位是端王的堂侄子。真是"亲不亲，一家人"啊。

而这些人又是许多人巴结的对象，他们的周围又"团结"着很多的权贵大臣，比如军机大臣刚毅、礼部尚书启秀、承恩公崇绮、大学士徐桐等人。这里需要特别介绍一下的是刚毅。

刚毅是镶蓝旗人，出身并不是特别显耀，他从小比端王还不爱读书，基本属于扫盲对象；但他也是八旗子弟，对朝廷来说血统纯正，可以不经科举而直接当官。刚毅大人就是从最开始在刑部"办公室"打杂（刑部笔帖式）干起，一路升为云南布政使、山西等地巡抚，直至成为刑部尚书、军机大臣。据说曾经有篇状子，状子里写道："我挑了一担大粪，走到村口歇一歇。"刚毅大人念道："我挑了一担大粪，走到村口喝一喝！"

从端王到亲贵，从亲贵到权贵，这些人不是王爷，就是大臣；不是把持六部,就是入主军机,大家挤在一起开会,级别没有最高,只有更高,朝廷里最有权势的政治小集团就这样形成了。由于这伙人是以端王载漪为核心的,因此人称"端王集团"。

相信大家还记得1898年9月21日慈禧痛骂光绪、终止变法的那个晚上吧,当时端王集团的核心成员大部分都在座,正当慈禧骂得起劲时,刚毅同志就不失时机地再对光绪捅上一刀:"太后,我之前也是劝过皇上的啊,可是皇上不但不听,还反过来骂我啊!"("屡次苦谏,每加谴斥")

刚毅的落井下石是很阴毒的,因为他对光绪的态度里就隐藏着端王集团的惊世政治阴谋——反对当朝皇帝,寻找机会废掉变法失败的光绪皇帝,再立新君!

应该说,自古以来,皇帝宝座就是无时无刻不被人觊觎着,所以,端王集团有废立阴谋其实也并不奇怪。对于端王集团来说,大家都已经是王爷亲贵了,还有什么情况是可以让权力更大的?那就只有让本集团的人成为皇帝嘛。

而废立总要有时机,实现它的途径其实只有两条——造反和政变。这都是属于成功率极小成本极高的高难度动作,谁没事造个反啊。所以,虽然皇帝的宝座总被人盯着,但也很安全。

然而慈禧不知道的是,正是从她终止光绪皇帝的变法、自己去"临朝训政"开始,她给了端王集团实施废立的时机!

看懂了没有?这老太太一会儿"退而不休",一会儿又从"二线"重返"一线"(临朝训政),原来这老太太横竖只是需要有一个人去当傀儡皇帝、当她的道具啊。既然光绪皇帝的变法搞砸了,激起了满人的众怒,那么端王集团自然觉得他们不如积极运作废去光绪,改立他们的人为皇帝,既为太后铲除心腹之患,又给他们带来好处。

就这样,慈禧为了一己权欲重新出山,却激起了端王集团更大的私欲。在专制王朝内,谁都不傻,谁都会往权力的金字塔尖上钻的,只要有机会。

在端王集团的谋划里,要成为新皇帝的这个人并不是端王本人,他年纪已经有点儿大了，一个40多岁胡子都快要白了的人，实在没有理由去取代更加年轻的光绪成为新皇上。但是一个胡子花白的中年男人，他是有儿子的，那就是14岁的爱新觉罗·溥儁。说起来溥儁还是光绪的堂侄子。

现在我们知道了，废立才是端王集团真正的阴谋，也是他们真正的"政见"。排汉和排外只是表面上的，实际上只是实现政治阴谋的手段。汉臣损害了满人的特权，当然要排汉了，光绪皇帝大搞学习西方的变法，为了废掉他自然也要排外了。对于专制王朝的政治人物来说，他们的"政见"（或者说是政治理想）往往就是他们的政治目的，谁是"排外派"、谁是"亲洋派"、谁是"开明派"、谁是"保守派"，这些标签是很重要的，但标签本身不能说明一切。朝廷里没有无缘无故的派别，是权力走向决定了派别走向。

而端王集团废立的野心突然"爆棚"，除了发现有机可乘，他们多少还是有些把握的。

## "临朝训政"给慈禧带来的掌权软肋

要了解这个秘密，我们首先必须来回顾一下慈禧在光绪年间的掌权之路。总的来说，它可以分为三个阶段。

第一个阶段自然就是"垂帘听政"，这一"垂"就是从光绪被立为皇帝一直到18岁（1889年）亲政之前，由于光绪年幼不能够处理政事，于是她这个当大姨的光荣地顶上。这个阶段参照的先例是大唐武则天，属于直接掌权的阶段。

第二个阶段就是从1889年至1898年戊戌变法时，按照祖制，已经成年的皇帝光绪必须"亲政"，慈禧必须退休，去颐和园伸胳膊遛腿。但是我们知道，实际情况不是这样的，实际情况是她老人家"退而不休"，依靠这么多年在官僚集团中提拔和任用的嫡系，在颐和园遥控朝廷，这是属于间接掌权的阶段。

接下来就到了戊戌变法，光绪搞砸了变法，引起官僚集团的强烈反弹，这对于慈禧来说，却又是一个"好机会"，因为她终于又可以借着收拾"变法失败"的烂摊子之名，重返权力一线了。但光绪这孩子都已经结婚了，再像幼年时垂帘听政也不太合适了，有没有办法能够在组织形式上实现重返权力一线呢？有。

当年长寿的乾隆爷为了使他在位的时间不超过他敬爱的康熙爷爷，当了60年皇帝后主动"退位"，去当了三年"太上皇"；他和他的儿子嘉庆皇帝同殿办公，乾隆"临朝训政"，大小事情都由他做主。嘉庆在那三年里只是一个"见习皇帝"。

慈禧第三个阶段的掌权模式正是"临朝训政"。虽然她把光绪皇帝圈禁在瀛台，但光绪平时还是需要正常上班（上朝）的。在大殿里，一般慈禧坐主位，光绪在一旁坐副位或者站立，大臣们有事则象征性地向光绪上奏，其实是向慈禧汇报，最后拿主意的也还是慈禧——这实际上又回到了直接掌权的阶段。

完美，一切都很完美。从表面上来看，最新阶段的"临朝训政"不仅有"祖宗之法"可依，而且还排除了光绪成年之后以"亲政"的名义逐步收回权力的风险。本来这个风险是挺大的（之前帝党的出现就是明证），而现在既然以"变法失败"这个契机"临朝训政"，这个风险就被排除了，光绪永远失去了做一个真正的皇帝的机会。

然而，我们知道，表面完美的事情中往往会有真正的风险，"临朝训政"给慈禧掌权带来的真正风险就是掌权无名。

光绪已经成年，这是慈禧永远也改变不了的事实（她不能违反自然规律）。只有光绪才是真正名正言顺的皇帝，这也是慈禧永远也改变不了的事实（她不能违反当年立光绪为皇帝的历史）。一个成年的皇帝必须亲政，必须拥有至高无上的权力，这又是慈禧永远也改变不了的事实。

慈禧的理由只能是：光绪搞砸变法，会搞丢祖宗的江山，他不配当一个合格的皇帝。

但即使是这个理由，也并不充分。

自从秦始皇发明"皇帝"这个职位以来,皇帝其实是比较"牛"的。且不说皇帝会不会"搞丢祖宗江山",没人能够下结论,就算他真的要搞丢祖宗江山,除了老百姓的锄头扁担(造反)可以管,也没人敢管和能管。皇帝犯了错,通常只有两种处理方法:一是找个大臣顶罪(袁世凯其实就是光绪最好的替罪羊,谁叫他知道"围园杀后"的阴谋后不及时上报呢);一是下个"罪己诏",表示要"痛改前非",然后皇上仍然是皇上,并不影响他继续"代天行事"。

所以,慈禧固然可以以太后之尊骂光绪会"搞丢祖宗江山",但要因此而剥夺已经成年的光绪皇帝的实权,自己搞出一个"临朝训政"来,则是不那么容易的。同样,慈禧终止变法很容易,但要以此向光绪夺权其实并非那么容易。变法不搞了不等于光绪连皇帝的权力也丢了,这是两码事儿。

慈禧当然还可以说她的"临朝训政"是遵循了乾隆的"祖制",这实际上又是站不住脚的。慈禧和乾隆最大的区别就是:乾隆本来就是皇帝,而慈禧却不是。更何况乾隆老爷子的"临朝训政"还体现了王朝特别讲究的"孝"的精神(孝敬他的康熙爷爷),而慈禧的"临朝训政"不仅剥夺了成年皇帝的权威,还违反了两千多年来"后宫不得干政"的传统。老说光绪"违反祖制"的慈禧,实际上才是祖制的最大破坏者:自秦始皇建立了以皇权为核心的集权制度以来,以后宫身份临朝即使对于武则天这样的政治强人也是无法逾越的坎儿。

所以,在明眼人的眼里,慈禧那些"临朝训政"的理由统统是站不住脚的,看来什么"搞丢祖宗江山",什么违反祖制,那只是绑住光绪的绳索。即使大家都认为光绪当皇帝不合格,那么也应该废掉光绪再立新君(正中端王集团的下怀),反正不关"临朝训政"什么事儿。

这就是慈禧"临朝训政"后的巨大麻烦,因为这些都是专制王朝统治万民的法理基础。所谓法理基础,就是我们常说的这个体制内的所有人都无法逃脱的"合法性":不仅要强大,还要正确,要"名正而言顺"。即使慈禧老太太大权在握、无法无天,但整个王朝的专制,不是她这个事实上的"皇帝"一个人的专制,而是整个官僚集团的专制。围绕皇帝和官僚而建立的一套"祖制"和被这套制度鼓吹的礼法,是要被所有大臣努力维护的。谁破坏这种制度和礼法,哪怕他是皇帝,哪怕她是皇帝他妈,也必然遭受反对和非议。其结果就是:"您能堵住微臣之口,但也堵不住天下万民悠悠之口,哼!"

而在开始"临朝训政"之后,慈禧就是一个只是"强大"而并不"正确"的人:她既然说光绪不配当一个合格的皇帝,那么就要立一个合格的人来当皇帝;如果不立新皇帝,那就说明光绪是合格的,反正无论怎么样都轮不到她出来"临朝训政"。大家其实都已经看清楚了:慈禧只是需要一个道具,一个做傀儡的皇帝,正是因为无法做到"名正而言顺",慈禧才不得不拉拢满族亲贵(端王集团)作为政治盟友,以获得亲贵们的强大政治支持。

终止变法之后,见到慈禧把光绪圈禁在瀛台,将光绪20多个贴身太监杖毙,端王集团暗自高兴,在他们看来,这就是废帝的先兆。看来之前给光绪造的谣和在慈禧面前的哭诉都没有白费啊,只要按照这个轨迹发展下去,愤怒的慈禧一定会废掉光绪的。

然而接下来的事情却严重出乎端王集团的意料了:慈禧命令对抓捕归案的"六君子"不审不问,直接杀头,迅速结案。如此一来,端王集团就失去了把"围园杀后"的罪行往光绪身上去套的机会了,也就彻底失去了在这一次实施废立的机会。"不按套路出牌啊?"估计大跌眼镜的端王等人只有这一句话。

端王集团远远不知道的是,无论慈禧有多么恨光绪,即使在得知他可能参与"围园杀后"时连将他千刀万剐的心都有,一旦慈禧冷静下来,她就明白她是绝不可能杀光绪,也不可能废帝的,永远不可能。

### 权力的游戏:慈禧不能也不敢废光绪

当初慈禧的儿子同治皇帝去世时,慈禧挑选同治的堂弟,也是她的胞妹之子爱新觉罗·载湉过继给自己当"儿子"继位。这就是慈禧为掌控皇权而进行的"顶层设计",而光绪的性格也是能够让慈禧满意的:经过从小到大严格的洗脑教育,光绪始终逃不出慈禧的手掌心。

事实上对于慈禧来说,废掉光绪还不是她最需要考虑的内容,她最需要考虑的是废掉光绪之后谁来取代。如果端王集团推出的这个人选还比较理想的话,慈禧也不会太在意,但事实却不是这样。

溥儁已经14岁了,自然不可能再像光绪那样可以从小进行洗脑教育,何况他一旦成为皇帝就即将成年亲政,再加上端王这么一个厉害的老爸,老爸背后这么一个厉害的权势集团,一旦溥儁当上皇帝了,他们父子联手,权势集团抱团,就再也没有慈禧什么事了,甚至只怕生命安全都无法保障!

好吧,就算相信溥儁成为新皇帝后,端王集团还能够对慈禧保持忠心,即便如此,慈禧也不可能支持端王集团的废立计划。

因为如此一来,她又不能"临朝训政"了。

事实就是这样:废掉光绪再立新君只是在表面上顾及了慈禧的感受,实际上却没有"真正为慈禧着想"。在这个皇宫里,再也没有比载湉做皇帝更符合慈禧的利益了,而废立将打破这么多年慈禧苦心维持的掌控皇权的模式,也将损害慈禧最看重的一件事情——权力安全。

光绪虽然在戊戌变法时不听话,有参与"围园杀后"的嫌疑,令慈禧觉得可恨,但总体来说,他的表现还是令慈禧"满意"的。圈禁他,自己出来"临朝训政",就是慈禧对这件事情的处理。慈禧仍然大权在握,光绪又掀不起什么大浪,在这样的情况下,慈禧又怎会凭空去折腾,给自己制造一份新的威胁?

也就是说,光绪纵使有千般不好,他也是个完美的道具;溥儁纵使有万般之好,却很可能不受控制。所谓"理想之君",就是能保障慈禧的权力安全的"理想"人选,而不是"谁更能治理好这个国家"。慈禧不支持端王集团搞废立,并不是因为慈禧反对搞阴谋,而是因为这个阴谋对她没什么好处。

于是诡异的一幕出现了：在1898年9月21日终止变法之时，慈禧既要说光绪有错，但又不能真正说明他到底犯了什么错。慈禧能够剥夺光绪皇权的途径其实只有一个：那就是坐实光绪有参与"围园杀后"的阴谋，违背王朝"孝"的根本。这偏偏又是慈禧不能说的，说了就要防备端王集团的人趁机起哄废掉光绪（刚毅已经露出苗头了）。慈禧只能破口大骂光绪"坏了祖宗家法"，这就是老太太说不出来的苦啊：她骂光绪，也是为了"保护"光绪；她既要夺走光绪的皇权，又要想方设法保住光绪的皇位。

天下，乃我一家之天下，一人之天下，只能任我折腾、蹂躏，而不能由你们任何人，有任何非分之想！

这就是专制王朝政客的逻辑。政治理想是不重要的，个人情感也是不重要的；荣与辱、爱和恨，全都不重要，它们都得服从手中的权力。在得知"围园杀后"的那一刹那，慈禧对光绪是恨得咬牙切齿的，可是恨又如何？慈禧知道，她离不开光绪，不仅离不开，由于光绪已经栽了一个大跟头，今后更不会有人待见他，还要更加注意保护他的皇位，也要注意保护他的生命安全。只要她还有一口气在，就必须保障光绪安全地活着，光绪也必须安分地做傀儡皇上，因为他已经命中注定是一个道具了。

在圈禁光绪的同时，慈禧向瀛台派出了几十名心腹太监，日夜监视光绪。过去很多人认为这是慈禧防备光绪"再生异心"，事实上对于慈禧来说，她还有另外一个重要的目的：防备光绪一时想不开而自杀。

对于一个曾经巴不得她快死的人，冷静下来之后却要体贴入微地派人照看他"不死"，这是多么亦真亦幻的生活啊。

好吧，现在我们知道了，恰恰是从慈禧"临朝训政"的权力安全角度出发，她不可能废掉跟她捆绑在同一战车上的光绪。慈禧其实并不是天然地和光绪过不去，她其实也曾经指望过光绪能够在她的权威下"变法"成功，实现大清富强和她继续掌权两方面的皆大欢喜。然而她却失望地发现没等到大清富强，自己的大权却差点儿丢掉了。于是乎老人家转而去联合光绪在变法中得罪了的现有官僚集团（特别是端王集团这些满族亲贵），终止了变法。端王集团就是慈禧实现"临朝训政"最重要的政治盟友，不过，并不是成为盟友对于双方来说就安全了。

对于一个专制帝王来说，他在某一个掌权阶段最倚重的人、最亲密的人，也就是他最戒备的人，也是在事实上对他威胁最大的人。我们知道有一句话叫"伴君如伴虎"，其实不如说是专制王朝中伴"权"如伴虎，谁离至高无上的皇权最近，谁就最危险。

皇帝他自己就是时时处于最危险状态的人（历来皇帝没有几个正常的，这工作压力太大），然后是他的心腹和亲密战友。没办法，大家都离至高无上的皇权很近，得到和失去又没有公正公开、透明规范的流程（制度）来限定。皇帝的宝座虽然只有一个，但皇权却可以由很多能够接近它的人来篡夺，比如太监啊、外戚啊、大臣啊，甚至还有嫔妃等，所谓"宁赠友邦，不予家奴"，站在皇帝的立场，就是友邦离他很远，不像家奴，你给了他一口吃的，他反而过来咬你。

于是乎，从慈禧临朝训政开始，端王集团既是慈禧的政治盟友，又是政治对手。"反对当朝皇帝"就是他们的"政治共识"，但由于这个"共识"，分歧也就出来了：慈禧反对是要保持光绪的皇帝名号而由她老人家"临朝训政"，而端王这一彪人马反对则是要废掉这个皇帝，在满族亲贵中挑选一个他们自己的人（溥儁）上台。虽然他们会共同防备光绪借助什么力量（特别是洋人的力量）来反攻倒算，但废立就是慈禧和端王集团的根本分歧。慈禧其实很清楚：戊戌变法之时，端王集团的高官一次次在她面前不是造谣就是哭诉，说光绪的坏话，他们的目的只有一个：逼光绪下台。而他们逼光绪下台后一定会逼她下台，向光绪施压其实就是在向她施压，夺光绪之权最后一定会夺她之权！什么忠心耿耿，什么效忠到底，这些鬼话能相信吗？要是相信这些鬼话她也就混不到现在了。

一场看不见硝烟的权力斗争在皇宫里拉开序幕了！一场从洋务运动、甲午战争、戊戌变法溯源而来的窝里斗开始总爆发了！最初的对阵双方就是慈禧和她的政治盟友端王集团。对于慈禧来说,她最放心不下的其实并不是端王这一伙人的政治势力,虽然他们都是根正苗红的皇室后代,含着金钥匙出生的特权阶层,但他们的级别再高,还能高过皇上和太后吗?慈禧最忌讳的其实就是这伙人的势力还渗透进了一个她最不愿意看到的地方——军队。

## 八旗军对慈禧权力安全的威胁

八旗军是大清最早创立的军队,历史悠久、使命光荣,如今却也早已堕落不堪,战斗力直线下降。然而,八旗军也有一项朝廷其他军队永远无法比拟的优势——驻扎北京。

北京城内的军队统称为禁卫军,除了少量作为巡捕的绿营军,其余都是八旗,血统纯正、绝对忠诚,他们有一个专门的称号——禁旅八旗(而驻扎北京以外地方的八旗统称为驻防八旗)。禁旅八旗最主要的职责是保卫皇宫这个皇帝办公加居住场所的安全,以及颐和园等皇家娱乐场所的安全;然后是保卫内外城各道城门的安全并维护内外城的治安。为了了解禁旅八旗的主要分工和职责,我们有必要先来简单了解一下北京这座城市的布局。

整个北京分为三大区域:宫城、皇城和京城。

宫城就是皇宫,也就是如今叫作"故宫"的地方,它又被称为紫禁城。皇上和他的后宫妃子们吃饭、睡觉、工作以及搞争风吃醋活动的地方非常之广大,又无比之庄严,处处有禁军把守,因此它是"禁城"。而"紫"指的是天上的紫微星(北极星),明亮的紫微星象征天帝的君临,因而传说中天帝居住的地方也叫紫宫。作为天的儿子,皇上的禁城自然也是"紫宫"的一部分,于是它就叫"紫禁城",正所谓"天上紫微宫,人间帝王城"。

皇宫有四个正门——南面的午门、北面的神武门,以及东西两侧的东华门和西华门。四周是高大的围墙,里面的人很难出来,外面的人更难进去，终年阴森恐怖。现在我们知道了，皇帝拥有这么一块几十万平方米的高档 SOHO（家庭式办公室），并不值得我们羡慕，因为他根本不用去宗人府，自己就把自己给圈禁了。

围墙之外，又是一道更大一点儿的圈禁之地——皇城。这里是紫禁城的延伸，主要居民是内务府所属的包衣旗人，建筑大都是独门独院，楼间距很大，绿化很好，距离皇宫三分钟路程。皇城总共有四座门，城门之间又是高大的围墙，平时人们就是从这些门洞里进出的。

皇城围墙之外，才是跟普通老百姓有关的地方，它就是常说的"京城"。但即使是老百姓，也是有区别的。

京城分为两部分——内城和外城。皇城的围墙之外是内城，它是专门给满人和八旗子弟居住的，所以又叫满城或者鞑靼城（西方人称满人为鞑靼人）。内城的围墙之外，才是外城，这是汉人的居住区域，因此又称汉城。也就是说，如果那时也有手机，你在内城摇一摇，碰到的都是满人，你最好能说一口满语；你在外城摇一摇，碰到的则是汉人。所谓满汉有别，首先是住的差别。

内城的城墙上共有九座城门，比如北面的德胜门（专走兵车），南面的宣武门（专走囚车，拉出去就是菜市口），东面的朝阳门（正对着京杭大运河的终点通州，专走粮车），西面的西直门（正对着玉泉山，专走水车）；而外城并不是环绕内城修建的，它只是建在内城以南的区域，北面为"尊"，所以北面是不能有的。内外城之间除了隔着一道围墙，还有一条护城河，而外城也是有城墙的，从最西边的广安门到最东边的东便门，总共有七座门。

好吧，说了这么多，其实我们要了解的并不是地理知识，而是北京的军事布局。从外城到皇宫，"北京城"总共有四座城墙，二十四座城门，用一句话来概括就是：内九外七皇城四。这些城墙高大雄伟，最高处可达 10 米，顶部最厚竟然可达 16 米，并排走好几驾马车是没有任何问题的。城墙修得如此高大坚固，自然不只是为了气派。

这是四道坚固异常的环形连体碉堡；因为高，所以很难爬上去；因为厚，所以很难炸开，事实上当时世界上还没有任何一种炸药能够一举炸开北京的城墙。而每道城门的两侧还分布着箭楼，箭楼有好几层高，每一层都分布着密密麻麻的射击孔，形成交叉火力俯射城门下的敌人，而在没有城门的地方，城墙上的城垛也能实现此功能。

硬件设施如此完美，大家自然要问：守卫它们的是什么人呢？

禁旅八旗的三大主力：神机营、武胜新队和步军营。

"神机营"这个名字来自明朝永乐年间，当时大家都还在拿着长矛大刀砍杀，而神机营已经拥有火器了。到了大清，神机营是以骑射为传统的八旗军里第一支装备步枪的军队。神机营责任重大，它守卫的是皇宫以及旁边最重要的皇家娱乐场所"三海"（北海、中海、南海）的安全，总兵力一万人，统领神机营的是庆亲王奕劻（他同时还是总理衙门首席大臣）。

奕劻并不是端王集团的人。其实在慈禧临朝训政之后，端王看到了通过废立夺权的机会，奕劻也看到了，他也是有儿子的，不过奕劻的这些儿子有一个硬伤——辈分太大。

当年慈禧的儿子同治皇帝（爱新觉罗·载淳）去世以后，慈禧立同治的堂弟爱新觉罗·载湉为新的光绪皇帝，朝中有个叫吴可读的死脑筋的御史坚决反对，最后自杀"尸谏"，意思是太后你为了掌权立同治皇帝的平辈为新皇，这不仅大违祖制，而且这不意味着清帝一脉就在你儿子这里断绝了吗，这要置你死去的儿子于何地啊？慈禧当时不得不发布了一道懿旨，昭告天下：光绪之后的新皇帝，要追认同治为老爸，让同治的香火也传下去。也就是说，接下来的新皇帝只能是光绪的下一辈——"溥"字辈。而奕劻却是"奕"字辈，光绪的上一辈，那么奕劻的儿子就是光绪的平辈，便当不成新皇帝了，这孩子倒霉。

奕劻的祖宗中当过皇帝的是乾隆（他为乾隆之重孙），而端王祖宗中当过皇帝的是乾隆的孙子道光，所以奕劻是皇族中的"远支"了。

估计正是因为他是皇族远支，儿子又没有可能当新皇帝，慈禧对奕劻才比较放心。1894年，奕劻顺利晋升至最高级别的亲王爵位，比端郡王载漪还高出一级，而自从晋升为亲王之后，奕劻知道他这辈子的核心工作就是不犯大的原则性错误，保护好自己，捞银子享受了。

事实上奕劻最大的特点就是贪财，而端王集团的废立，他自然是不会掺和的，掺和对他有什么好处？当然，他也不会去得罪这些皇族近支里的"少壮派"，得罪他们对他能有什么好处？只要慈禧那里过得去，他就安心当他的"神仙王爷"。

在神机营的外围，就是端王载漪亲自率领的"武胜新队"。武胜新队除了协助神机营保卫皇宫，主要负责保卫王爷亲贵集中居住的皇城的安全。

再往外，负责守卫和保障内外城治安的就是步军统领衙门，简称步军营。这是一支军备和警备混合的部队，总兵力超过三万人。步军营的最高领导叫"提督九门步军巡捕五营统领"，简称"步军统领"，当然，它还有一个更著名的名字——九门提督。

所谓"九门步军"包括的实际上不只是把守内城九门的八旗军，也包括守卫外城七门的八旗军，这支军队平时武装守卫着城门，战时还可以作战。而"巡捕五营"的士兵就是绿营兵，其职能大致相当于我们现在的警察。也就是说，著名的九门提督单看职能，大致相当于我们今天的北京卫戍区司令、北京武警总队队长兼北京市公安局局长。

头衔很多，身上的城门钥匙更多，九门提督的重要性是不言而喻的。他负责把北京之外的人放进来或者挡出去，如果这些人是军队，那就麻烦了。所以说，九门提督向来是朝中各大政治集团和利益派别必争的职位，不过他们争也没有用，这个人选是必须由皇帝亲自挑选和任命的，任命之前还必须谈一次话，反复考察之后再来点儿情感投资。慈禧任命的九门提督，就是戊戌变法时帮着去捉拿康有为等人的崇礼（满族），崇礼对慈禧来说还是基本可靠的。

现在看来，端王集团在北京城内能够掌控的只有区区一个武胜新队了，并且还夹在另外两大主力之间，并不能影响整个禁旅八旗，也并不足以兴风作浪，但实际情况不是这样的。

因为我们刚才只说了这些禁旅八旗的领导，而没有说军队的主要力量——士兵。

在大清开国之时，八旗士兵骁勇善战，也对皇帝忠心耿耿，然而现在，一切都变了。

最大的变化就是腐败。早在30多年前（1868年），当时为了平定捻军之乱，慈禧一度想用神机营御敌，派大臣检阅部队的时候，一个士兵竟然从马上摔落下来，摔断了腿骨。他说："我是打磨厂卖臭豆腐的，哪能骑马？"

这就是八旗军中最常见的腐败：吃空饷。八旗子弟们只在军中占着名额，碰上阅兵或者打仗时就拉人凑数。其他的绿营兵就不用说了，他们虽然是汉兵，但早已经是被驯化了的汉兵，名为保护百姓安宁的巡捕，实际上却常常借着巡捕之名祸害百姓，竟然比八旗子弟还八旗子弟。

也就是说，北京城内的军队已经不再是一支军队，而是一群寄生虫。为什么要由一群寄生虫来守卫北京呢？只是因为他们血统纯正。他们没有信仰、没有理想、没有凝聚力，而平常他们的工作也无非就是吃吃喝喝、玩玩乐乐，唯一令他们感到紧张的时刻就是戊戌变法的时候。

当时光绪帝极端厌恶这群贪腐的寄生虫，试图剥夺八旗的特权，令他们将来"自谋生计"。这个消息一放出，立马就在禁旅八旗中炸了锅，光绪还没有实行这项变革，他们就已经把光绪恨得牙痒痒。从这个时候起，一个个脑满肠肥的八旗子弟就和高官厚禄的端王集团大臣有了一个出奇一致的想法：好好的变什么法？变法还不得变天？为什么要去学那些洋人、用那些汉臣？为什么不能选一个对满人好的人当皇帝，让大爷继续享受？

一拍即合。在大家都摸不准大清国的走向，都在担心自己的既得利益是否要失去的时候，一支腐朽堕落的旧式军队与一个充满阴谋的旧式政治集团一拍即合了。虽然八旗军和亲贵集团的结合并不是此时才有的，而是由于历史传统形成的。自大清开国以来，八旗军就一直或多或少地被各式各样的亲贵集团所掌控，但从来没有像如今的端王集团这样有如此广泛的基础。对于禁旅八旗来说，他们有了新的指望对象；而对于端王集团来说，他们有了实现政治阴谋的打手。虽然不知道什么时候可以用得上，但有文攻武卫，这对于搞阴谋的人来说就俩字——踏实。

慈禧不得不警觉。事实上洋务运动30多年来，由于重用汉臣和触动了八旗的利益，八旗军的不满是一直存在的，对慈禧统治的威胁可以说也是一直存在的。但之前的慈禧之所以一直觉得"不足一虑"，不是因为满汉矛盾还不像现在这样突出，而是因为慈禧手中有一支完全可以制衡八旗军的军队——淮军。淮军虽然腐败，但对付更加腐败的八旗是绰绰有余的。

而随着甲午一战，一切都已经万劫不复了，淮军被打残，慈禧手中失去了制衡的力量。从权力安全的角度来说，慈禧必须着手打造一支新的制衡八旗军的军队，而这第一步，就是继李鸿章之后，在军方安插和提拔一个"自己人"，去组建和统率这支军队。

这个人，就是慈禧在终结戊戌变法、开始临朝训政之前调进京的荣禄。

# 第四章
# 慈禧的布局：荣禄崛起

## 荣禄的故事

在说荣禄的故事之前，我们先来听个故事。

某次在外面旅游，大巴上听到两个人在对话。

"喂，哥们儿，你哪里的？"

"我北京的。"

"那我们是老乡，我也北京的。"

"你北京哪里的？"这个人问。

"我北京密云的。"

"那我们不是老乡，我是北京西城的。"这个人说。

人家的意思是不仅全中国要分南北，就连同一个北京也要分个中心城区和远郊区县。而荣禄的故事绝对是这个故事的翻版。

瓜尔佳·荣禄，上三旗正白旗人。荣禄的祖上大多是侍卫，真正的"侍卫世家"。在道光年间，荣禄的爷爷奉命出征为朝廷平叛，战死。到了咸丰年间，荣禄的父亲（长寿）和伯伯（长瑞）在围剿太平军时同一日战死，为了表扬荣禄家族的忠烈，当时的咸丰皇帝还特意为荣禄一家赐修"双忠祠"。

作为忠烈之后，也作为八旗子弟，荣禄是不需要考"公务员"（科举）而可以直接当官的。16岁时，荣禄出任六品工部主事，21岁出任工部员外郎（从五品），应该也算少年得志了，但后来发生了一件令荣禄相当不爽的事。

某一天，在某个公开场合，荣禄碰到了一位都统。

都统的级别是从一品，是八旗中某一旗的最高军政长官，地位显赫，实权在手，为了以后的大好前程，荣禄有心结交。当他打听到这位都统的满姓也是瓜尔佳时，他更兴奋了。荣禄很热情地跑过去，满脸恭敬地打招呼："幸会啊，大人！您也是瓜尔佳氏？我跟您是同族啊！"

看来，荣禄是想通过"认同族"的方法来拉拉裙带关系的，不过接下来发生的一幕那是令荣禄相当尴尬了。

"你是世居苏完的瓜尔佳吗？"都统轻蔑地反问。

"不是。"荣禄很老实地回答。

"那我们可不是同族！"

说完，都统甩甩袖子走了。说到这里我们就要说明一下满族姓氏的知识了。瓜尔佳氏是满族八大贵族姓氏之首，入关前的满人习惯把地名当作姓氏，"瓜尔佳"就是其中之一，而这三个字是满语中某个地方发音的音译。清军入关之前，有汉人曾把它意译为"菜园子旁的臭水沟"。入关后，了解情况的瓜尔佳氏人十分恼火，他们把这种汉译全部废止了。后来挑选汉姓时，瓜尔佳氏的人终于挑了一个可以让他们扬眉吐气的姓——关。

当时的满人公认关羽是汉人第一英雄（满人打江山时一直在看《三国演义》），能得到偶像的这个姓，说明"瓜尔佳"这一姓氏在满人中是十分显赫的。

而显赫里还有更显赫的，瓜尔佳氏中最尊贵和显赫的，就是那位都统大人十分在意的来自"苏完"（满语的音译）这个地方的瓜尔佳（大致在今吉林省长春市双阳区）。这里的瓜尔佳氏出了两个著名的人物，我们一定很熟悉——费英东和鳌拜。"苏完"地方的瓜尔佳在当年大部分入的是由皇帝亲领的八旗之首——镶黄旗。

而荣禄的祖上是属于地位较低的瓜尔佳其他支系，到底是哪个支系，荣禄家谱中找不到记录，但肯定不是苏完。根据现在的考证，很可能是来自"乌喇"这个地方的瓜尔佳（大致在今天的吉林省永吉县）。而荣禄的祖上入的也是上三旗之末——正白旗。

经过都统的无情打击,荣禄终于明白了:虽然在汉人的眼里,他的出身是"无比尊贵"的,但在满人眼里,他们的出身还是有很大区别的。作为"官N代"的八旗子弟没有什么好比的,唯一能比的就是出身,无论如何上进奋发、老实忠厚,在别人的眼里也许还不如"乌喇""苏完"这两个字的区别。

不过,恰恰是这个"出身不太好"的荣禄,却很讨咸丰和慈禧的喜欢。

在咸丰和慈禧看来,荣禄的出身却是"非常之好"的。侍卫世家嘛,说明这户人家对皇上的忠诚可靠是有传统的。和所有专制王朝的最高统治者一样,咸丰和慈禧最看重的,并不是一个人的能力,也不是一个人的出身,而是——忠诚。

有了最高领导的看重,荣禄的仕途从此真正称得上一飞冲天了。在1878年以前,荣禄先后担任过内务府总管大臣、九门提督、工部尚书等职,终于可以和当年羞辱他的都统平级了。

然而也正是从这一年起,荣禄倒霉的日子也到来了。

此时的荣禄有点儿飘飘然,结果在与以军机大臣沈桂芬为首的另一个小圈子搞权力斗争中,荣禄一脚踏空,彻底落败;他随即被逐出权力中心,被降级、免职,一蹶不振长达13年!

以前在朝廷万众瞩目,如今无人问津,曾经的荣耀不见了,曾经的权势也不见了。在荣禄倒霉的时候,有很多人自动疏远了荣禄,也有很多人不再对他毕恭毕敬,而是颐指气使。此时的荣禄内心充满了恐惧,也充满着"想不通"。

他原本以为凭着自己侍卫世家、忠诚世家的美名,凭着对慈禧的忠心耿耿,在与大臣争斗的关键时刻,慈禧一定会站在他那边的。然而荣禄想得太天真了,慈禧虽然看重"忠诚",但当她发现别的大臣还有对她更大更有利的"忠诚"之时,荣禄的"忠诚"就不值多少钱了。

荣禄开始重新考虑自己的出路,仔细考虑之下,荣禄发现自己的出路其实还是只有一个:时刻注意向慈禧"尽忠"。

"拼爹"拼不过别人，"拼祖宗"也拼不过别人，出身的"低微"决定了他在朝廷中不可能有那么多天然的高层朋友，不可能建起太大、太厉害的人脉和圈子；他只有抱紧慈禧这棵大树，跟紧慈禧的步伐，领会好慈禧的意图，执行好慈禧的决定，以慈禧的宠爱而自重。这才是荣禄最大的资本，也是他的"核心竞争力"。

　　但是，荣禄现在的"尽忠"和以往有很大不同了。荣禄终于明白了：王朝里的忠诚，只能是相对的，因为对这份"忠诚"的信任，本来就是相对的。在朝廷为官，"尽忠"并不是最重要的，政治理想和激情也不是最重要的，甚至连靠山都不是最重要的，最重要的是自保。

　　因为到了凶险关头，能够相信的只有自己。如何学会自保，这才是官场大人物永远的命题。怎样做到这一点呢？用我们今天的话来说就是：低调做人，高调做事。

　　所谓低调做人，并不需要时刻夹着尾巴装孙子，毕竟也是有品级的大人不是？装孙子久了会被人家当真孙子，官场上的低调做人其实要把握两个原则：第一，是"不为激情去献身"；第二，就是绝不主动树敌。

　　在官场上，主动树敌是很危险的一步，哪怕得罪的是一个级别低很多的小人物，都不知道哪天会有哪一把刀飞向你。所以心里越是恨，嘴上越是要"亲"，不要公开得罪同僚，有事摆笑脸，无事打哈哈，收敛锋芒，低调亲和，一团和气。千万不要为了逞一时之快而莽撞行事，千万不要为了发泄怒火而控制不住情绪，因为在官场上生存下来的关键是每走一步棋不仅要看到接下来的一两步，而且要看到后面的好几步，甚至是最后一步。

　　高调做事就很简单了，只要记住两个名词——表现和表演。什么？皇帝提倡亲民，喜欢微服私访，那还不照着去便装出行私访民间疾苦几回？什么？皇帝喜欢加班，平时也不怎么笑，那还不成天忧心忡忡地在"办公室"干坐到深夜？在大的风格方面一定要表现得步调一致、亦步亦趋，不光要好好表现，还要想方设法让皇上知道！

　　而小事就要表演了，这其实也没什么窍门，只要记住一句话：该哭的时候,一定要哭啊!

就这样,荣禄"成熟"了,也可怕了。在官场上,成熟的同义词往往就是可怕。官场生涯磨去了他的真性情,也锻造了他的演技——时刻戴着面具的高超演技。表面上荣禄沉默寡言、八面玲珑、为人正统,而实际上荣禄深沉圆滑、工于心计、见风使舵、内心敏感、官气横秋。原来的"侍卫世家"的锐气早已全无,他成了一台深不可测的官场机器、一个奸猾多忌的官场冷血杀手!

一天,荣禄与几位同僚去看戏,两位福建籍的大臣在他的座位后窃窃私语,荣禄听不清他们在说什么,只好故作镇定地看戏,等这两位大臣走后,荣禄突然问一旁的人:"刚才这两位说了我什么坏话?我可是听得懂福建话的!"其实那两位大臣根本就没有说荣禄啊,一旁的人都惊讶不已。

荣禄一直想方设法上折子,他就是要让慈禧能够听到他的声音、了解他的变化、感受他的"忠心"。当然,银子也是要花的。在上折子的同时,荣禄一直不惜血本地花银子,打点慈禧周边的人,让他们不时为自己说说好话;而每逢慈禧大寿心情很好的时候,则顺便献上点儿特产:这是在表明一种态度。

曾经丢掉的,我要拿回来!荣禄相信他会有成功复出的那一天的。

1891年,荣禄任西安将军,从一品。

1894年7月,甲午战争爆发,朝廷需要武将,以前带过兵的许多外放的大臣纷纷奉召回京,名单上就有荣禄。荣禄终于回到了北京这个权力中心,而慈禧对荣禄的任用就是让他担任他曾经担任过的要职——九门提督。

1895年,九门提督荣禄兼任兵部尚书。

1898年6月15日,戊戌变法的第五天,荣禄奉慈禧之命成为直隶总督兼北洋大臣。慈禧为何在这个节骨眼上将荣禄"外放",我们在第一部里已经做过讲述了。

1898年9月28日,"戊戌六君子"被杀,慈禧开始临朝训政,慈禧发布命令：免去荣禄的直隶总督兼北洋大臣的职务，调往北京，授予其军机大臣兼"练兵钦差大臣"之职，并管理兵部事务。就这样，荣禄名义上成了包括八旗军在内的朝廷军队的统领，而他最重要的任务仍然是组建一支新的军队。

慈禧的临朝训政是得到端王集团力挺的，而在拉拢端王集团成为政治盟友的同时，慈禧已经在培养自己的嫡系了！

## 荣禄组建武卫军

重新编练一支新军的代价是很大的（时间、银子），最好的办法是将现有的、可能掌控到手中的军队进行整编扩编，使它们全部归于自己麾下。既然八旗军基本上被端王集团掌控，那么荣禄能够打开缺口的，自然就是汉军了。

汉军，首先是淮军残部。甲午战争后淮军残部主要有两支——宋庆军和聂士成军。宋庆仍然带队留在东北，聂士成由于表现出色，取代了在战场上逃跑的叶志超，被补授为直隶提督。而荣禄又做过直隶总督，虽然他们级别是相同的（都是从一品），但提督是武职，总督是文职，朝廷以文御武，提督要受到总督的节制，荣禄相当于做过聂士成的领导。

宋庆和聂士成都是李鸿章系统的，李鸿章是慈禧这条线上的，现在慈禧通过荣禄来让他们继续忠诚于自己，没有问题。

除了聂士成，荣禄任直隶总督时还节制过另外两位军方将领，他们就是董福祥和袁世凯。袁世凯我们比较熟悉，先来介绍一下董福祥。

董福祥是甘肃环县（今属宁夏固原）人，原来靠在西北贩驴为生，后加入西北地区一支很有特色的武装——回民反清队伍，再后来被左宗棠的部将刘松山招安，在刘松山的赏识下，董福祥继续招募西北地区的回民，招安收编西北马贼，组成一支作战勇猛的队伍——甘军，然后再掉转枪口帮助朝廷去"围剿"回民反清队伍。董福祥对付自己曾经的"匪友"十分凶残，"红顶子是要用血染红的"，就是这位老兄的名言。

甲午战争时期，甘军也曾奉命开赴京畿地区，当时是作为预备队准备上前线打仗的。虽然后来仗没打成又重回甘肃，但这次短暂的京畿之行却带给董福祥极大的转变。

这应该是西北汉子董福祥第一次来到京畿。来到北京，董福祥也学着别人去"拜会"高官，但他太不懂官场规矩，两手空空地去登门拜访，满怀期望地去汇报军务，而结果是可想而知的。董福祥后来说："我从前以为京师贵人（那些亲贵王公）不啻天上神仙，今乃得知不过是想得我们外官几文钱罢了！"（引自刘凤翰：《荣禄与武卫军》）

原来在国难当头之际，这些满族亲贵、王公大臣对如何与日本作战，如何支持前方战事没什么兴趣，对辛辛苦苦前来驰援的董福祥却在公开"招贿"。

董福祥深受刺激，从此以后他就有点儿肆无忌惮的意思，越来越跋扈，也越来越"独树一帜"：除了给自己原来只有马刀的士兵装备洋枪外，董福祥在军中禁用一切带"洋"的东西，提起洋人就咬牙切齿。

1897年，当时朝野上下充满了变法氛围，连平时不知洋务为何物的大臣都在畅谈如何学习西方，董福祥却在觐见时语惊四座地说："臣无他能，唯能杀外人（洋人）耳！"要知道连八旗将领都没人敢这么说啊，董福祥和甘军的"排外"竟然比八旗还厉害！

董福祥说到做到，后来甘军再次奉慈禧之命进驻北京南苑，这里也是卢保铁路（卢沟桥至保定的铁路）的周边地带，不少洋人铁路工程师时常出现在这里。甘军士兵就经常跟这些洋人打架，而董福祥竟然率军围攻过卢沟桥的洋人铁路工程师宿舍！在朝廷大部分军队见洋人就软的情况下，这支军队真是另类。

从事实上说，甘军中有不少是信仰伊斯兰教的回族士兵，他们对到处传播基督教的洋人是比较讨厌的。但董福祥和甘军的"极端排外"其实并不只是信仰问题，而是"另有深意"。

除了极端排外，甘军仍然保留着当年头脑简单、军纪极差、经常扰民的作风，从作风上说，竟然和受招安之前的"匪军"时代没有多少区别。

对此，朝廷里的言官御史经常痛心疾首地加以抨击，而董福祥却并不怎么在乎，不以为耻，反以为荣，继续放纵士兵。但有一件事情他是从来不会忘记去做的——买太后的账。

董福祥就是一直在极力打造这样一支甘军：这是一支很有缺点的军队、一支连洋人都敢惹的军队，他们谁都不怕，也谁都不在乎，但只服一个人——慈禧，坚决做到慈禧指哪儿打哪儿，绝对可靠。董福祥自己也是以天不怕地不怕但忠于慈禧的军方老粗人物的形象出现的。所谓"不走寻常路，甘军董福祥"！

董福祥知道，他这一招应该是很合慈禧心思的。果然，慈禧喜欢的就是这样的将领，喜欢的就是这样的军队。头脑简单？没有关系。对老百姓不好？没有关系。思想顽固？也没有关系。对于慈禧来说，只要忠于她，什么都是优点。如果董福祥和他的甘军完美无缺，她反而不能放心了！

就这样，董福祥以别出心裁的方式，以剑走偏锋的表现，反而获得了慈禧的欢心。跟"匪军"差不多的甘军竟然是最受慈禧信任的军队之一，真是鱼有鱼道、虾有虾路啊。

1898年初变法前夕，慈禧调董福祥甘军移驻近京——直隶正定府（今河北正定县）。6月15日，变法第五天，荣禄成为直隶总督，节制聂士成军、董福祥军和袁世凯军这"北洋三军"。9月，慈禧终止戊戌变法，开始临朝训政，慈禧立调董福祥军从正定进驻京郊南苑。关于这次非常时期的调兵，历史上是有很多争论的。

在以往很多的书中，人们常常认为慈禧调董福祥军是用来镇压变法的，但实际上，对付变法，慈禧不需要那么多"帮手"。前面我们知道，如果仅仅是终止一个变法而不是开始临朝训政，慈禧是能够比较轻松地搞定的；慈禧的困难不是终止变法而是如何顺利地主导朝政，而她调董军进京也并不是为了"镇压变法"（请注意调军时变法已经终止了），而是和立召荣禄进京的目的相同：牵制和监视自己的政治盟友——端王集团！

也就是说，董福祥本来就是慈禧信任的人，现在由荣禄进行整编，只不过是给他的甘军换个番号而已，没有任何问题。更何况，神秘的荣禄大人竟然和这位前驴贩子也有关系！

在担任西安将军期间，荣禄就注意到董福祥，有心和董福祥结交。有的史料上说他和董福祥结拜成了兄弟，有的说没有结拜，反正关系还不错。而荣禄对董福祥一直很客气，即使荣禄后来出任直隶总督，恰巧又成为董福祥的领导，荣禄的态度也是一如之前，并没有摆领导的架子，看来荣禄大人笼络驴贩子是有一手的。

袁世凯一直算是荣禄的"心腹"。1895年12月，从朝鲜回国后的袁世凯进入军界，去小站编练新军，其实就是荣禄大人推荐的。虽然荣禄也很清楚袁世凯这个人并不像他表面上那么简单：看上去很谦恭，实际上却很难驾驭；处处表忠心，实际上却一直在骑墙。但荣禄对袁世凯其实一直是有特殊感情的。

荣禄力荐袁世凯去小站练兵时，他也刚刚成为兵部尚书，属于在军中培育个人势力的阶段，当发现袁世凯这个人很不简单时，荣禄就把袁世凯当作嫡系来培养和看待了。事实上袁世凯在小站练兵时，大搞军队"私人化"，又花银子无数，朝廷中很有非议，每次都是荣禄的力保才让袁世凯平安无事。

因为荣禄的关系，1895—1898年这几年间，慈禧对一直在小站练兵的那个"小袁"印象还不错。

可是当慈禧得知谭嗣同其实很早就找过袁世凯，而袁世凯一直到迫不得已时才告发，慈禧震怒了。袁世凯所犯的是欺"君"之罪（欺的是慈禧这个"君"），她要将这个"居心叵测"的人"置之重典"（很可能是砍头）。然而荣禄却不惜以身家性命将袁世凯保下来，其他大臣指控袁世凯"首鼠两端"，要求继续调查治罪，荣禄不知是被逼急了，还是保袁心切，竟然一反常态地强硬回绝："袁乃我的人，无所谓首鼠两端！"（引自苏继祖：《清廷戊戌朝变记》）

"太后啊，袁世凯是我的人，也就是您的人，并且是一个很有用的人！"荣禄的考虑是"正确"的，此时正是慈禧用人之际，必须在端王集团之外抓住一切可用之人。于是乎，本来已经犯了死罪、大祸临头的袁世凯又幸运地逃过一劫，而袁世凯很有力地证明了荣禄对他的重视是非常值得的。

虽然袁世凯是宋庆、聂士成和董福祥这几个人中唯一没有正式上过战场（朝鲜王宫平乱不算），也没有为朝廷立下过战功的人，但这个人最厉害的并不是军事，而是心机和头脑。在荣禄即将开始整编之际，唯独这个没有上过战场指挥的人，为荣禄提出了一个十分专业又不只是专业的建议：

"大人，您只有这四支军队的计划是不够的，还需要组建一支您自己的亲兵队伍，让一些八旗子弟加入进去，然后再将所有五支军队整编成军（相当于集团军），由您担任总统（相当于总司令）！"

聪明人不用多说，一点就透。袁世凯的考虑不得不说是毒辣的，他具有敏锐的政治头脑。这四支军队都是汉军，如果只孤零零地将这四支汉军整编，把八旗子弟全部撇在一边，动静太大，树大招风，一定会引起端王集团和八旗军的警觉，最终很可能会因为他们的强烈反对而使整编工作泡汤，所以不如先向他们做点儿妥协，让他们没有话说。

就这样，整编的目标有了，方案也有了，接下来就是时间问题了。虽然荣禄比以前更加低调、韬光养晦，但端王集团不得不重视他，他们从来没有放松对荣禄的拉拢工作。可荣禄明显就是来拆端王集团的台的，他是直通慈禧这根线的人，而不是端王集团的人。退一万步来说，即使将来被形势所迫，荣禄不得不选择倒向端王集团，那么也必须在现在抓紧培育自己的实力，只有这样，到那时，"倒向端王集团"才更有意义。但和奕劻一样，荣禄并不想公开得罪这些端王集团的人。一是得罪不起，二是荣禄也是满人，和端王集团对着干，很可能就会在满人和八旗子弟中落个"满奸"的骂名，以后就更加不好混了。

荣禄怎么办呢？

荣禄的做法可以用"三不原则"来概括——不答应、不反对、不说话。

所谓不说话，这并不是我在开玩笑，而是真实的情况。自从重返北京后，荣禄无论是在公开场合还是私下场合真的是很少说话的。他比过去更加神秘，也更加深不可测，以至于我们现在能够找到的关于他的史料都不多。荣禄其实是胸有成竹。

这就是官场上的角逐，它和我们熟悉的军事上的决战是不同的：军事上的决战是痛快地杀个你死我活，然后回家痛快地洗个澡，睡个好觉（如果还活着的话）。而官场上的角逐恰恰是看不见刀光剑影的，奏章、朝会，这就是战场，需要的是坚忍、冷静和谋略，在表面和气下的稳、准、狠。官场上的角逐讲武力是没有用的，反而要尽量避免以武力相威胁，因为那意味着把自己和对手都逼入绝境，再无回旋的余地。大家毕竟都是在一个"场"上混的，把这个"场"都震坍了，那还混什么啊。

在荣禄整军的同时，端王载漪也开始将他的武胜新队扩编，荣禄特意向载漪提出建议：王爷，您不妨将它改名为"虎神营"。

"虎"能吃"羊"（洋），"神"能制"鬼"，蕴含着端王集团能把最忌惮的洋人赶尽杀绝、让满人过无忧无虑日子的意思。载漪十分满意，估计差点儿拍着荣禄的肩膀说："兄弟啊！"

## 从帝后权斗到满汉党争

三个月后（1899年6月），"兄弟"荣禄的整军工作也完成了，一支命名为"武卫军"的新型集团军横空出世！它总兵力超过五万人，兵力和禁旅八旗相当，军机大臣荣禄担任总统，所属五支军队统领分别如下。

前军：聂士成，兵力约1.4万人，驻扎天津芦台，兼顾大沽、北塘等海防重地。

后军：董福祥，兵力约1.1万人，驻扎天津蓟县（今天津市蓟州区），兼顾通州防务。

左军：宋庆，兵力约1.2万人，驻扎山海关，防卫关外。

右军：袁世凯，兵力约1.1万人，驻扎天津小站，协守天津。

中军：荣禄兼任，兵力约 1 万人，驻扎北京南苑，镇守北京南大门。

五支军队中战斗力最强的自然是袁世凯的右军，也就是之前的小站新军。从 1895 年 12 月起，袁世凯已经在小站训练这支军队三年半了，除了还没剪掉辫子，这支军队从各个方面来说都称得上与国际接轨了，而且是与当时的世界最强陆军——德军接轨。

而战斗力最差的就是荣禄大人的亲兵队——中军。这支军队是向八旗妥协的产物，"官 N 代"的八旗子弟混迹其中，吃空饷的，混吃混喝的，凭着士兵身份到外面胡作非为、强吃强嫖的都有。估计荣禄也知道这支军队就是面子工程，亲兵队差成这样他也不在乎，而袁世凯大人眼疾手快，继向荣禄提出组建中军的建议后，他又向荣禄提出从中军中挑选一些可以受管教的士兵（大约 2000 人）跟右军一起训练，由他"代训"。我们都知道袁世凯训练出来的军队是什么样子的，"袁家军"就这样又扩充了人数。

慈禧最信任的自然就是董福祥的后军，本来慈禧是令后军驻扎北京南苑的。而自从跟洋人闹翻后，董福祥就在南苑待不下去了，公使们一致向总理衙门施压，要求将董军调出直隶，可这一次慈禧宁愿得罪明知道得罪不起的洋人也要将董福祥军留在京畿。武卫军中，除了中军，后军是驻扎地离北京最近的军队；而且表面上驻扎蓟县，实际上却是驻扎在历来重要的通州大营。历代的大清皇帝一旦有事儿，肯定会想起西面的西山健锐营和东面的通州大营，这两支军队都是用来对付其他军队的（防备造反）。西山健锐营掌控在端王的弟弟载澜手里，慈禧她老人家就只能把后路留给董福祥董大人了，她并没有追究董福祥惹恼洋人的责任，还经常额外赏赐点儿军饷（一出手就是一万两），甚至还亲自赏过董福祥一个很贴心的小礼物——一把火镰，因为她知道董大人是从来不用"洋火"（火柴）的。

从整体上看，武卫军从北京以东的海防前线，以梯次队形环绕北京东南驻守。它和之前的八旗、绿营、练军统统是不同的：之前这些军队是驻防军（战时才调到前线），更像我们今天的警察；而武卫军属于拱卫京师和保护国门的机动部队,基本相当于我们今天的野战军,它的训练方法和武器也都是西式的(包括"反洋"的董福祥军)。

不过,这支"新式军队"的政治地位和禁旅八旗仍然不在一个级别上。汉军一直都是被戒备的对象,这是朝廷百年来的规矩,连慈禧也没有办法。如果没有特别的命令,作为非八旗的军队,武卫军仍然连进入北京的资格都没有,只能在周边打转转,也只能眼睁睁地看着禁旅八旗在北京城内耀武扬威。

6个月后,1899年12月19日,在荣禄的上奏保荐下,《马关条约》之后无官一身轻的李鸿章终于又复出了:慈禧任命李鸿章为两广总督。被"外放"出京,到偏远的两广担任总督,李鸿章的权势、地位自然和原来的直隶总督兼北洋大臣是无法相比的。但在荣禄大人的协助下,李鸿章终于又找到了出路,这意味着他甲午战败和签署《马关条约》而被问责的风头终于过去了,这也是他的"北洋班底"正在复出的积极信号。而更重要的是,在李鸿章入主两广之后,他和两江总督刘坤一、湖广总督张之洞终于连成一片,主宰了大清的东南半壁。

张之洞一直是一个专家型大臣。他的"专",主要是指在一件事情上——写文章。

张之洞的对联、文章和奏折都是十分有文采的,比如戊戌变法时搞出的《劝学篇》就是张之洞的名篇之一,名扬天下,传之后世。由于张之洞会写文章,很多人爱看他的文章,所以他聚集了不少"粉丝"。而张之洞写的文章中,有很多是与洋务运动相关的,从而使得更多的人了解和接受了洋务。在这一点上,张之洞是功不可没的。

但大概是由于张之洞太会写文章,他办起实事来似乎就差了一大截。洋务运动时期,他是两江总督兼南洋大臣,和李鸿章一样,办铁厂、修铁路、开矿山;但他"南洋"的成就,远远不及李鸿章的"北洋",以至于当时的人们给了学富五车的张之洞一个评价——"有学无术",看来是比较中肯啊。

刘坤一最大的特色是湘军出身,是在曾国藩、左宗棠等人去世之后,

"老湘军"里硕果仅存的将领。当年,曾国藩主动裁撤湘军,士兵们解甲归田,但还有很多中层将领被安置在江南地区转为文职,于是这一批人就不得不成为被朝廷重点戒备和打压的对象了。比如我们熟悉的著名的"杨乃武与小白菜"一案,其实就是对江浙地区湘军系官僚的重大打击。但慈禧是不会把湘军势力赶尽杀绝的,在基本解除湘军势力对朝廷的威胁之后,慈禧仍然需要保存一面湘军的旗帜,成为制衡其他势力(比如李鸿章的淮系)的一张牌,这个人就是刘坤一。

刘坤一很清楚:他的官是做到头了,不会再升,但也不会再降,只要自己不出来谋反,仕途是不会有什么危险的,因为他就是"旗帜"。平素在官场上,刘坤一很有一副"无欲则刚"的心态:特立独行、我行我素,敢于言他人之不敢言、行他人之不敢行,甚至敢顶撞慈禧,很有"左宗棠第二"的风范。其实无论是左宗棠还是刘坤一,他们的个性和特色都是比较突出的,但他们首先也是官场中人,所谓的"个性",谁说不是明白官场大势之后的高超表演。

李、刘、张三人,他们现在是端王集团的排挤对象,但他们和端王集团的人曾经都属于同一个阵营——后党。甲午战争中,他们互相配合,防备帝党上台;戊戌变法中,他们紧密联手,灭了帝党,然后麻烦出现了。

曾经的后党集团突然没有了对手,亲贵们就开始想要一家独大,独霸权力,排外排汉,甚至要废掉光绪,立他们的人为皇帝。李鸿章等汉臣自然不会坐而视之,于是,曾经的"朋友"迅速分化对立,他们没有了共同的敌人,就成了内部的对手,成了新的党争的两派阵营。

对阵的双方这边是端王集团,而那边是奕劻、荣禄、李鸿章、刘坤一、张之洞、袁世凯等。相信大家已经发现了,这两派阵容其实还各有一个共同的特点:这边是在朝廷里位高权重的满族亲贵,我们称之为"满党";而那边除了躲在幕后不出头的奕劻和荣禄等人,都是在地方任督抚的汉臣实力派,我们称之为"汉党"。新的党争就是满汉之争,是大清朝廷与地方的矛盾。

其实有争论也是好的,有争论才会有头脑风暴,有头脑风暴才会出好的决策。但党争之所以叫党争，就是因为他们所争之事和所争目的均上不了台面，端王集团总不能告诉大家：哈哈，其实我们争的只是一个皇位！正是因为大家都在浑水摸鱼，党争派别的划分就注定比较复杂，并不是满官就是满党，汉臣就是汉党，祖宗是谁是小问题，利益归属和权力基础才是大问题。比如奕劻大人，他虽然是满族王爷，但跟李鸿章等洋务大员走得很近（能捞到不少好处）；而荣禄大人除了也和李鸿章关系很好以外，他自己在军中要倚重的，正是袁世凯这样的汉臣。

对于老百姓来说，跟曾经的帝后两党一样，这两党都属于既得利益集团，他们不是需要"比比谁更可爱"，而是需要比比谁更可恶。满汉两党的真正区别只是满官他们是"官N代"，属于更有特权的阶层，权力靠世袭；而汉官们大多是靠科举或者军功上位的，相对于满官，他们有天然的政治劣势。虽然他们比满官们更加勤奋，但他们的上头总有一群能力比他们差、年纪比他们轻、职位比他们高的"满大人"。

从表面上来看，两大阵营的党争始终围绕着废立；但是，党争的本质并不是换谁来当皇帝的问题，而是一个同时关乎大清国未来的很重要的问题——在终止戊戌变法之后走什么路。

满族亲贵当然希望"回到过去"——复旧。不仅要回到洋务运动之前，甚至最好回到大清开国之时，那时的满人威风八面，特权压倒一切，哪像现在，简直是一天不如一天。在他们看来，朝廷就是满人的，朝廷的统治本来就是建立在满人特权基础上的，一旦满人失势，难道不会危及朝廷统治？

所以，他们复旧的呼声打着维护朝廷统治稳定的旗号，他们认为维持一定的特权阶层是有必要的，因为没有满人的特权就没有朝廷统治的稳定。所以他们反对将一切特权下放（尤其是下放到汉人手中），比如刚毅就公开叫嚣：汉人一强，满人必亡！

而汉臣们希望的是"变法"（改革）。

洋务运动是汉臣发动的，也是汉臣的主要战场，只有为朝廷发展经济，才能增加自己的政治筹码，压制满党的世袭特权。于是在进行洋务运动的过程中，汉臣们多少表现出了对相对自由的经济的向往，他们的特色是相对"开明"；而满官希望继续垄断资源和管控经济，越来越"保守"。但汉臣们也是官僚集团的重要组成部分之一，戊戌变法的过程已经证明，他们希望的"改革"，是不破坏他们作为官僚集团成员的既得利益的"改革"，是能让他们的利益最大化的"改革"。一旦"改革"有损他们的利益，他们就会跳起来反对，而只有当局势对他们的利益不利时，他们才会重提"改革"。

现在我们知道了，在与满族亲贵联手终止变法之后，李鸿章等汉党集团的人没有跟端王集团的人混在一起，他们反对废立、反对废去光绪，不是因为他们突然对这个可怜的皇帝产生了同情，而是因为在权力蛋糕的重新分配中"分赃不均"。同样地，汉党集团反对"复旧"而要求"改革"，并不是对大清国前途思考后的结果，不是为了他们的政治理想，不是为了建设强大的大清，这只是官僚集团维护自己既得利益的本能。真正的为了国家前途的改革，无论是满党还是汉党都无法承担和主宰，因为他们都是既得利益集团。

好吧，让我们来总结一下吧。满汉两党党争是比较复杂的，表面上它是废立之争，争的是谁来当皇帝；而实际上，它是洋务运动形成的经济新贵与世袭权贵之间在失去共同的权斗对手（帝党）之后，内部的权力斗争的延续和加剧（由于帝党消亡，权力蛋糕又变大了）。而权力斗争自然是不能公开表现的，于是，废立之争和权力斗争又在表面上变成了"为我大清"的堂堂正正的路线斗争。在朝堂之上，他们不会讨论废立，更不会讨论分权；他们讨论的是在戊戌变法被紧急叫停之后，朝廷到底要"走什么样的路"：是如满党主张的"复旧"，还是如汉党坚持的"改革"？

这边是："太后，再改革，朝廷式微，重地方而轻中央，保中国而不保大清，祖宗江山丢了，死路一条！"说这话的是把控朝廷的满党。

那边是："太后，不改革，国力孱弱，国本动摇，外不能御敌，内不能安民，死路一条！"说这话的是掌控地方的汉党。

慈禧怎么办？

第五章
# 权力安全：慈禧维持统治的核心

## 慈禧的制衡术

1861年，这一年正是慈禧开始垂帘听政之时，太平天国运动严重威胁着朝廷的统治。这时候的慈禧表现得相当"开明"：她倚重那些能做事的汉臣（曾国藩、左宗棠、胡林翼、彭玉麟等人），放手起用湘军，镇压了太平天国运动，而后又打破多年以来地方督抚只能由满人占多数的传统，重用汉臣为朝廷排忧解难，成功地渡过了统治危机。

与此同时，洋务运动开始了。

洋务运动正是从1861年开始的，一开始的口号是"自强"。慈禧最开明的莫过于她对洋务运动的支持。虽然她本人没有干什么事、没有喊什么口号，但可想而知，如果没有慈禧这个最高领导的支持，洋务运动是很难开展起来的。为了让那些反对洋务的顽固保守大臣闭嘴，慈禧甚至还把他们派到前线，让他们亲自感受一下洋枪洋炮的厉害。慈禧称不上洋务运动的设计者，但说她是洋务运动最大的幕后支持者是没有什么争议的，这一时期的她真正无愧于"开明"这一标签。

而一切的事情从戊戌变法开始改变了。当光绪的变法影响到了她的权力安全时，其实不需要谁来哭诉和造谣，慈禧果断地终止了戊戌变法，废除了光绪所有的"新政"，这一时期的慈禧也真正无愧于"保守"这一标签。

那么，慈禧到底是"开明"还是"保守"？要破解这个秘密需要我们来了解慈禧最看重的一件事——权力安全。

皇上的权力至高无上，应该没有什么人可以威胁到他的权力安全，但实际情况不是这样的。

对于专制王朝的皇权来说，它基本上有三种权力基础。

第一种基础是名义基础——民。之所以说是名义基础，并不是它不重要，而是它关乎的是政权的"合法性"。政权的合法性并不是一旦取得就可以永久享有的东西。只有当政治清明时，政权的合法性问题才不突出；而当政治走向腐败时，它就会很突出，因为它存在于民众的内心中，跟朝廷的宣传或者鼓吹都无关——这就是名义基础的真正内涵。一旦民众觉得这种基础已经丧失了，他们就会想办法强力剥夺这种合法性（"官逼民反，民不得不反"）。但这种情况不到万不得已是不会出现的，皇权对名义基础的在乎也往往只停留在口头上。

第二种基础是实际基础——官。这里的官是指官僚集团。皇帝不是与"民"治天下，而是与官僚集团治天下，所谓"普天之下莫非王土，率土之滨莫非王臣"。国家这么大，皇帝没有三头六臂，必须依靠一群人去把税收上来，这就是官僚集团。

皇帝通过一套制度（科举取士、朝廷命官、奖优罚劣等）制造了官僚集团，官僚集团说到底也只对皇帝负责（不排除有一两个海瑞），他们表面上应该是为皇帝、为朝廷出力最多的团体。而事实恰恰相反，他们是对皇权和王朝肌体最有害的团体。官场腐败总是和官僚集团试图脱离皇权掌控相伴相生，也就是说，"实际基础"对皇权的破坏力反而是最强的——因为制约不力。

于是，历史上循环往复的一幕出现了：每当官场腐化堕落、皇权控制不力之际，皇帝就不得不进行变法，而每次"变法"几乎都是围绕如何改造官僚集团而展开。皇上必须改造官僚集团却又无法彻底改造官僚集团，因为官僚集团正是皇权衍生出来的，共生共荣，皇上不能与自己统治的实际基础作对，每拿刀子割官僚集团一块肉，其实也是割他自己的肉。皇上也难哪！

第三种基础是核心基础——大臣。这里的大臣不是一般的大臣，而是皇上真正的核心团队,也就是皇上常说的"朕文有××,武有××"。大臣既然最为皇上倚重,从理论上说,他们是皇权最有力的保障,而实际上大臣才是对皇权最大的威胁,因为他们与皇上之间,只是靠人与人之间的信任维系,但我们知道,在巨大的权力和利益面前,信任往往是很脆弱的,皇上可能产生对大臣的不信任,大臣也有可能产生对皇上的不信任。

现在我们知道了,皇上其实是很孤独、很无助、很危险的,皇权的名义基础(民)的力量庞大,但离他太遥远,危急时刻帮不了他(没有监督就没有参与,没有参与就没有帮助);实际基础(官)倒是离他很近,但有太多的条件和机会滋生腐败和阳奉阴违,最终损坏皇权;核心基础离皇上最近,也离皇权最近,他们想取得皇权,只需要去对付皇上一人。于是诸如朱元璋这样的皇上,他们只有一个办法——杀掉或者免掉原来的大臣,不断地换一批人来重组他的核心基础,这样才能睡一个好觉啊。

也就是说,皇帝这个职业是世界上最孤独的职业,是不可能真正建立一个有效团队的职业,是注定怀疑一切的职业。推而广之,皇上下面的军机大臣、内阁大臣、总督巡抚,一直到七品芝麻官的县老爷以及县老爷之下的末品官员,莫不如此。如果要让皇帝老爷带队的这一彪人马有权力安全感、能够安心地工作和生活,只有反过来接受"民"的监督。

但是,"民"和官员也不是对立的。"民"也包括官府里的人,包括王朝政权的运作者,不把"官"和"民"区别以待正是说明大家都有一个差不多的地方,就是人性。

如此一来,历代王朝特别向往的"天下为民"中,"为民"其实首先就要让"民"能够为"官"——有动力、有途径、有程序参与官府之事,真正的民意、官意能够相互通达,然后才是有力地相互监督。

但如此一来,为官者似乎就是"眼光向下"而不是盯着"上头",皇上似乎也是与民治天下而不是与官僚集团治天下,无论是大事小情,都是真正地以民为本、向民借力。那么"总督"还是原来的"总督"吗?"皇上"还是原来的"皇上"吗?都不是了,这是一套全新的、完全有别于过往的体制，需要自己去颠覆自己，需要对自秦始皇起千年传承已经僵化封闭得像铁桶一般的祖宗之法进行"破立"。

但很遗憾，慈禧是不可能做到这一点的。她并不会知道甲午战争惨败之后朝野的变法共识，正是史无前例的千载难逢的机会，本来是一场面向未来的改革，却很快成为一场回到过去的政变与屠杀；她不会知道即使她"在位"的时间也只有几十年，时机错过就不再来。她的眼光只盯着宫廷内的"废立"，但她不知道安于现状、得过且过就是自己种下的苦果，所以即便是为了她自己，慈禧也没有真正长远的目光——这正是一个政客与大政治家的分水岭。

于是，慈禧还是那个慈禧，和过往的帝王没有差距，也没有多少分别；她不得不把个人权力安全放在首位，凌驾于对国家、朝廷的考虑之上。当变法有利于巩固她的权力时，她支持变法；当变法可能要威胁她的权力时，她扼杀变法。她既不是"开明派"，也不是"保守派"，而是能在"开明"与"保守"之间转换自如；她经常反复无常、朝令夕改，风格似乎总是那么飘逸，这就是帝王心术深不可测的核心秘密——权力安全。

在支持洋务运动的同时，慈禧其实也在大力扶持清流派，让这些人像唐僧一样对洋务大臣指指点点。在终止戊戌变法之后，慈禧又甩开八旗，在军队领域大刀阔斧地进行了"改革"。虽然武卫军是慈禧一手培育起来制衡端王集团的，但在慈禧的眼里，武卫军并不如此简单。

武卫军之所以出现，是因为有端王集团掌控的禁旅八旗，在慈禧的眼里，它们不过是相互制衡的力量（注意是"相互"）。禁旅八旗的存在，是武卫军存在的理由；而武卫军的存在，也是禁旅八旗存在的理由。一旦将来武卫军的力量发展到过分强大，打破与禁旅八旗相互制衡的平衡，武卫军同样要受到打压。

这就是这支军队真正的秘密和命运。在过去很多的书中，人们常常把武卫军的建立当作"大清又一次重要的军事制度改革"。从表面上来看，确实如此，它装备了新式武器、引进了新式训练方法，甚至采用了新的编制,是"近乎现代意义上的军队"。但当年的北洋舰队也是"无比新式"的,可它仍然是一支旧的军队:依附在专制皇权上的军队,无论表面如何"新"都很可能是换汤不换药——皇权需要你强大,但你又不能过分强大。

而党争之所以无法消灭,除了大臣们争权夺利的因素,更是因为它正是皇权制造出来的。只有靠党争,慈禧才能凌驾于各派之上,左拉右打,让自己立于不败之地。

好吧,相信大家已经清楚了,用一句话来总结慈禧维持专制统治的核心秘密,其实就是我们常见的三个字——搞平衡,而且是内部搞平衡。朝廷的权力和武力(军队)都是因皇权而来,那么皇上只有平衡这些权力和武力,让他们相互算计、相互牵制,也相互制衡,这些权力才没有机会离皇权最近。永远的平衡才有永远的稳定,永远的稳定才有永远的安全。

平衡永远只能是相对的、暂时的,因为皇上搞平衡的过程更是"人治式"的,全凭他的念头,对大臣们权力的制衡不是把权力"关进制度的笼子",而是想方设法给他们制造一个对手,关进他们对手的"笼子"。一旦他们的对手成为他们的朋友,那对于皇上来说麻烦就大了,所以宫廷里的党争和权斗只能是永无止境的。

现在看来,慈禧时不时疑神疑鬼,也是正常现象。几十年以来,慈禧风风雨雨都是这么过来的,每次都能有惊无险、化险为夷,早已成为一个公认的善于"搞平衡"的权谋高手。慈禧对收拾自己手底下的人还是多少有些信心的,她虽然一直在警惕权臣势力(比如过去的奕劻、李鸿章,现在的端王),但说到底慈禧最畏惧的并不是他们,而是一群比她还"牛"的人——洋人。

### 东交民巷的十一国公使

在北京内城离皇宫不远、紧挨正阳门(当时俗称"前门")处,有一片专门修建使馆的区域——东交民巷使馆区。这里有十一国使馆和北京城里唯一的一座西式饭店——北京饭店。此外,肃亲王爱新觉罗·善耆的宅子也坐落在使馆区内。

这十一国是:英、美、德、法、俄、日本、意大利、奥匈帝国、荷兰、比利时以及西班牙。当然,最强的是前面八个国家。在它们当中,美国是美洲大陆唯一的新兴强国,日本是亚洲大陆唯一的新兴强国,其他六个是当时欧洲大陆所有的强国。也就是说,这八个国家是当时世界上所有最强国家的联合体——列强。

列强的公使也很不简单,他们大部分是在甲午战争后走马上任的。甲午一战,日本人大发横财,大家跟着都跑来了,这些公使有一个共同的特点——属于前非洲问题专家。

非洲大陆早已经是列强的殖民地,列强征服非洲的过程可谓简单粗暴,如今非洲各国的国界线基本上都是直的,据说这就是当年的列强为划分各自的殖民地拿把尺子在地图上画根线的结果。而在甲午战争中大清暴露了自己的无能之后,列强对大清也怠慢了,他们认为大清不过是另外一块等待被划分殖民的非洲大陆,清国人不过是一群黄皮肤的"尼格罗人"(西方人对黑人的蔑称)。列强纷纷调换原来驻清国的公使,这些前非洲问题专家取代了原来那些"汉学家"型、"清国通"型的公使。

这些人到了北京,态度自然又是简单粗暴的。他们对了解大清的具体国情没什么兴趣,并不认为与大清外交需要去了解朝廷内部的派别之争,需要去了解朝廷的政策动向;他们认为需要注意的只是别的国家在大清的动向,比如划分了哪些势力范围、具体占据了哪些地方。于是北京成了当时世界上间谍最多的城市——列强公使相互盯梢。

除此之外,他们甚至对北京这座城市都感到厌烦。意大利公使萨瓦戈如此描述:

北京,真是可怕!举步维艰的街道,没有电灯,奇冷的严冬和闷热的酷暑。更重要的是,尾大不掉、散发着腐烂气味而且充满敌意的王朝,不仅外国人对它信不过,甚至连它自己的臣仆都怀有异心。在北京,时间过得很慢,百无聊赖。使团的夫人们传完了闲话,避开凋零破败的首都,到灰尘满天的郊区去野餐几次,到极少几个可以旅游的地方转转,然后就是从一家的客厅转到另一家的客厅,除此之外,这个城市还能提供什么呢?(引自[意]阿德里亚诺·马达罗:《1900年的北京》)

与公使们首先结下梁子的,就是端王集团。虽然端王集团是排外的,但他们深居朝廷之中排他们的外,正常情况下也是惹不到公使们的,是端王集团使出的一招非常阴损的手段让双方结下了梁子。

这就是造谣。

造谣不是风传几句小道消息,那叫八卦。而政治领域的造谣是很厉害的,除了风传不实消息,谣言的制造者往往还有一系列的预案跟进:谣言如果没有辟谣,就会被视为现实。

因此,在很多有政治阴谋的人眼里,造谣往往就是造势的一种,是很重要的政治手段。

戊戌变法时,当光绪开始搞人事改革、严重损害特权阶层的利益之时,端王集团的谣言便已经开始了:慈禧太后会借携光绪到天津阅兵之际,杀掉或者废掉光绪,发动政变,因为那里是荣禄的地盘,方便动手。

应该说这是一个让人一眼就能看穿的初级版本的谣言。慈禧如果离开权力中心北京去天津谋杀光绪搞"政变",那只有一种情况:北京的局势(特别是军权)她已经无法掌控,需要去天津"借兵"。另外,权谋家考虑的永远是最坏的情况,跑到天津去"政变",即使成功了,谁来替她坐镇皇宫?一旦后院起火怎么办?所以历史上的政变者,没有一个人会离开大本营跑到外面去搞的,此事只要站在慈禧的角度想一想,就能发现绝不可能。

对于端王集团来说,此时他们最着急的还不是废立,而是想尽办法让慈禧尽快终止这个有损他们利益的变法,所以这个谣言出台得还是有些低劣的,但是它收到的是一个意想不到的效果:成了康有为实施"围园杀后"计划、带领大家铤而走险的借口。

而康有为还没来得及发动兵变,伊藤博文就进京了,将接受光绪的接见。在慈禧面前,端王集团又不失时机地抛出了第二个版本的谣言:光绪皇上勾结国外势力,要杀掉您!

这个版本的谣言变成了光绪要杀慈禧。慈禧也许还不一定相信光绪会勾结洋人来杀掉她,但她绝对会担忧光绪会勾结外国势力向她夺权!在慈禧认为自己的权力安全受到严重威胁之时,她干净利落地终止了变法,拉拢端王集团,自己临朝训政。

端王集团终止变法的目的达到了,但废立的目的并没有达到,于是第三个版本的谣言随即登场。

这最新的谣言是:皇上病得很重很重!皇上被毒死了!而谣言指向的害死光绪皇帝的凶手是洋人(萨拉·康格:《北京信札》)。

这个版本的谣言又进了一步,能够"害死"光绪皇帝的,除了慈禧就是洋人,此时自然不能再去造慈禧的谣了,于是只能去造造洋人的谣,反正他们看洋人也不顺眼。而端王集团希望的不是政局迅速稳定下来,而是乱。只有乱,他们才有机会。

事情果然没有让端王集团的人失望。根据萨拉·康格的记载,北京的大街上很快出现了一股"不明真相的群众",他们朝洋人扔石块,高喊:"该死的外国佬!""杀死他们!"当洋人们去找那些八旗兵寻求保护的时候,八旗巡捕拒绝提供保护,"因为你们是洋人"。整个北京都笼罩在一股"排外变天"的氛围中,仇外情绪蔓延,大小官员纷纷重新考虑站队,很多人甚至相信:那个主张学习西方、搞变法的光绪皇帝其实已经归天了。

公使们行动起来了,他们向总理衙门提出照会:要求调遣军队进京,保护洋人和使馆! 1898年10月初,在慈禧终止变法不到两周的时间里,洋人军队开进北京,以"保护使馆"之名驻扎在使馆区周边。

军队进城后,公使们又向朝廷提出,必须由他们的代表对光绪进行一项特别的工作——体检。

不久，法国驻北京公使馆的医生多德福（中文名）进宫亲自给光绪皇帝体检，这应该是大清开国以来第一次由西医为皇帝进行全面体检。听听心跳、量量血压，多德福得出了他的结论：皇上的健康状况虽然比较差，但绝没有传说中的生命危险！

体检报告公布，光绪既没有被毒死，也没有被洋人害死，还好好地活着，谣言不攻自破，北京的局势也渐渐稳定，又恢复了往日的宁静。1899年3月，在驻扎半年后，洋人的军队开始撤退，意味着这次谣言又被平息了。

端王集团的人鼻子都气歪了，但他们仍然是不会死心的。正是在这一个月，正在整编武卫军的荣禄以退为进，为了稳住已经心急火燎的端王，向端王载漪献计：将武胜新队改名为"虎神营"。而端王集团在朝廷为废立的造势仍然在加紧进行。

10月13日，天不怕地不怕的刘坤一向朝廷发电，警告端王集团废掉光绪的阻力很大——"经权之说须慎，中外之口宜防"（引自《刘坤一遗集》，后来常流传为"君臣之分久定，中外之口宜防"）。张之洞本来也是在这封电报上联名的，不过电报发出之后，他突然有些后怕了，叫人在半路上截下这封电报，把自己的名字给抹去，这样就变成了刘坤一单独去摸老虎屁股。

刘坤一虽然猛，但只是地方大员，而端王集团是朝廷高层，他们是不会被这几句话给吓倒的。由承恩公崇绮、大学士徐桐和礼部尚书启秀出面，写了一份请求废立的密折，面奏给慈禧。他们表面上是"跪请太后同意"，但从种种迹象上来看，这实在有点儿逼宫的意思。

慈禧自然是不会当面拒绝的，她看完之后似乎同意了（"太后可之"），但要求他们先去找荣禄"商量一下"（谕曰：你两人须先同荣禄商定）。

于是，崇绮和徐桐两位大人冒着风雪来到了荣禄府上。此时汉军正蓝旗人徐桐已经是80岁的老人了，胳膊老迈了、腿脚不灵了，仍然要出来为废立"活动"，不容易啊。

"太后有旨，让你看看这份稿子。"两位把密折给了荣禄。

看来两位老人家腿脚是不灵便，可脑袋仍然是老狐狸级别的：慈禧明明是叫他们来找荣禄"商量"，听他们的口气却好像这是荣禄必须接受的任务。

荣禄看了几眼，知道麻烦事来了。他突然丢掉稿子，手捂肚子，大叫一声："不好！"然后不由分说朝茅房跑去，边跑还边喊："哎呀！我怎么又拉肚子了啊！刚才你们来时，我正在上厕所，听到你们有要事相商，才半道儿提上裤子起来的，现在我还得去拉啊……"（"荣相接稿，甫阅折由，以手捧腹大叫曰：啊呀！这肚子到底不容啊，适才我正在茅厕，泻痢未终，闻二公来有要事，提裤急出，今乃疼不可忍。"）

荣禄"言毕踉跄奔入，良久不出"，其实他是找幕僚紧急商量对策去了，也希望两位老人家知难而退。不过这两位老大人也不是那么好糊弄的，当年他们玩这些的时候，荣禄还在玩泥巴呢。崇绮和徐桐把火炉移过来，坐在那里烤火，闭目养神，这架势明摆着就是"荣相您不拉完出来，俺们就不走也"。

没有办法，荣禄只好又硬着头皮出来了。不过，荣禄大人既然敢再次出来，他肯定是想到了办法。

荣禄把密折拿过来，又看了几行，突然，趁那两位不注意，荣禄将折子一把扔进火炉里，并且用铜火筷子迅速将折子拨拉烧为灰烬，边烧边喊："我不敢看，我不敢看哪！"

徐桐大怒："此稿太后阅过，奉懿旨命尔阅看，何敢如此！"

荣禄立即回答："我知太后不愿做此事！"

"这就是太后的意思！"两位老人家还在脸红脖子粗地力争。

"我即入见，果系太后之意，我一人认罪。"荣禄也硬了起来。

崇绮和徐桐这才知道小看了荣禄，真是哑巴吃黄连有苦说不出，看来荣禄并没有被他们两位吓倒。而且自古以来，废立并不是"人臣所能言之事"，荣禄烧折子虽然很不地道，但也合情合理，连肺都已经气炸了的两位老人家只好结伴"怏怏而去"。

接下来，荣禄单独求见了慈禧，恭恭敬敬地问道："传言说将有一场废立之事，这事可信吗？"

慈禧回答："没有的事儿，这种事能行吗？"（"无有也。事果可行乎？"）

荣禄继续说："如果这是太后想办的事儿，哪有办不成的！只是皇上罪名不明不白，恐怕外国公使会出面干涉，这件事不可不慎重呢。"

慈禧问："但是这件事情现在（已经被他们）传得沸沸扬扬，怎么收场？"

荣禄回答："不妨事，皇上已到极盛年华，仍无皇子，不如在近支为皇上选个皇子，立为'大阿哥'，让他同时认作同治皇帝的儿子（'兼祧穆宗'），带到宫中培养，以后再考虑继承大统之事，这也师出有名啊！"

让这位"大阿哥"同时认作同治皇帝的儿子并不是多此一举，当年御史吴可读"尸谏"后，慈禧是颁过懿旨的：光绪之后的新皇帝必须同时追认同治为老爸。荣禄连这个老皇历的细节都没忘记要考虑进去。

那么立谁为"大阿哥"？这个是不用多说的，慈禧和荣禄都清楚。这本来就是荣禄深思熟虑的一个既向端王集团妥协，又能堵住端王集团异心的方案。

慈禧很高兴地说："汝言是也！"

1900年1月24日（光绪二十五年腊月廿四丁酉日），慈禧以光绪的名义下诏：立溥儁为"大阿哥"，并在光绪二十六年农历大年初一替代光绪到"两殿"行礼（"明年元旦大高殿、奉先殿行礼以溥儁代"）。光绪二十五年是农历己亥年，史称"己亥建储"。

解决了。端王集团绞尽脑汁、费尽心思苦苦追求的废立，就这样被官场艺术大师、老狐狸荣禄给轻巧地解决了。光绪一直是没有生育的，很可能永远不会生育（生理问题，参见第一部），溥儁成了光绪最大的皇子，也是唯一的皇子，而且也追认了同治为老爸，符合慈禧之前颁发过的懿旨。不出太大的意外的话，他就是将来皇位的实际继承人——但是，请注意是"将来"！开出这一张"长期支票"，慈禧并没有一根毛线的损失，却成功地让废立无限期地推延了下去，成功地封堵住端王集团的野心，又让他们没话说。荣禄的这招真可谓毒辣！

慈禧也开始演戏了。她不只是立了溥儁为"大阿哥"，还特意在诏书中交代令溥儁替代光绪进行新年祭祀行礼，要知道这在皇家也是很不寻常的。

奉先殿是皇帝的家庙，位于皇宫之内，里面摆放着历代先皇牌位，每逢重大节气或者特别的大事发生，当朝皇帝都要来这里对着遗像念叨一声，跟老祖宗沟通一下。而大高殿是规格最高的皇家道观，它位于紫禁城外西北角，还是当年热衷修道的嘉靖皇帝修的。当朝皇帝在这里祈祷上天、求雨祈晴，不要出现雾霾天气，特别是每年的农历大年初一，这两殿的行礼仪式更为重要，除非有极特殊的情况，否则只能由当朝皇帝来主持。在光绪还可以自由行动的情况下，慈禧把无上的荣耀和无以复加的"恩宠"给了端王府，也给这位新晋的"大阿哥"送了一份大礼，让他提前体会一下当皇帝的滋味。

按理说端王应该高兴才是，可是他的心情不是这样的，他此时的心情正如那次崇绮和徐桐的心情——有苦说不出。

端王或许在心中咒骂：荣禄，我要的是废立啊，是我儿子取代那个病恹恹的光绪立马当皇上啊，不是当什么"大阿哥"啊。我比光绪大了十几岁，即使溥儁能够等到继位当皇上的那一天，我也等不到当太上皇的那一天啊。荣禄，你这个从祖上就是我们奴才的人，我要跟你干到底！

## 再次造谣！端王集团的最后一搏

第四个版本的谣言出场了，这是继"慈禧要借天津阅兵杀死光绪""光绪要勾结外国人杀死慈禧""光绪被外国人害死了"之后的第四波谣言了。这次自然不能再是杀或者被杀的谣言了，而是禅位。反正溥儁要当皇帝，光绪就不能是皇帝,他要么死,要么禅。事实上在慈禧立"大阿哥"之前,关于"禅位"的谣言就已经在首都渐渐传开了("都下流言将下诏禅位")。现在,慈禧已经立了溥儁为"大阿哥",不趁热打铁掀起更大的波澜,助长这些谣言,简直就是错失良机啊。而这次谣言的效果比前面任何一次都好,溥儁刚刚成为"大阿哥",这是事实;而另外,在那些大小官员看来,朝廷里的一举一动都是具有"象征意义"的。他们都是八股取士出身,没事就喜欢对着朝廷文件中的遣词造句进行揣摩,以便自己不会错误领会领导的意图,比如这次是先用的这个字,下次是先用的那个字,这都是有讲究的。喜欢推测揣摩的人总是能从各种文字中成功地解读出对他们有利的信息,"明年元旦大高殿、奉先殿行礼以溥儁代",慈禧诏书中的一个"代"字已经让人浮想联翩了。难道只是"代"行礼乎?不是"代"皇上乎?

很多墙头草已经按捺不住了,开始光明正大或者偷偷摸摸给端王府送玉如意。即使慈禧不准备立即让光绪禅让,溥儁不也就是未来的皇上吗?必须早做准备。

诏书发布后的短短几天之内,谣言越传越神、越传越真,并且已经传出了北京,传向了全国。"我们要换皇上了",所有人都人心惶惶,谣言中,甚至连溥儁继位后的年号都有了——宝庆。"大阿哥"将成为继光绪皇帝后的下一任宝庆皇帝。

端王府在忙着准备一场庆典,表面上自然是庆祝溥儁晋封"大阿哥",而实际上却是为"禅位"做准备和造势,他们向各国驻北京公使发出了"喜帖"。是的,端王集团也很清楚,在洋人还骑在朝廷头上的时候,溥儁能否顺利继位,还得注意一下国际环境,看看洋人的脸色。虽然过去有过节,但如果洋人能够"认清形势",转而支持溥儁,我们也是可以不计前嫌的嘛。

端王集团已经比过去任何时候都更接近他们的政治阴谋了,成败在此一举!

## 公开警告！汉党和公使联手将废立野心扑灭

他们首先等到的是一封电报——公开警告的电报。

1900年1月26日（光绪二十五年腊月廿六日），在"建储诏书"发布第三天，北京城里"禅位"的谣言正高涨之际，千里之外的上海，经元善联合了上海和江浙地区1200多名大大小小的官员、士绅和社会著名人士（其中有一个人是1892年考中进士的蔡元培），共同签名发电，强烈表示"力挺"光绪：

皇上啊，您要顶住一切困难坚持工作，不要有不去上班的想法，有点儿困难就撂挑子是不对的不是吗？重要的是您不能使皇太后担心，也影响国内外的安定不是（"力疾临御，勿存退位之思，上以慰皇太后之忧勤，下以弭中外之反侧"）？

更厉害的是，除了"力挺"光绪，这些人还通电各省：如果真的要废帝，各省工商界就一致罢工，共同抵抗！

一个远在上海的人，竟然敢公开指挥在北京的皇帝，语气就像是哄皇帝，还要威胁罢朝廷的工；而且他插手的，竟然还是皇帝的"家事"。

大清开国以来，为了扬满抑汉，防止汉人觊觎皇权，规定凡是涉及皇权的事情都属于皇帝的"家事"，汉臣无论官职有多大，都不能多说一个字。二百多年来，所有的汉大臣都在遵守这个严苛的规矩，敢于打破这一切的，想想看也只有经元善和刘坤一这两个空前的例子。

刘坤一反正是天不怕地不怕，至于经元善，相信大家已经猜到了：他的背后，一定还有别人。

经元善的公职是上海电报局局长（总办）。上海电报局是当时的"国企"（"官督商办"企业），也就是说，经元善的级别其实是很低的，他只是一个搞电报的。但这个搞电报的却是李鸿章的人，电报业一直是李鸿章北洋产业的核心产业，也是利润最大的产业之一。1881年，经元善被李鸿章亲自任命为上海电报局副局长（会办），然后升任总办，而经元善的上级、电报总局的督办正是李鸿章的心腹——盛宣怀。

经元善跟李鸿章的关系就不用多说了，他的背后站着李鸿章，或许还站着荣禄、奕劻甚至是慈禧。慈禧或许本来就想借湘军的"金字招牌"和工商界的压力来制衡端王集团，而刘坤一和经元善可能原本就很清楚：他们警告和威胁的并不是慈禧，而是端王集团！

不过，由于公开威胁朝廷，经元善不得不受到"通缉"，在被抓之前，他成功地逃到了澳门，之后负责把他"捉拿归案"的是两广总督李鸿章，经元善大人也就没什么危险了。但通过报纸报道，经元善公开发电的"壮举"已经闻名全国，是对"禅位"谣言的沉重一击；而端王集团遭受的沉重打击还没有完。

那些收到"喜帖"的公使反应出奇一致：不理。

没有一个公使上门道贺，没有一个公使回帖。面对一个有外交关系的国家亲王级别的人的邀请，公使们的这些反应自有史以来都是极为少见的，如果放在平时，这是一次严重的失礼行为，更是一次外交事件。

不来朝贺，这就是一种态度，表示不认可和强烈抗议。甚至连回个帖子的公使都没有，这是一点儿都不给端王面子！

端王气炸了。此时估计他一个人在王府里狠狠地说：你们这些人，看帖不回帖！

而在经元善公开"发电"的同时，最强四国——英、法、德、美四国公使向总理衙门发出了联合照会。他们当然是不会去干涉朝廷立大阿哥的"内政"的，但他们可以继续拿义和拳说事，因为"义和拳攻击洋人"，和他们的切身利益相关。四国公使指责朝廷"支持义和拳"，要求"禁止所有的拳会组织"。很显然，这是四国公使团借机向朝廷施压。

谣言平息了，"禅位"之事没了下文。端王集团梦碎，废立野心又一次被汉党和洋人公使无情抹杀，遭受重创。他们无计可施，内心愤恨难平。他们最恨的是洋人，因为在他们看来，汉党的后台就是洋人。

但是，端王和他的政治小集团是不会死心的：儿子能够当皇帝，他就是太上皇，更多的人能够锦衣玉食、鸡犬升天。虽然他已经是王爷，儿子溥儁也已经是光绪皇帝的长子，但王爷和皇上是不同的，皇位继承人和已经是皇帝是不同的,差的就是那份高高在上、占据四海的独特感觉。这份感觉谁能有?皇帝!端王将和他的政治小团体一起,去寻找新的帮手和力量,继续同汉党和洋人斗争,清除他们的影响,排除他们的干扰,实现废立!

这第一步,就是接见从济南来京的前山东巡抚毓贤。

# 第六章
# 党争的发酵:山东巡抚之争

## "屠户"毓贤成为新任山东巡抚

让我们再回到1899年3月的山东。朱红灯成为拳民领袖,张汝梅因剿拳不力而被撤职,甲午战争后慈禧派出的第三任山东巡抚,正是署江宁将军、汉军正黄旗人毓贤。

在出任山东巡抚之前,毓贤已经是一个老官僚了,他的官场生涯基本是在山东度过的,总共在山东做了20多年的官,算得上是山东官场的"本土派"。《清史稿》对毓贤的评价是"善治盗,不惮斩戮",这个评语应该说是十分准确的。

在1889年出任曹州知府后,毓贤曾经在3个月内杀掉了1500名"盗贼"——平均每个月杀500人,每天15人。而且他用的是酷刑,其中包括打板子、轧杠子、跑铁链子、跪铁蒺藜、气蛤蟆、站木笼等。这些刑罚大多直白易懂,不用过多讲述。但不得不说的是"气蛤蟆"和"站木笼",这是毓贤的独特发明。

所谓"气蛤蟆",就是把"盗贼"抓来之后,先捆绑住全身,捆绑时要注意将胸腹勒得十分紧,让肚子鼓出来,然后站在一旁的行刑者手持一大木板,照着肚子使劲一板砸下去。这会导致什么后果是可想而知的,堪称一板取命。

而跟接下来的"站木笼"比起来,"气蛤蟆"的残酷程度还是小巫见大巫了,因为它至少可以死得干净利落。"站木笼"不是这样的,它是让犯人站进为犯人定制的一人高的木笼里,脖子四周用圆木卡住,脚下垫几块砖,然后每隔一段时间抽去一块砖。犯人就这样喉管破裂,慢慢被折磨而死。

自从发明这两个酷刑以来,能够过得了毓贤这一关的人绝无仅有,它们堪称毓贤式杀人法。而毓贤之所以要发明它们,其实也并不只是因为他很残忍。他也是被逼的啊。

当时的曹州曾经出现盗匪抢劫饷银的重大案件,朝廷震怒,慈禧明确指示"特事特办,严厉打击"。为了治理盗贼,毓贤可以"格杀勿论"!请大家注意,"格杀勿论"和"就地正法"是不同的:"就地正法"是针对已经明确定罪的人,而"格杀勿论"用我们熟悉的一句话来说就是"宁可错杀三千,不可放过一个"。

按照《大清律》,朝廷处决犯人必须有一套严格的流程。

首先,地方各级官员(包括督抚)是没有死刑终审权和核准权的,这些权力掌控在一个人——皇帝的手上。每年各地督抚都要将预判为死刑(斩监候、绞监候)的犯人名单上报朝廷,朝廷集中在农历八月的某一天,在天安门的金水桥旁,由军机大臣、内阁、三法司、九卿、詹事、科道等官员会审核实,然后上报皇帝,皇帝亲自"勾决"。

但皇帝他老人家是不会把名单上的所有人都勾掉的(以示皇恩浩荡),如果他老人家突然内急或者打盹儿犯困,没被勾掉的人就是不幸中的万幸了,而那些被勾掉的人就只能活到秋后问斩的时候。这就是朝廷处死罪犯的正常流程,一般无特殊情况都需要经过这些流程。

由此可见,所谓的"格杀勿论"其实是带头违反了《大清律》,它没有经过地方官府的犯罪事实核查,也没有经过朝廷官员的会审,更没有经过皇帝的"勾决",直接就让犯人人头落地了。不说"格杀勿论"中会冤杀多少无辜的人,就算是真正的盗贼,他们在这些流程中所有能够生存下来的机会也被无情地剥夺了。

而慈禧是不管这些的。在她看来,她就是《大清律》。毓贤就更加不会管《大清律》了,听慈禧的指示第一,连慈禧和朝廷都"特"了,他还敢不更加"特"?于是,毓贤用他的酷刑开始在曹州地区"打击犯罪",

直到打出一个"屠户"的名声。相信看过《老残游记》的人一定会对一个名叫"玉贤"的酷吏印象深刻，其实当时的讽刺小说作家刘鹗说的就是毓贤啊。

而从另一方面说，毓贤又很清廉。他从来不贪污，也不受贿，别人要塞给他几两银子，他一定比手着火了还急，所以他的个人财产一直只有几包破衣服而已，这也是有史料为证的。慈禧之所以选中毓贤，并不只是因为他是一个"老山东"官僚，而是因为这个人在治理"盗贼"上确实有一套，在普通百姓中官声也很好，是个"传统意义上的好官"，希望他能够成功救火。

这就是毓贤。与其说毓贤是一个"酷吏"，倒不如说他是一个"媚吏"。这样的官在当时是比较常见的：表面上胆子很大、冷酷无情；实际上，他们的胆大是建立在"为了升官不顾一切"的心理基础上的，其实是内心虚弱的人，表面上浩然正气，骨子里的"官胆"却很小，官场上一点点涉及顶戴的风吹草动都会让他们惶惶不安。他们并没有自己的为官操守和原则，"向上看"就是他们为官最大的秘诀，所以很多表面上看来互相矛盾的官品和行为在他们身上同时出现就一点儿都不奇怪了。

就毓贤来说，他的"清廉"是为了讨好朝廷，"滥杀无辜"也是为了讨好朝廷，向慈禧邀功，便于自己升迁。如果当时慈禧的指示是"攻心为上，怀柔四海"，相信毓贤是绝对不会发明出两种酷刑的，他不亲自站在山头向"盗贼"喊话就已经不错了。

现在，毓贤终于成了山东巡抚，成了主政一省的地方大员；既然级别更高了，考虑的问题自然也就不同了。在什么样的官位，说什么样的话、想什么样的事，这是几千年来封建官场的规律。再像担任曹州知府时那样冒着激起民变的危险乱捕滥杀，毓贤才不会那么傻呢。因为毓贤很清楚，巡抚的官声政绩搞得怎么样其实并不是最重要的，最重要的是能不能在管辖之地护境安民，维护地方稳定，这才是朝廷考核的硬性标准。

也就是说，与前任山东巡抚李秉衡和张汝梅一样，就任山东巡抚之后，毓贤最大的任务就变成如何维护山东的稳定。这是不以哪位巡抚大人的个人性格为转移的,谁来当巡抚都一样。

而当毓贤雄心勃勃地准备大干一场时,他才发现李秉衡和张汝梅先后被撤是有原因的,自己遇到了一个很大的麻烦。

## 毓贤提出"收编"义和拳政策

义和拳并不同于那些普通的"盗贼",他们举着"爱国"的旗帜("扶清灭洋"),只与教民和洋人为难,老百姓确实感觉到义和拳是为自己出了气,更加拥护,因而一味剿拳就会有很大难度,也会引发更大的动荡。但是,洋人也是不好惹的,在北京的公使动不动就向总理衙门"抗议",而朝廷既要防备百姓动乱,又担心洋人动武,每次都是夹在这两者中间小心翼翼地踩钢丝。

此时的慈禧正忙于巩固她的临朝训政,对"山东又有些人闹教"这样的小事她是没有多么特别留意的。她并不认为"义和拳"和过去那些闹几个月就散了的"乱民"的组织有多少区别。于是军机处和内阁更多时候就是把这些烫手的山芋又扔给了山东巡抚衙门:怎么办?你自己去办!办不好?换个人来替你的职。

毓贤第一次感到恐惧,也感到有些六神无主和左右为难。现在他终于能够体会当年李秉衡和张汝梅的苦楚了:作为一个封疆大吏,面对本省一个特别突出的问题,很想听朝廷一句明白话,却迟迟讨不来,这是很让人不爽的。朝廷无论怎么做,最后都是对的,而他毓贤却是一点儿都错不得啊!

毓贤是个实在人,他开始认认真真地研究前两任的做法,研究朝廷曾经发布的可能与如何处理义和拳相关的各种上谕,也认真听取各地汇报。最后他还是认为:必须把义和拳掌握在可控的范围之内,不能发生造成大范围轰动的事件,要让洋人满意,也要让百姓们满意,保持稳定。

毓贤开始为了这个目标而努力,开始了真正的"救火"。他制定了针对义和拳的两手政策:一手"剿",一手"抚"。

"剿"的方面就不用多说了，这正是毓贤的专长。但是，剿拳和之前的打击盗贼毕竟是不同的，这是老官僚遇到了新问题。毓贤的核心政策是"严拿首要，区分良莠"，具体政策其实可以概括成一个中心思想、两个基本策略。

一个中心思想：除了"首恶"（头领），一般不允许官兵杀死任何人，无论是洋人还是拳民（最大限度地保护普通拳民和百姓，减少民变的直接风险）。

两个基本策略：第一是必须准许村民组织起某种势均力敌的力量，与教会势力相制衡（这是在义和拳组织遍地开花的现实下，从组织上默许了义和拳的存在）。第二是必须使用统一的标准一同打击拳民和教民的犯罪行为（这是尽量做到公正，不激化民教矛盾）。

从表面上看，毓贤似乎在有意偏袒拳民，根本不能称之为"剿"啊。而实际上，毓贤也有毓贤的苦衷：基层官员（知县、知府）往往因顶不住教会的压力偏袒教民（冠县就是很好的例子）；而基层官兵一旦下乡剿拳，就跟打了鸡血似的兴奋，乱开枪，不仅造成普通拳民伤亡，还会误伤百姓。毓贤不得不强调这些，免得出事端。

而在"抚"的方面，毓贤向朝廷提出了前任张汝梅曾经提出过的一个建议：如果要从根本上解决义和拳问题，只有将义和拳招安收编，纳入朝廷承认的地方性合法武装——民团。

1898年五六月间，当时赵三多刚刚将梅花拳改名为"义和拳"，这也是"义和拳"组织的第一次亮相。出了这样的大事，地方官府自然要往上报，而对于当时的巡抚张汝梅来说，如何上报，这又是一个问题。"拳"这样的字眼是会让朝廷高层高度紧张的，如果你的管辖之地上出现了"拳"，那还了得！顶戴不保啊。1898年6月30日，张汝梅给朝廷上了一个折子，首次提出了招安收编义和拳的建议（"化私会为公举，改拳勇为民团"），而在奏折的标题中，张汝梅更是直接采取行动，将非法的拳会"义和拳"改头换面为合法的民团——"义和团"（《查明义民会即义和团并未滋事及妥筹办法折》）！

从种种史料上看，这正是"义和团"这个名字的第一次出现。事情真的比较搞笑了：当赵三多不得不把梅花拳改称为义和拳，为"义和拳"的刺激性而忧心忡忡时，存在于官方正式文件中的却早已经是合法的名字——"义和团"。对于当时的赵三多等人而言，看来他们的担忧是多余的——地方官府比他们更害怕将非法组织上报给朝廷！

接下来的事情我们知道了，正是因为张汝梅从一开始就抱有招安收编的念头，东昌知府才反复做赵三多的思想工作，劝他放弃。而事情的发展却超过了赵三多和张汝梅的掌控能力。赵三多被手下激进分子胁迫亮旗起事，亡命江湖，张汝梅也因"剿拳不力"而下台。

现在，有"屠户"之称的毓贤又继承了张汝梅招安收编的想法，这是很令人意外的。然而实际上，正如我们前面所说的，不是毓贤突然起了善心，也不是他突然换了副心肠，而是等他坐上山东巡抚的位置之后，这才发现招安收编是彻底解决义和拳问题的唯一选择。

原因是，山东的军队不够。

四年前的甲午战争中，山东是损失兵力最多的省份，而甲午战争后，山东也分到了偿还《马关条约》赔款的任务。山东的财政入不敷出，年年亏空；为了缩小各地开支，挤出银两来偿还大量赔款，朝廷想了一个不是办法的办法——裁军。山东也不例外，比如我们熟悉的冠县就是一个突出的例子。

按照编制，冠县至少应该驻守1名千总、7名骑兵和26名步兵（官兵总共34人）。而裁军之后，冠县只剩下了1名千总、1名副千总、8名步兵（官兵总共10人）。军费有没有减少不知道，反正这一裁又裁出一个副千总来，谁知道是不是县老爷的小舅子没地方安置啊。

而那个时候军警是不分家的，平常地方驻军干得最多的事，其实就相当于现在警察需要干的活儿。冠县裁军之后，说得寒碜一点儿，连小偷小摸的都可以把那几个兵当作弱势群体，更别说去对付拳民了。所以在剿拳问题上山东经常向直隶发电请求帮忙。

朝廷又要裁军，又要确保稳定，在稳定上不能出任何差错，除了以最小的开支增加一些"军人",当时的张汝梅实在是没有别的办法。其实换成谁都没有办法,毓贤也一样。于是当"义和拳"越来越难以处理时,让他们加入官府几乎不用出钱的正规民团似乎就是最好的出路:既节省了去剿拳的军队,又反过来增加了官府武装的人数去维护稳定,一举两得啊,每一任巡抚基本都会这么想的。

拳民并不是天生的"盗贼",和毓贤过去打击的那些打家劫舍、祸害乡邻的人还是有本质区别的,只要能给他们一份工作,让他们有饭吃,他们就不会再闹下去。历史上山东的梁山好汉都是招安收编的,拳民还有什么搞不定的?

这就是毓贤的手法,面对山东具体省情的手法——一手剿,一手抚,剿中有抚,抚中有剿。当然,在毓贤看来,他这套剿抚兼施的手法不仅是高明的,也是"安全"的——对头上的红顶子来说。

正如每次外敌入侵,朝廷里总有"和、战"两派一样,在如何对待义和拳的问题上,朝廷里已经有"剿、抚"两派之分。我们知道,观点之争的背后是党争,对义和拳的"主抚派"正是排外的端王集团,而"主剿派"是和洋人关系比较好的汉党,毓贤剿抚兼施,两不得罪,居中站队,潇洒骑墙。在后来的很多书中,人们对毓贤到底是如何对待义和拳的看法是比较矛盾的:一派人认为毓贤是"主剿"的,是不折不扣的"刽子手","双手沾满了拳民和劳动人民的鲜血";而另外一些人认为毓贤是"义和拳组织最大的支持者","鼓吹改拳会为民团"。如果我们知道这是毓贤一贯的风格,那么就一点儿都不奇怪了。毓贤的这个矛盾形象,正如他出任山东巡抚之前的矛盾形象一样,不过是在继续"媚上",在凶险的官场里精于算计、用心自保。

然而,就在毓贤战战兢兢地维护山东地区稳定之时,1899年10月,在毓贤上任半年之后,朱红灯率领队伍来到茌平以北的平原县,又有了惊人之举!

## 天下义和团扶清灭洋

跟几个月前相比，朱红灯的队伍更加壮大了，名气也更响了。这次来到200里外的平原县，就是因为在这个县的杠子李庄有两个地主拒不为拳民"助粮"，应杠子李庄拳民的邀请，朱红灯亲自率领队伍前来"助战"。结果是他不仅打开了这两个地主家的粮仓，还赶跑了杠子李庄的地主民团，成功地占领了杠子李庄！

这应该是拳民首次占领一座村庄，毓贤接报，他立即派出将领带兵前去围剿。带兵的这个人需要特别介绍一下，他是济南府候补知府、现任济南府亲军营管带袁世敦。大家看到这个名字一定很熟悉，没错，他就是袁世凯同父异母的哥哥。

朱红灯在杠子李庄得到了袁大人率兵前来围剿的消息，于是他率领拳民向平原县城方向的一座神庙（森罗殿）转移。正是在向森罗殿转移的路途中，也许是还沉浸在刚刚占据一座村庄的喜悦之中，也许是为了安全起见、吸引更多的百姓加入，更或许是预感大难临头，临死前疯狂一把，朱红灯和他的队伍变得跟过去有些不太一样了。

简单地说，朱红灯变得已经不像官兵口中所说的"拳匪"了：他主动改变了形象，自制了一身官袍穿在身上，像"官"那样大摇大摆地坐上了轿子；而他的队伍中打出了一面旗帜，一面和以往完全不同的旗帜——"天下义和团扶清灭洋"！

"义和团"的名号终于从原来只躺在官方文件中走向现实、走向大众了。从种种情况来看，这是史上"义和团"第一次公开亮旗。这不是简单的一字之差，也不是无聊的文字游戏。在当时的情况下，"团"和"拳"是不同的，"拳"是朝廷要打击的，而"团"是朝廷承认甚至欢迎的。比起过去叫"义和拳"，"义和团"更像一个光荣的合法组织，虽然这个名号是朱红灯他们自己打出来的，但名号听上去就有"很官方"的感觉，能够让人忘记过去被称为"拳匪"的历史。也就是从现在开始，"义和团"将逐渐取代"义和拳"，成为这个组织的正式称号！

当然，关于"义和团"的旗帜到底是如何打出的，在目前的史学界还是存在争论的。这倒不是因为第一手资料太多，而是资料根本没有，所以我们可以看看另外一种极具代表性的观点。

这种观点认为，是毓贤直接下令给拳民队伍改名为义和团的。我认为，这种说法其实就是从毓贤向朝廷提出"改拳勇为民团"的建议推导而来。前面我们知道，毓贤采取的是"剿抚兼施"的手段，而"命令改拳为团"实际上是夸大了这位正在骑墙的巡抚"抚"这一手的手段。要知道作为官场老狐狸的毓贤是绝对不会在朝廷还没有明确指示的情况下擅自命令"改拳为团"的，这相当于私自招安。更何况除了"抚"的这一手，毓贤也一直在"剿"，即使他给拳民下令，拳民也不一定听他的啊。

在我看来，"义和团"这个名字的公开登场，是朱红灯的队伍自己改的。而它出现的根本原因是朱红灯和他的同胞们骨子里对"官"的向往和认可，也许"做官"才是他们的终极目标。用我们今天的话来说，就是"革命性"还不太彻底。王朝历史上很多反"官"之人，一有机会，立马就变成另外一种"官"；很多反皇帝之人，一有条件，立马腐朽堕落，变成另外一个有过之而无不及的"皇帝"。

那么朱红灯为何会知道"义和团"这个名号？这其实是并不奇怪的：既然两任山东巡抚都有过"改拳为团"的想法，朱红灯的队伍又时不时跟官府进行"谈判"，就不可能不听到风声。而正如之前"扶清灭洋"的口号一样，积极"向官方靠拢"，给自己不合法的活动找件合法的外衣，这一直是封建时代基层百姓的智慧啊。

袁世敦率兵包围了森罗殿，朱红灯侥幸逃出。就在逃跑过程中，已经"官化"的朱红灯的作风引发亲信对他的强烈不满，再加上逃亡途中大家都比较饿，分赃不均，亲信们竟然企图杀掉朱红灯。内讧中，朱红灯被手下人打伤逃走。11月21日，饥困交迫的朱红灯在茌平落到清兵手里；两天后（23日），清兵用重金收买了心诚和尚的外甥，心诚和尚被出卖落网，和朱红灯一起被押解至济南。

毓贤似乎成功了，义和拳两大著名头领都落在了他手里，能从根本上解决义和拳问题的一举多得的策略也有了，看来他能够在巡抚宝座上坐稳了。然而，毓贤终于明白了一个道理：巡抚也不好当啊。

朝廷里先是有人弹劾他"纵兵开枪"，"剿"得过火，虽然毓贤把罪名推到了袁世敦的头上，但仍然被传旨申饬；而袁世敦连顶戴都没了（"营官袁世敦，行为孟浪，纵勇扰民，著一并革职"）。

没过几天（11月28日），又一道上谕来了，这次是指责毓贤偏袒拳民，"剿"得不力（"地方文武弹压缉捕俱不得力，巡抚毓贤又固执成见，以为与教民为难者即系良民，不免意存偏袒，似此因循日久，必至滋生事端"）。

再过几天（12月6日），毓贤一颗悬着的心终于落地了，因为他知道了那个最后的结果。上谕：命山东巡抚毓贤来京陛见，以工部右侍郎袁世凯署山东巡抚。

上谕虽然没有明确撤毓贤的职，但这已经是变相的撤职。此时的毓贤一定很想知道：为什么是袁世凯替代了他？

答案其实在比较早的时候就有了。

## 袁世凯被"运作"成山东巡抚

1899年5月，在毓贤刚刚上任一个半月之后，在荣禄的运作下，袁世凯率领刚刚整编为武卫军右军的小站新军离开小站，去山东境内搞了一场军事演习。这场演习一方面自然有向当时企图侵占山东的德军展现武力的意思，但在另外一方面，这也是汉党集团为日后的"以袁代毓"埋下伏笔：只有我们的人才有维护山东地区政局稳定的实力。

两个月后，袁世凯干脆向朝廷上了一个折子（《强敌构衅侵权亟宜防范折》），进一步提出了对山东问题该怎么办的构想，而第一条就是"慎选牧令"。

什么意思？毓贤不正在山东巡抚的位置上干得好好的嘛，还要"慎选牧令"，这是明摆着说毓贤不行？

袁世凯是荣禄的心腹，他既然敢这么说，必定是荣禄同意的了；而荣禄既然同意袁世凯这么上奏折，说明他也同意把袁世凯安插到山东去取代毓贤。有了荣禄的暗中撑腰，原本只负责在小站练兵的袁世凯才敢对山东问题十分"热情"：他左一个建议、右一个提醒，出谋划策，指指点点，看来他俨然认为自己就是下一任的山东巡抚了。

关键时刻，还需要汉党"大佬"李鸿章出手。此时毓贤"招安收编"义和拳的想法已经引起了汉党集团的严重不安，李鸿章动用了他的洋人幕僚，暗中联络德国驻北京公使克林德，希望克林德出面代表各国政府向总理衙门施压，让毓贤赶紧下台！

最后洋人这边出面的是美国公使康格。12月5日，康格向总理衙门提出："应该撤换毓贤，派一个能干的人去替代他的职位，以平息山东民教纠纷。"接下来，康格甚至不点名地把推荐袁大人的意思都说出来了："假如没有足够武力的话，可把天津操练得很好的军队调去协助。"

12月6日，上谕颁布。汉党集团（主剿派）对山东巡抚的"以袁代毓"从毓贤上任不久后便开始酝酿，通过几个月的操作与行动，此时已成定局。

毓贤知道自己错了。现在看来，无论是对于"主剿派"还是"主抚派"，山东巡抚这个职位是这两派都必须拿下来的，因为只有掌握了山东巡抚，才能掌控义和拳的走势，才能尽量清除或者扩大"灭洋"的势力。所以一个山东巡抚之职，朝中两派必定死争；而毓贤并没有意识到这一点。在朝廷党争激烈之时，毓贤不是错在"积极站队"，而是错在没有"站队"，他还是在自作聪明地当"中间派"，自作聪明地骑墙。

事实上在党争激烈之时，根本就没有多少"骑墙"的空间，所谓的"中间派"才是最危险的，经历了戊戌政变之后的袁世凯肯定会同意这一点。无论原本是希望明哲保身还是置身事外，到了某个时刻，就只能站队，别无选择，越当机立断，站得越鲜明、越彻底越好。不然，反对你的那一派会将你视为眼中钉，而倾向你的那一派也不会死保你，两面三刀的结果一定是你自己挨三刀——一刀会是这派捅的，另一刀会是那派捅的，而第三刀呢？那会是你自己后悔捅下去的！

那么站错了怎么办？其实也不能怎么办，认输，有的时候还得认命，大家都是赌一把。

这就是专制王朝中官场权斗的残酷。为什么大家一定要拼个鱼死网破呢？为什么到最后不是你死就是我活，不是成王就是败寇呢？这是因为王朝的官场斗争从源头上就决定了没有多少缓冲余地，就注定了你不是这派就是那派，很难独善其身，除非你退出官场。

做官何其难也！

1899年12月底，袁世凯带着武卫军右军从小站开进山东，这是他首次成为"方面大员"，自然得小心谨慎。不过还没等他在山东好好喘口气，之前以钦差大臣的身份在南方督办税务的刚毅就迅速回京了，他回京就是来采取补救措施的。在刚毅的组织下，各路言官御史开始密集地上折子参袁世凯，试图把这个新任巡抚给弄回来。

正在这个关键时刻，袁世凯遇到了一个大难题。

哥哥袁世敦自然希望弟弟能帮他"运作运作"，让他官复原职。他是在山东丢的官，而袁世凯又是新任署山东巡抚，这也并不是什么难事，袁世凯原本也是打算这么做的。

但是，当端王集团向他集中开火之后，袁世凯立即意识到此事万万不可为，他帮不了哥哥了。袁世敦最终丢官，并且被驱逐回河南原籍，从此他对袁世凯记恨了一辈子。1902年，袁世凯扶生母刘氏灵柩回河南项城老家安葬，此时刘氏已经被慈禧封为一品诰命夫人，袁世凯也只有一个心愿：让母亲风光下葬。没想到袁世敦以嫡子的身份拒绝刘氏葬入祖坟，如果一定要葬入，也只能葬在他们父亲的脚边（袁世凯的母亲是庶妻）。袁世凯苦苦求情无效，河南巡抚亲自出面调解也无效，说起来这也是符合宗法伦理的家事，不论袁世凯官做多大，也只能听他老兄的。最后袁世凯只得将他母亲葬在了别处。从此，袁世凯不再回项城老家，死后也不葬在项城老家。

这是后话。现在，面对义和拳问题，袁世凯必须拿出他的一套，不然,刚毅等人绝对有借口、有实力让他步前几任山东巡抚的后尘——"顶戴还未热,又被摘去也"。

## 袁世凯以高超的"政治手段"平乱

袁世凯做的第一件事就是做个试验。

虽然义和拳"刀枪不入"的神话袁世凯是不怎么信的,但这毕竟传得神乎其神,袁世凯必须亲自验证它到底是神话还是鬼话。

一位"大师兄"被请到了府上,然后袁世凯亲自朝他开了一枪,结果可想而知。对于"刀枪不入",袁世凯心里也有底了。

按照袁世凯的脾气,他应该大开杀戒了,然而他并没有这么做——朝中还有多少双眼睛盯着他呢。袁世凯先把军队按下,采取了另外一套非武力的手法。

那就是以"官员的包围圈"对付义和拳。

一直以来,拳民比较分散,给剿拳工作带来了很大的难度。当官兵开进乡村时,拳民只要把头上的红头巾一扯,把长矛大刀一扔,拿把锄头走进地里使劲刨地即可,反正也没人告密。而等清军一走,他们又拍拍手上的灰,把红头巾给戴上了。

而袁世凯并没有什么可以依靠的,他唯一能够依靠的就是跟他吃同一碗饭的人——官。一进入山东,袁世凯首先以巡抚衙门的名义发布《禁止义和拳匪告示》和《严禁拳匪暂行章程》,明确宣布"义和团"非法,并没有什么"义和团",只有"义和拳匪",这就给那些不知道"上面"还会不会招安收编义和拳的大小官员吃了一颗定心丸。政策上明确了,然后袁世凯就开始着手发动所有的官员、半官员(地主、乡绅和团练等),命令他们都要对"拳匪"进行排查。这道命令是不奇怪的,任何一个巡抚都想得出,但袁世凯的特别之处是他想出了一套新的制度。

这就是"日报制"。

巡抚衙门规定:各州府每天必须把当地"拳匪"情况直接上报给巡

抚衙门，由袁世凯大人亲自处理，出现一件处理一件，绝不拖泥带水。

而跟"日报制"配套的还有另外一项制度——考核制度。为了鼓励"先进"、鞭策"后进"，一系列的考核细则制定出来，对在防止和平息"拳乱"中表现良好的地方官立即奖励，表现不好的立即罚，造成严重后果和不良影响的官员立即革职。

当然，袁世凯大人对官场里的各种"小九九"是很清楚的，他太清楚只听取汇报也是不行的，因为永远不会知道那里面有多少弄虚作假和瞒报假报。于是，袁世凯又制定了一个和考核配套的制度——巡视制度。

他派出了多个督导组分赴各地，层层检查、层层督导，责任落实到人，而督导员考核地方官的依据就是考核细则，通过制度去管官。

如此一来，各级地方官就不得不拿出十二分的精力去对付义和拳。县老爷下乡的热情很高，姨太太们也不打麻将了，而是出去打探"拳匪"消息，加上地主、士绅和团练的力量，拳民们可谓陷入了"官员的包围圈"。很多事件都消灭在了源头，很多矛盾都化解在了当地，剿拳工作的难题也迎刃而解了。

等这些工作都做好以后，武卫军右军才低调出场。

一部分士兵去保护各地教堂，大部分士兵用来对付拳民，而袁世凯给士兵的任务不是直接剿灭拳民，而是阻止拳民聚集。士兵们驻扎在各乡、县之间的交通要道，对来往行人进行检查，同时花点儿银子收买流氓地痞，让他们提供情报或者搞搞策反工作（袁世凯的专长）。如此一来，拳民们被分割在一个个区域内，无法串联。没人气，再好的戏它也出不来。

接下来，真正负责"剿拳"的机动部队出动了，重点清剿规模比较大的拳民组织，追捕影响比较大的拳民头领，以达到杀鸡吓猴、以一儆百的效果。袁世凯在动用武力方面虽然比较低调，但低调中也有高调。他公开告示：凡是聚集拳民数量达到40人以上的拳民头领被捕后不审不问，只有四个字：杀头示众！

1900年2月，在上任不足三个月时，袁世凯在巡抚衙门宣布：原来的"日报制"终止，改为"有情况随时上报"。也就是说，通过这一系列的组合拳，山东的局势很快得到了控制，袁大人在不动声色间迅速实现了山东的稳定！虽然这些"成绩"的取得与他手里有一支万余人的军队是分不开的（能够破解前几任山东巡抚面临的"军队不够"的难题），但行政领域的创新才是袁世凯的真正厉害之处。为了不给"主抚派"轻易留下把柄，他有意控制武力，又为了把平息"拳乱"的工作落到实处，他创造性地用制度去管官，这个家伙果然有两把刷子。

朝廷在这个月立即将袁世凯的署理山东巡抚之职改为实授，看来对于朝廷来说，稳定压倒一切，事实又胜于雄辩。袁世凯又升官了，正式成为封疆大吏——省部级高官，更重要的是军政一把抓，既是山东巡抚，又是武卫军右军统领，巡抚大印加指挥刀，这在所有的封疆大吏里绝无仅有。如果我们还记得袁世凯在朝鲜时想成为军政人物的那个遥远的梦想，那么从这一天起，袁世凯的梦想算是真正地实现了！

而在1899年12月底，在袁世凯来山东上任的同时，心事重重的毓贤进京了。他见到的第一个人，正是端王。

## 端王集团决定利用义和团

端王府，此时应该有两个人在那里面面相觑、惺惺相惜：

"哥们儿，你为什么来啊？"

"巡抚被撤。"

"大人，您为什么愁眉苦脸啊？"

"废立被阻。"

此时的端王是一个被洋人和汉党逼得走投无路、对洋人恨得咬牙切齿又没地儿撒气的人，而此时的毓贤是一个内心充满着悲愤和委屈，急于证明自己的人。

在党争激烈的朝廷，想证明自己，就必须先站队。

毓贤当然是有本钱跟端王集团站队的，因为他刚从拳民第一线回来，最清楚拳民的情况。而端王集团的权贵们之所以对拳民有兴趣，并不是突然对老百姓的利益诉求和纠纷有了兴趣、突然关心起民间疾苦来,而是洋人一次次妨碍了他们的夺权行动,他们对洋人恨之入骨:"毓贤大人,这些人'灭洋'灭得怎么样啊?"

一拍即合!一群天涯沦落之人,因为一个叫"义和拳"的组织,走到一起来。

当然,在毓贤的嘴里,是不会称"拳民"的,也不会称"拳匪",而是"义和团民"。

毓贤告诉端王以及他的核心成员:义和团的团民忠诚可靠,他们绝不是乱民,是真心扶清灭洋的!王爷您不是恨洋鬼子、恨那些汉官吗,袁世凯入主山东后,一定会对团民围追堵截,团民在山东肯定不好容身。王爷您可以代表朝廷,去暗中支持他们、策应他们,暗中扶植他们和鼓动他们,而且还要将他们引向北京。天子脚下守卫森严,团民如果只顾眼前利益,烧烧教堂、抢抢粮食,绝不会自动去往北京的,但王爷您就有办法。只要团民进京,他们就是一支可以利用的重要力量,帮助您去威胁那些顽固不化的公使,帮助您去打洋鬼子,帮助您去斗垮那些汉臣,斗垮反对废立的官员,扫平夺权路上的一切障碍!

这样的话,自然是不用明着说出来的,大家都清楚。接下来就看表演了。

毓贤叫来了一名"大师兄",让他当众表演起"刀枪不入"。当然,毓贤很清楚这只是表演。在离开山东之前,毓贤下令处死了朱红灯和心诚和尚。这两个人反正要死,不能把他们留给袁世凯。连两大头领都被证实了是肉身凡胎,难道毓贤还对其他人的"刀枪不入"抱有幻想?

但表演还是需要的。毓贤需要,端王需要,其他观众也需要。

表演完毕,在场的人士啧啧称赞。

端王当场拍板:如此团民,不仅忠勇爱国而且神通广大,值得肯定,应该重用!

就这样,"义和团"终于成了毓贤投靠的筹码和新的进阶礼物。毓贤的内心原本是积郁着愤怒、委屈和不满的,现在,位高权重的端王竟然跟他"深有同感",这让毓贤有种莫名的心安。要知道那时候在官场,能够"紧跟"一个上层也是相当不易的,更何况还能去抱紧他的大腿!

之后毓贤在皇宫觐见了慈禧。对于太后大人来说,她只知道袁世凯去了山东,毓贤的去职多少有些委屈,于是她又搬出了"搞平衡"的那一招:按惯例赐毓贤一个"福"字,让他去山西当巡抚。

而端王集团也终于不用把希望寄托在谣言上了,在一次次造谣失败之后,他们找到了新的"外援",终于不再把目光局限在皇宫内部,而是投向广袤的民间。有了接下来端王集团对团民的暗中扶植、幕后策应和帮助,官方出于党争需要的"灭洋"和民间出于利益诉求的"灭洋"捆绑在了一起,这才是"义和团运动"的真相。

对于端王集团来说,他们是否就真的相信了团民的"刀枪不入",这是很值得怀疑的,因为团民是否真的能够"刀枪不入"并不是最重要的,重要的是这是一支对扫除废立障碍有帮助的生力军、一支对实现政治阴谋有帮助的生力军,也能够让追随者相信,端王集团已经找到了一个对付洋人的好办法、一支对抗洋人的庞大队伍——广大的团民能"刀枪不入"最好,即使不能,也要继续让更多的团民有"刀枪不入"的信念而不惧洋人,那会是多好的靶子啊。

起用这样的一支队伍,成本是很小的,比再去组建一支军队的成本小多了。一个人很容易冷静,群体却反而很容易变得疯狂。你需要做的只是煽动他们原有的情绪,而这种情绪如果不是从对利益入侵的恐惧中迸发出来的恨,那就最好是为激情去献身的壮怀激烈的爱。

而义和团竟然可以两点都占:他们是"恨洋人"的,但这种"恨"在骨子里也是对"洋"的恐惧,只要操纵这种恐惧,就能将它转化成可怕的破坏力量,就能形成针对"洋"的群体性恐怖;他们也是"爱大清"的,但这种"爱"并不是他们认为大清值得他们去爱,而正是因为他们对大清失望了才"扶清",只要放大他们心中的这种期望(赶走洋人,大清就会变强,我们大家就会过好日子),就能带来神挡灭神、佛挡灭佛的群体性疯狂。这难道不比单个人的"刀枪不入"更具利用价值吗?

也就是说，在端王集团这样有政治阴谋的集团眼里，义和团的利用价值首先是作为"一个群体""一支生力军"的利用价值，而不是某个武艺超群、"刀枪不入"的"大师兄"和团民的利用价值。同样是朝廷的高官，同样经历国门被洋枪洋炮轰开后的60年，同样经历洋务运动30多年，不是汉党就天然嘲笑"刀枪不入"而端王集团就天然迷信"刀枪不入"。端王集团看中的，是这支队伍能够为他们带来的超过"刀枪不入"几倍、几十倍的疯狂！

端王集团以官府的幕后力量，不遗余力地去渲染"灭洋"，鼓动"爱国"。义和团原本的"灭洋"只针对跟团民利益相关的传教士、教会，团民也只是在乡村活跃，而这对于端王集团来说是远远不够的。只去烧教堂、攻击教民和传教士怎么行呢？必须将"灭洋"符号化，去灭大清所有与"洋"有关的东西，比如铁路啊，火车啊，电报啊，等等。

一切都尘埃落定了。一年多以后，在《辛丑条约》上签字后死不瞑目的李鸿章大骂："可恨毓贤误国至此！"然而，误国的又何止毓贤？李鸿章只敢骂一个毓贤，不敢骂的有太多。

就是从这里开始，在经历赵三多的"维权版本"、朱红灯的"抢粮版本"之后，"半官方版本"的义和团捆绑上了朝廷党争、政治小集团的权力野心和权力斗争，从此再无回头路。团民们或许不知道，他们高喊"扶清灭洋"，其实到头来还是需要被"清"扶——被大清某一个有政治野心的权势集团扶。

从这一刻起，他们不仅将无法主宰自己的命运，也将无法主宰义和团这个组织的命运，而将被一只"看不见的手"左右。他们的"恨"（灭洋）会变味——从原来的利益诉求变为极端排外；"爱国"也会完全变味——从事实上说，洋人是欺辱了大清，损害了大清子民的某些正当利益，爱国是正确的，但被政治阴谋家利用的"爱国"就有问题了。

史料记载，大清光绪二十六年三月前后（1900年4月前后），正当袁世凯已在山东恢复"稳定"，山东的义和团归于沉寂之际，在直隶的义和团却经过几个月的发展，终于达到爆发式的高潮！大量团民如雨后春笋,一夜之间冒出来,迅速遍布整个直隶;直隶不仅取代山东成了义和团运动的中心,更因在数量和规模上远远超过山东而成为团民的天下、红头巾的海洋!从构成上看,他们可以分为三部分:一部分是从山东境内过来的"老团",一部分是与山东交界的直隶南部原有的团民,而更多的,则是新的团民,在1900年春新加入的团民。

  义和团,起山东,
  不到三月遍地红。
  孩童个个拿起刀,
  保国逞英雄!

# 第七章
# 义和拳进京前的疯狂

## 义和团运动背后的四大利益集团

好吧,在讲述直隶的情况之前,让我们先来趁热总结一下义和团运动涉及的朝廷几大利益集团。义和团运动之所以堪称历史上最复杂的事件之一,正是因为它牵涉了太多的利益团体,如果我们不把这些利益集团先掰扯清楚,那一定会比较晕的。

一是满党的核心代表端王集团——对义和团的"主抚派"。他们仇恨洋人,实际上是仇恨一切有碍于他们夺权行动的人。

二是汉党的核心代表李鸿章、刘坤一、张之洞等东南地区总督——对义和团的"主剿派"。因为利益和观念,他们仇恨义和团,比较亲近洋人。奕劻和荣禄也是这条船上的人,但他们又是满人。

三是洋人——对义和团绝对的"主剿派"。他们亲近利益,仇恨妨碍他们获得利益的人,并且会想方设法扩大在大清的利益。

四是慈禧——由形势需要决定的"主剿派"或者"主抚派"。她亲近权力,仇恨一切妨碍她掌控皇权的人,以及对她的权力安全构成最大威胁的人,不惜任何代价保住她的权力。

毫无疑问,慈禧是这些派别的矛盾中心,她掌控着大清的最高权力,端王集团要让她带着大清这艘船"向后转",但慈禧担心的是一旦"向后转",就不得不"废立"。而汉党和洋人最担心的就是慈禧带着大清"向后转",他们要让慈禧"向前走",但慈禧担心的是一旦"向前走",就不得不走向"归政"。于是对于慈禧来说,她最希望的既不是"向后转",

也不是"向前走",既不倒向端王集团,也不倒向汉党和洋人,维持现状最好。

这已经是一个无法解开的死结:慈禧要巩固自己的临朝训政,不得不重用端王集团;因为重用端王集团,洋人为了防备他们最担心的大清"向后转"(有损他们的利益)而不得不向朝廷施压。一旦向朝廷施压,又对慈禧的权力安全构成威胁,这个威胁既是洋人作为"侵略者"对大清朝的威胁,更是慈禧最担心的洋人会扶植光绪作为他们的代言人,从而迫使慈禧"归政"的威胁。为了抵抗这份威胁,慈禧又不得不回过头去重用端王集团(搭上义和团),一搭上义和团,洋人的步步紧逼又会更紧……环环相扣啊!

恍如新版的"三国演义",对于这四大派的任何一派来说,没有永远的朋友和敌人,只有永远的利益、权力和算计。正如1600多年前的三国时代上演过"联孙抗曹",也上演过"联曹灭孙"一样,处于旋涡中心的慈禧既可以稳住洋人和汉党去打压端王集团和团民,也可以联合端王集团和团民去抗击洋人。而导致慈禧做出决定的只有四个字——权力安全。

这就是慈禧。她是这个王朝的最高统治者,却又称得上这个王朝最可怜的人;她拥有最高的权力,却差不多只有最差的权力安全感;她有很多的帮手,却常常形同孤家寡人;她有最严格的安保,却往往危机四伏;她似乎有最高级的生活享受,却也是多面夹击的矛盾中心;她理应为大清国的繁荣富强出谋划策,却永远只能顾及权力这一己之私欲。

来吧,从大清最高统治者开始,大家都来玩个火吧!

### 直隶义和拳:无统一领袖的组织

现在我们要来介绍一下直隶义和拳的组织模式。我们又称呼回了"义和拳"而不是"义和团"。虽然在端王集团的眼里他们是"团",但在官方公开层面,义和拳还是非法的,还是"拳"而不是"团",还是一个不被朝廷承认的地下组织。为了说清楚它的发展过程，我们又不得不改"团"为"拳"了。

在乡村中最基层的组织叫作"拳场"（或称"拳厂"）——简称"场"。在某村开一个拳场就叫"设场"，后来拳民进入北京，大概是为了适应皇家气息，"场"改称为"坛"，"设场"就叫"开坛"，反正北京有天坛、地坛、日坛、月坛，不在乎再多出另外一些"坛"——我们就先采用这个称呼。

开坛是比较简单的：定好日期后，先在具有地方特色的媒体——戏台或者庙会上进行宣传造势，只等黄道吉日一到，就要正式开坛了。

到那天，就会从已经开坛的乡村请来一位"大师兄"，传授一番"降神附体"的仪式和相关的拳法套路，再从本村物色两位武功高、威望高的人分别当"大师兄""二师兄"（有的坛还另设管事的，分别叫"大先生""二先生"），其他成员都以"师兄"相称，"啊，师兄，久仰久仰""啊，师兄，幸会幸会"。就这样，"开坛"就完成了。一般是一村一坛，大一点儿的村还有分坛。各坛的上级单位是"总坛"，总坛的上级单位呢？不好意思，这个真没有。总坛只有兄弟单位——另外一个总坛。各总坛在级别上是平行的，在地位上是平等的，可以相互联络帮忙，但互不隶属。

也就是说，义和拳是在很多个"大师兄"带领下独立发展的，它并不具备形成一个统一领袖的条件。没有统一领袖，这会使得义和拳在整体的凝聚力上大打折扣，可以一夜之间成规模，也可以一夜之间解散；而另一方面，这也有利于这个组织"多地开花"和"成片发展"。

某个村开坛了有什么用呢？那就说明这个村有人力、有实力进行"反教灭洋"了，平时这些活动就是以坛为单位进行的，一个坛的实力毕竟是比较小的，如果需要其他坛来支援，怎么办呢？可以有两种方式。

一种是向兄弟单位的坛发个帖——说帖，邀请他们某月某日过来帮忙打架；另外一种是在集市、交通要道等地张贴"小广告"——揭帖，告诉其他坛的人某月某日将在某地"反教灭洋"，请弟兄们相互转告，自带武器、自备粮草、前来助战。

粮草是自备的，这次你帮我坛的忙，下次就是我帮你坛的忙，互帮互助，所以对被邀请来的人是不用管饭的。大家聚在一起后，共同推举一位人群里威望最高的"大师兄"做临时领导人。在他的指挥下，统一管理、集体食宿，一等任务完成，就各回各村、各回各坛，直到下一次行动。

如果任务完成前粮食吃完了怎么办呢？有办法。那就是向周边的富户要求"捐赠"（"吃大户"）："大师兄"写个条子，指明某家某户应出粮食多少斤，拳民们拿着这张条子去要求这户人家交粮（不交不行），这样缺粮的问题就解决了。

好吧，除了没有统一领袖，直隶义和拳已经是一个比较完备的组织了。它的行动纲领是明确的——扶清灭洋。组织模式是明确的——坛。组织之间的相互联络方式是明确的——说帖和揭帖。就连"解决运作资金"的模式也是明确的——自备粮草和"吃大户"。一个完备的组织，它是有可能干出惊天动地的事情来的，这件事情很快就来了。

## 裕禄火上浇油式的"救火"

直隶涞水县高洛村，这里距离京城还不到250里地，1899年过年期间，村里请来了戏台班子唱戏。这本来是一年一度的传统习俗，不过，搭戏台子的地方，可能正好对着一个教民家的门口。唱戏开始时，按照习俗，把庙里的神请来"听戏"。正是这个举动，当时让村子里的教民很不爽。

教民们认为把这些"异教神"搬到他们门前是对上帝的冒犯，于是他们冲过去踢翻神台、辱骂神像，并把戏台给拆了。

看到这一幕的村民和村长很愤怒，教民入教后就再也不服村长管，村里组织各种唱戏和庙会，各家各户是要分摊交钱的，而教民就是不交，平日里教民和村民也很少来往，俨然就是独立的集体。现在，他们竟然辱骂神像，这还得了！

虽然他们知道教民并不好惹，但愤怒的村民还是聚集在一起，在村长的带领下洗劫了村里的教堂。

事情很快上传，保定主教亲自向官府"打听此事"，涞水县衙只想尽快息事宁人。他们的判决很简单：村民赔偿教堂的损失，摆酒席宴请教民和神父，村长磕头道歉。

暂时吃了亏的村民和村长选择了在未来报仇。

一年以后（1900年），他们复仇的机会来了。义和拳组织在直隶到处开花，高洛村村民闻风而动，他们请来了"大师兄"在村里"开坛"，大家又可以不怕教民了。

而村子里出现了"坛"，教堂方面自然不爽。教会又对县衙施加压力，涞水县令祝芾亲自带队前来禁坛，但是这一次，连他都被扣押了起来。最后在士绅们磕头请求下，拳民才把祝芾放走，而等祝芾走了以后，更大、更疯狂的暴动开始了！

当晚，大量拳民一起给教堂放了一把火，教堂被烧得只剩残砖断瓦，然后村里约75间教民房屋被烧为灰烬，30多名教民被杀死，其余惊恐万分的教民全部逃出了高洛村！

事件迅速层层上报，到达直隶总督裕禄的案头。

现在我们要来简单介绍一下裕禄，此人正是我们在甲午战争中已经熟悉的一个人——原盛京将军。裕禄是正白旗人，父亲为原湖北巡抚崇纶，作为八旗子弟，裕禄年轻时和当年的刚毅一样，在刑部做了一个笔帖式，家里有一个做巡抚的老爸，然后很快青云直上，30岁时已出任"副部级高官"（从二品）安徽巡抚，后又调任湖广总督、两江总督等，一直是大清最年轻的高官之一。

裕禄在甲午战争中的表现我们已熟悉：生怕担当一点儿责任，保住顶戴要紧。庸碌无为和渎职是裕禄最大的特色。不过由于他是满人，在李鸿章丢掉直隶总督之位后，慈禧正是用人之际，就"用上"了这位能力、资历都一般的裕禄，让他成为疆臣之首。

总督下马管民，上马管军，直隶总督是直隶地区最高军政长官，裕禄能够指挥调动的军队有直隶淮军、直隶练军和直隶绿营。这三支军队总人数有5万左右，我们来介绍一下。

直隶淮军是甲午战后残存下来而又没有收编进武卫军的淮军。当年日本人只进攻了东北和山东，基本没有侵犯直隶，淮军在直隶的这一小部分就这样幸免于难。它的主力是大沽口炮台守军，此外还有一些和直隶练军一起分驻直隶各大城市和交通要地，维护地方稳定和治安，相当于警察。由于绿营基本是没有用的（淮军和练军就是为了淘汰腐化的绿营而新设的军种），于是，清剿拳民的任务就主要落在了直隶淮军和练军身上。

自从直隶地区的义和拳突然"遍地开花"以来，裕禄大人就一直高度紧张，要知道直隶地处京畿，天子脚下一旦大乱，朝廷最后就只能怪到他头上，拿他开刀。而经甲午一战，裕禄已经对洋人有种莫名的恐惧，生怕惹毛了洋人，只想把拳民快点儿在直隶清剿干净了事。他的手下就更加卖力了。直隶淮军右翼右路统领提督梅东益，以及梅东益的营官范天贵，这两个人就是裕禄的"剿拳"主将。他们经常带队开进有"坛"的村庄，实施"宁可错杀三千，不可放过一个"的"清场"政策，简单粗暴地剿拳，并且借着剿拳之名顺便抢劫老百姓，百姓们怨声载道："遇着梅东益，家家没饭吃；遇着范天贵，家家都是会。"

可见，裕禄的手法和袁世凯的手法是完全不同的，袁世凯重点是政治攻势，武力只是震慑和重点打击，实际上是多种手段并举的"综合治理"；而裕禄把袁世凯的方法完全掉转过来了：他是"纯武力剿杀"。哪里闹事，军队就开往哪里，然后不论青红皂白，不区分"首恶"还是胁从，甚至不管是不是无辜，大开杀戒。在义和拳已经成为一个比较完备的组织的情况下，这种不给退路的做法只会让广大拳民认为除了继续扩大组织、坚持斗争之外无路可走，也只会激起更大的反弹——杀掉一个，很可能就要逼反三个。

这是裕禄万万没有想到的。他越是只想快点儿恢复稳定，越是剿拳心切，越是火上浇油。虽然裕禄也知道"朝中有人在暗中支持义和拳"，才使得拳民越来越有恃无恐，敢于和直隶的官兵作对，也才使得义和拳组织在各处井喷式发展，新拳民越来越多，但这种局面的出现竟然也有他这个直隶总督的"功劳"！裕禄啊裕禄，越是朝中有人作梗，作为主政一方的封疆大吏难道不应该越要冷静以对、谋定而后动吗？这哪里是救火，简直是放火啊。

接到高洛村事件的报告后，裕禄的反应只能用"大汗淋漓"来形容：我一个总督都怕什么来什么，这是什么世道啊！

裕禄的处理办法还是那一招——剿。这次调出的是直隶练军。由练军分统杨福同率军前往。杨福同是总兵衔，大约相当于现在的中将军衔，也就是说，裕禄直接派出了一位将军去围剿高洛村拳民：我就不信你们不安分！

对付没有什么有效武器的团员和村民，正规军自然是所向披靡的。到达高洛村后，杨福同的军队没费多大工夫，就驱散了拳民、捣毁了义和拳高洛村分坛，约60名拳民和村民被打死或者逮捕后正法。杨福同的军队撤出高洛村，看来一切又恢复稳定了，然而稳定只是暂时的。

逃走的拳民立即向周边各个"坛"发帖求援！

令人惊奇的一幕出现了：就像是官府在调动正规军，也像是有人站在看不见的高处拿着令旗不断指挥，短短几天内，涞水县周边出现了上万名拳民。他们扎着红头巾、背着刀枪、带着干粮，风尘仆仆地赶赴涞水！

在石亭镇，一些拳民出现在了杨福同和他的骑兵队面前，他们拿着大刀、长矛冲向清军，但很快被击溃。杨福同带领30名骑兵和40名步兵追剿，杨福同认为对付这些拳民还是会像在高洛村那样轻松。但追着追着，他突然察觉情况有异，大喊一声："不好！"

他们发现已经陷入满是沟壑的坑坑洼洼之地，马已经跑不起来，而四周是高地，像是有埋伏之地。

果然！早已埋伏在此的3000多名拳民从四面冲出，他们冲向手中有枪的清军，以迅雷不及掩耳之势猛砍，清兵很快被砍得血肉横飞，连杨福同都被拽下马来，乱刀砍死！这是义和拳出现以来，朝廷损失的军衔最高的将领，但这还并不是最可怕的。

最可怕的是在这次战斗中拳民表现出来的军事素质。他们采取的正是只有正规军才能运用好的战术——诱敌深入。诱敌深入在理论上是比较容易掌握的，实际运用却比较难，它需要周密的布局、时机的把握和良好的组织分工，不然诱敌不成反被歼，那就惨了。而拳民似乎在一夜之间就洗掉了山东时期的流民气质，似乎变成了一支已经暗中受训的正规军。

伏击杨福同之后，拳民大军开始离开县城，挺进大城市！

5月26日，他们首先到达直隶高碑店，拳民们直奔火车站，想坐火车北上。而车站方面大概是早已接到了通知，连续两天都不卖票给他们，态度也不好。于是拳民们一怒之下，竟然将铁路拆毁了，拔了电报线杆子（"烧高碑店火车，亦因赴涿州时，往买火车，付价，无客座与之，次日又如之，激怒放火"，引自高枬：《高给谏庚子日记》）。

这是拳民第一次破坏教堂以外的设施——铁路。破坏铁路后，他们继续北上。第二天（27日），拳民大军到达距离北京只有70公里的涿州；与此同时，在向涿州进军的路途中，各地的拳民仍然在源源不断地向大部队聚集，此时涿州城外已经聚集了3万多名拳民！

涿州守军从来没有见过这片红色的海洋。刀枪林立，他们不战而逃，拳民第一次从朝廷手中占据了一座城市！然后他们继续北上，在北上的同时，拳民已经知道朝廷要武卫军前军统领聂士成率兵前来镇压，于是他们继续破坏铁路。从涿州往京城方向100多里长的铁轨全部被扒掉了，涿州火车站站长全家被杀。

5月29日，拳民大军已经行进到距离北京不到30里的京南门户——丰台，一把火烧掉丰台火车站和站内机车，丰台站的洋人铁路工程师全部逃走。

"拳民向着北京"的这一幕极大地震惊了慈禧。很显然，在慈禧的眼里，此时拳民并不同于她印象中以往的那些拳民了。原本在山东直隶此起彼伏、分散的"反教灭洋",已经逐渐演变为规模越来越集中的反抗官兵阻截他们向北京进发的行动,然后在进发的过程中顺便"灭个洋"。从5月26日起,他们只用了三天时间,平均每天行进80里,精确无比地直插京城,好像身上自带导航——这又已经差不多是一支正规军的素质了!

更令慈禧震怒的是,那个无用的直隶总督裕禄动用了省内几乎全部能调动的淮军和练军,派出了一个总兵级别的人到山村处理动乱,仍然没能阻挡住拳民前进。很显然,高洛村事件充分表明裕禄是镇不住直隶局势的,他是无法去阻截端王集团和拳民大军的。在裕禄不行的时候,朝廷中应该要顶上的是另外一个人——荣禄。

这不仅是因为荣禄大人本来就是慈禧手中对付端王集团的牌,就拿荣禄在朝廷的职务来说,阻截端王集团和拳民也是义不容辞的责任。

除了武卫军总统,荣禄拥有的另一项职权是"节制北洋各军",而直隶淮军、练军和绿营正属于北洋军,荣禄对它们也有节制之权。当拳民在直隶闹得如火如荼时,如果荣禄大人硬气一点儿,即使他不调动武卫军,也是可以指挥调动直隶淮军、练军去阻截平乱的。他是朝廷的人,是慈禧身边的人,有他出面,一定比裕禄有苦难言的效果好。

但这一次,慈禧发现不能继续指望她这位好心腹了。咦,荣禄哪里去了?

荣禄大人病了。

从3月30日(农历二月三十壬寅日)起,荣禄就开始请病假,然后竟然以"请假""续假"的方式,连续请假两个月!朝中重臣连续两个月没有上班,这是很不正常的,估计荣禄也怕别人不信,于是专门在"官报"(《京报》)上登载了他的病情——"手足之疾,不能动转"。严重,十分严重,这是说别提有力气上班了,提裤子都没力啊。

当时的官报只负责照章抄录官员和官方的消息,并不负责向公众核实,所以上面的消息虚虚实实,不信就上当了,全信就迷茫了。那么荣禄大人究竟有没有病?是不是恰巧就在此时生病?会不会严重到这种程度？这个很可能只有他自己知道了。而从种种表现上来看，荣禄大人生的是历史上最神奇的一种病——政治病，这种病可以想痊愈就立马痊愈、想严重就立马严重。

毫无疑问，"立大阿哥"事件已经让端王集团吃了个哑巴亏；但是，端王集团也并不是立一个"大阿哥"就能搞定的，而恰恰正是因为溥儁被立为"大阿哥"，端王一伙在满人和八旗中影响更大，他们趁势又扩充了军政势力。当然，这种势力都是在他们的大本营——禁旅八旗中扩张的。比如载澜管理了西山健锐营，载瀛管理了内务府御鸟枪处（鸟枪也是枪）并统领镶黄旗护军，载勋统领正蓝旗汉军，崇绮和启秀分别统领正红旗汉军和镶白旗满洲，就连端王本人也把手伸向了宗人府，成为宗人府右宗正，与同时兼任宗人府左宗人的载勋一起控制了宗人府。

也就是说，除了掌控禁旅八旗，皇帝的"家事"也是端王集团控制的，更可怕的是他们还有了义和拳这个强大的外援生力军。而在荣禄这边，他还是形单影只。奕劻是不能过多地"惊动"的，一有危险你也惊不动他；李鸿章远在两广，对朝廷里很多事情都鞭长莫及；张之洞一直很聪明，一旦嗅出形势不妙就把头缩回去；刘坤一已经当过一回枪头，不可能再出头；袁世凯在军事上很强，对于朝廷来说在政治上还未入流（连总督都不是）。拿什么去与端王集团硬碰硬？他们已经拿出了与几万拳民内外呼应、背水一战的架势，这次肯定是没有什么折中办法可以想的了。

既然无法做到阻截端王集团，那就只有不做。这倒不只是怕了端王他们，荣禄军政双跨，既是武卫军统领，又在朝中有大学士（文渊阁大学士）的政治地位，端王他们也会小心对付的。但在朝廷里政治斗争的敏感时期，惹不起一定要躲得起，一定要消除慈禧对自己是否已经倒向端王集团的怀疑。如果明明阻截不住，却偏偏还在那里"阻截"，久而久之，领导看到的不是努力和苦劳，而是会产生怀疑。做荣禄那样的官，不要想着皇帝现在正是需要你的时候，你去给他没有功劳也有苦劳一下（"不为激情去献身"），如果你不表现，就会失去他的信任。如果有这样的想法，那就大错特错了。

自从被慈禧绑上她的战车之后，荣禄必须时时刻刻拿眼睛盯着对手端王集团，但更加必须时时刻刻盯着慈禧、心里想着慈禧。这种"想"不是某些野史八卦小说里的与慈禧的男女生活作风问题，而是真正站在她的立场，时刻从她的角度出发，以她的权力安全为核心考虑问题。什么叫"更加"呢？就是他可以一时忘记他的对手，但一定会记得他的领导！

因为她是"帝王"，而荣禄是权臣，尤其是军权在握的权臣。

这就是荣禄"官做得越大，胆子却越小"的真正含义，也是"在官场如何学会自保"的真正含义，多年官场沉浮，就是这么一点儿一点儿靠血泪教训累积起来的政治经验。历史上很多大臣都跟荣禄得过相似的"病"，他们的基本病因其实都是差不多的：怕对手打压自己，更怕领导怀疑自己！

荣禄病了、请假了，不能为老太太公开冲锋陷阵了，慈禧当然会想办法"请"他出山或者逼他出山。但在这之前，慈禧必须亲自来处理义和拳这个棘手的问题。山东有袁世凯在基本能放心了，主要就是直隶。

## "禁"和"剿"——慈禧对待义和拳的根本态度

前面我们说过，慈禧对待义和拳的态度并不是一成不变的，而是和她处理其他重大问题一样，是以权力安全为核心考虑的。现在，是时候来详细了解慈禧对待义和拳的根本态度了。

对于义和拳，慈禧的态度只有一个字——剿。

虽然它高举"扶清灭洋"的旗帜，到处打着"爱国"旗号，但在慈禧看来，这只是对她的统治构成的一种威胁。谁乐意见一个未经批准，拿着锄头、扁担、长矛、大刀的民间组织不去下地，而是上街来"扶清"啊。

没办法，和所有专制王朝的帝王一样，慈禧是无论如何也喜欢不上这帮事实上挑战了朝廷权威、破坏了统治稳定的拳民，她骨子里对拳民只有厌恶。

当然，当慈禧最初听说"义和拳"时，她并不认为这个组织和以往那些只热闹三五个月就销声匿迹的"乱民"组织有多少区别。在1900年义和拳进入"直隶发展阶段"之前，朝廷并没有专门针对义和拳发过上谕。1900年2月19日（光绪二十六年正月二十癸亥日），慈禧在上谕中首次明确提到"义和拳"，明确要求"禁拳"和"剿拳"（"上年据山东巡抚电称，各属义和拳会以仇教为名，到处滋扰，并及直隶南境一带……著直隶山东各督抚，剀切出示晓谕，严行禁止"）。

接下来，随着直隶义和拳的"迅猛发展"，慈禧不仅心情更加急切了，态度也更加强硬了，拳民也变成了国家层面的敌人——匪。一个多月后（3月30日），直隶枣强县知县凌道增因"缉捕拳匪不力"被慈禧明发上谕，公开革职。虽然只能在直隶的官僚系统中去处罚一个小小的知县，但慈禧不过是要动用她的权威，抓个反面典型，以一儆百。

不到半个月（4月12日），随着"拳匪"越剿越多，形势越来越不对头，慈禧"剿匪"的心情更加急切了，她在抽裕禄的鞭子（"直隶总督裕禄奏，义和拳会蔓延直境，遵旨派员带队督同地方官妥为弹压，并出示严禁，得旨即著随时认真查禁，毋稍疏懈！"）。

但是在不到半月后（4月21日），慈禧突然又发布了一道奇诡的上谕，一道在后来的史书中争议很大的上谕：

> 谕以民教皆朝廷赤子，食毛践土，自应彼此永远相安，遇有两造（原告与被告）争执之案，论是非，不分民教，务在持平办理，毋稍偏徇。民间学习拳技，自卫身家，亦止（只）论其匪不匪，不必问其会不会，是在该督（裕禄）严饬地方官吏，准情酌理，因应得宜，非朝廷所能遥制也。

在后来很多人看来，慈禧突然称起拳民为"朝廷赤子"，并且要求"持平办理，只论匪不匪，不问会不会"，这是因为直隶拳民失控引起洋人步步紧逼之后（后详），慈禧对义和拳的态度突然有所缓和，甚至已经"倒向了义和拳"，动了利用义和拳的念头。然而恐怕事实并不是这样的，要了解老太太的真实目的，我们首先必须来了解上谕中到底说的是什么意思。

40多年前（1860年左右），围剿太平军的曾国藩在处理长江流域民间秘密结社这样棘手的问题时，总结了一个著名的指导性方案——"只问匪不匪，不问会不会"，后来成为朝廷处理类似问题的"曾国藩原则"，意思是官府只打击犯罪事实，而不管你有没有参加犯罪组织。曾国藩的这个原则表面上看来是很令人费解的，因为千百年来，别说犯罪组织，民间结社向来都是历朝历代严厉禁止的，反正在朝廷的眼里，可以结婚，但不能结社：结婚是想和一个人过另外一种日子，而结社可能是想和一群人过另外一种日子——造反。

那么曾国藩是不是容许了犯罪组织存在呢？不是的。曾国藩此举是没有办法。用我们熟悉的话来说，就是"两害相权取其轻"。

当时的"犯罪组织"可不是仅有太平天国（拜上帝教），还有哥老会、小刀会、白莲教等不下几十种。湘军的兵力有限，对付太平军都犯难，当然要腾出手来对付朝廷的主要统治威胁；至于其他的"犯罪组织"，只要它们暂时还没闹事，就留到以后去慢慢收拾。

慈禧的这道上谕正是随着直隶义和拳发展的情况而变化的：请注意一下发布这道上谕的时间是4月下旬（农历三月），此时正是直隶义和拳组织"遍地开花"之时，慈禧的"只问匪不匪"就是从直隶义和拳的现实情况出发的，它有两个目的：一是更好地"剿匪"，更加积极、稳妥、有效地"剿匪"，甚至如果我们回忆一下几个月前袁世凯在山东的举措，也是这个手段。而另一个更重要的目的，是慈禧更加希望通过官府的工作，能够让拳民停止"反教灭洋"，因为慈禧最担心的，是刺激到这帮洋人，她将来无法收场啊。

这时候，正是因为直隶义和拳越来越不可控，朝廷中有人又想起了张汝梅"改拳为团"的想法，上奏慈禧。慈禧对这个想法是没有太多兴趣的（此时如果她立即批准，正中端王集团下怀），5月1日，慈禧命令裕禄和袁世凯分别在直东调查了解（"著裕禄、袁世凯，各就地方情形，通筹妥议，据实覆奏"）。裕禄和袁世凯均回奏不可行，于是慈禧仍然坚持她的那一招——剿。5月9日，慈禧发布上谕，不仅要求继续在直隶剿匪，还要求注意防范北京（"著步军统领衙门严密稽查，设法除禁，毋任聚众滋事，致启衅端"）。

到了5月17日，在高洛村流血事件发生之后，慈禧立即敏感地意识到必须确保京城内"不乱"。她谕令步军统领衙门牵头，召集"各有关部门"商讨出一个妥善的办法。5天之后（22日），庆亲王奕劻也上奏朝廷应该全力保护北京城内的使馆和教堂，步军统领衙门随即公布了在北京城内禁拳的10项规定，其中有加派兵力措施（"派勇巡查、责成司坊加强巡视"），有株连保甲措施（"有习拳者邻右同坐"），甚至还有舆论控制措施（"严禁刻字铺刊刻义和拳揭帖"），不可谓不严厉。同一天，慈禧发布谕令，要求在直隶各地"剿匪"的裕禄注意一下军纪问题，不要成事不足败事有余，激起更大反弹，反而不利于"剿匪"（"著裕禄严饬带兵各员及地方文武，查明实在滋事拳匪，指名拿办，傥或任意株连，藉端讹索，波及无辜，即当从严惩办"）。

两天后（24日），高洛村拳民开始向北京进军，北京外的局势更加紧张，慈禧再一次谕令各"有关部门"迅速想办法。被点名的包括步军统领衙门、直隶总督府、顺天府、五城，前几个机构我们都比较熟悉，需要简单介绍一下的是"五城"。

"五城"的全称是"五城察院"。当时的京城除了分为内外城，还分为东、南、西、北、中这"五城"（相当于我们现在的五个"区"），由朝廷都察院对这五个"区"分派御史巡城，这些巡城御史的办公室就统称"五城察院"。从级别上看，五城察院虽然是都察院的派出机构，巡城御史也是一种级别比较低的御史，但他们却是直接对皇上负责的，他们可以弹劾任何人，甚至可以指责皇上，职能是监察。

巡城御史是巡城的，除了要发现京城内的不法分子，也要对京城地面上的治安和整洁负责。比如这里的下水沟渠堵了，那里的消防防火工作没到位，另外一个地方又有流浪汉乞讨影响市容，这些都需要得到及时处理，而御史们是做不了这些事儿的，于是他们的办公室"五城察院"下面还设有一个专门的办事机构——五城兵马司。巡城御史对兵马司有提调和监督指导之权。相信大家已经发现了，五城兵马司职能相当于我们今天熟悉的一个组织机构——城管。

也就是说，为了确保京城内外不乱，慈禧把所有的牌都打出来了。然而，一道道行政命令依然挡不住义和拳突进北京的步伐。5月29日，在拳民到达丰台并且烧掉丰台火车站之后，慈禧终于下了最后的决心——调兵围剿，为了阻止拳民涌进北京，不惜在京畿重地造成大规模流血事件，将拳民一举消灭在北京城墙之下！

29日至30日，慈禧连发两道上谕："著派出之统兵大员，及地方文武，迅即严拿首要，解散胁从，倘敢列仗抗拒，应即相机剿办，以昭炯戒！""现在直隶及附近京城一带到处人心浮动……如拳匪中实系滋扰地方、甘心为乱者，即当合力捕拿，严行惩办，不得互相推诿，如再因循，定惟崇礼（九门提督）等是问，决不宽贷！"

当然，慈禧也知道，虽然她一次次发布严旨，但只把眼睛盯着北京城内的这些军队是没有用的。禁旅八旗说到底是受端王集团操纵，在京城内外"人心浮动"之际，即使能够调动他们，他们会不会那么坚决彻底地执行任务，慈禧是很怀疑的，而慈禧能够迅速调动的自然是武卫军。

在5月29日这天，荣禄也迅速"销假"上朝，不知道慈禧有没有派个人去"探视"一下他的病情。拳民一旦进京，与端王那伙人将不再是里应外合，而是亲密结合，慈禧的权位无疑将受到严重威胁！荣禄说到底也是一条绳上的蚂蚱，他没有理由再躲下去了，也是被端王他们逼出山的。于是荣禄不仅迅速上朝，还连上七道奏折，坚决要求动用武力"剿匪"，在朝廷中营造剿匪的氛围。

慈禧调动了荣禄的亲兵队——武卫军中军，由荣禄部将、武卫军中军提督孙万林率领其中一部,迅速开拔前往"剿匪"。当然,只调动中军是无法将拳民一举消灭的,慈禧心目中还有一个进行大规模军事行动的最佳人选,这个人就是我们熟悉的"抗日"名将——聂士成。

由于在甲午战争中表现出色,战后聂士成被授予直隶提督(相当于直隶军分区司令)之职,直隶提督对直隶淮军、练军和绿营也有统率之权,并且在级别上和直隶总督是平级的(从一品)。只是提督是武职,而总督是文职,朝廷一向是"以文御武"的(防止武将造反),所以聂士成和裕禄虽然级别相同,但他要受到裕禄的节制。

而后来荣禄组建武卫军时,聂士成统领的那支跟他打过甲午战争的老淮军部队被整编成为武卫军前军,聂士成也兼任了武卫军前军统领。慈禧看中的,正是这支前军部队。在慈禧的命令下,武卫军前军从天津芦台驻地开拔,一部分推进到卢保、津芦线,保护和修复这两条重要的铁路;而另外一部分(马队步队三营及炮兵一哨),则由聂士成亲自率领,乘夜车前往丰台与中军会合剿匪!

当然,还有另外一路大军,这就是之前派出的直隶淮军和练军,仍然由裕禄率领前往会合。

三路大军的士兵们个个荷枪实弹,向着指定地点推进,而拳民们自然要阻截大军的到来。他们在大军前军行进的路上设置路障、攻击士兵,而最厉害的仍然是那一招——破坏铁路,从天津出发的前军前进受阻!

6月2日,经过紧急会商,荣禄、裕禄和聂士成决定改变原有方案,采用新的行军路线:"一由东安(今廊坊)赴永固至涿州,自北而南;一由津(天津)取道文(文安)、霸(州)、雄(县)一道至省(当时的直隶省城保定),自南而北;联合已扎涞(水)、定(州)之营,三路兜截!"(裕禄:《复总署电》)

这是一个很厉害的方案,它绕开了铁路,分三路进剿,先截断丰台义和拳的后路,然后再将他们一举歼灭。这也是慈禧第一次调动武卫军剿匪。需要说明一下的是,虽然此时拳民逼近北京,但洋人的军舰也已开到大沽口外海进行军演示威(后详),慈禧把聂士成前军调来"剿匪",

不惜连国防力量也用上了！

多年来，从最初选秀入宫，到后来把跟自己争宠的女人斗得死的死、残的残，再到后来战胜众多觊觎皇权的对手实行垂帘听政和临朝训政，不断经历的残酷的权斗已经使得慈禧成为不折不扣的权谋高手。无论局势多危急、情况多复杂，慈禧始终能立于不败之地的一个原则就是"要掌握主动权"！

她不会等到拳民进京了再去采取措施，到那时，这支生力军掌握在端王集团的手里，他们会不会向慈禧逼宫，逼她废立，然后逼她交权；朝中那些大臣会不会倒向端王集团，就完全是别人说了算了。这是慈禧最担心的，她不会等到被人刀架脖子之后再去磨刀，而是当别人还只有动刀子的念头之时，她的刀就已经开始磨了。她也顾不得朝廷"教化"的面目、顾不得在京畿重地造成大规模流血事件、顾不得在史书上留下千秋万代的骂名，在权力安全面临严重威胁之时，慈禧杀机毕现，只等她一声令下，北京的城墙之外即将血流成河，拳民即将被一举歼灭！

# 第八章
# 义和拳是如何进北京的

## 洋人的反击:"史上最强保安队"非法进京

现在,我们要来注意一下北京城内另外一伙人——公使。他们不仅是义和拳骚乱的利益攸关方,更是对拳民最为恐惧的人——广大的"红头巾"要"灭"的,就是他们啊。

1900年3月2日(光绪二十六年二月初二甲戌日),英、美、德、法、意五国公使再次前往总理衙门就直隶义和拳迅猛发展的问题向朝廷提出抗议,要求迅速将拳民剿灭。三天后,五国公使严重警告:如果他们的要求得不到满足,将采取"必要手段"。什么是"必要手段",我们很快就会知道。

4月6日,公使团向朝廷发出通牒:限令在两个月内将拳民剿灭干净,否则他们将出动各自国家的军队,在直隶和山东"代剿"(请大家记住这个日子)!随后,英、美、法、意共派出六艘军舰开到大沽口外,在海上举行了联合军事演习,各国军舰开始源源不断地开赴大沽口外,停泊在外海。

高洛村事件后,公使们感到无比恐惧。现在连小孩都能看出来,这些拳民是要进城的;如果他们冲到北京,冲进使馆,使馆里的人都手无寸铁,连踩都要被踩死啊。公使夫人们通过各种渠道,把自己的孩子送往日本;而十一国公使馆都在储藏面粉、大米、大豆、煤油、煤炭等生活用品——后来的事实证明,局势紧张之时先囤点儿吃的东西实在是太有必要了。

慈禧并没有不管这些公使，她怕的就是拳民的动乱会刺激洋人，所以在她之前一次次颁布剿匪上谕时，总理衙门的官员也一次次来到使馆，向公使们保证：我们会用一切力量来保护使馆和你们的安全，你们就放心吧。5月22日，步军统领衙门发布在北京城内"禁拳"的10项措施之时，就已经专门派兵勇在使馆区外巡逻，保护使馆和教堂。然而，洋人们最敏感的不是使馆区外增加了多少保安，而是拳民离北京还有多远。

接下来的事情我们都知道了：5月29日，拳民大部队到达丰台，一把火烧掉丰台火车站，附近的津芦铁路被破坏。此时大沽口外的军舰已经云集了20多艘，然而北京城里的公使、传教士等所有洋人的恐惧是空前的。

虽然外海有他们的军舰，但毕竟离北京还有200多里，士兵们上岸后必须通过津芦铁路才能快速到达北京救他们。同样地，一旦北京形势危急，这条铁路也是北京城内所有洋人快速逃离北京，到达天津出海口的救命通道。而现在，这条铁路被毁了，也就是说，逃命的通道没了，救援的军队很难迅速到来，他们也无法立即逃离，他们已经成了瓮中之鳖！

29日，公使们经过紧急磋商后，决定由八国紧急调兵进京。他们向总理衙门提出了调一批他们自己的"保安"（使馆卫队）进京的要求。洋人要调兵进京！这个消息深深地刺激了慈禧和朝中大臣。虽然1898年10月初（端王集团造谣光绪被洋人害死之际），洋人的军队也曾以护卫使馆为名开进过北京，但那次北京的形势远远没有现在这么严峻。而现在，在拳民聚集北京城外之际，如果洋兵再次进京，不仅朝廷的脸面没地儿搁，而且更加不利于局势的稳定，擦枪走火的事情必然难以避免！

这一天，荣禄紧急"销假"上朝，连上七道奏折要求剿匪；慈禧两天内明发两道上谕要求"各有关部门"严厉剿匪，同时调动武卫军中军、前军和直隶淮军、练军准备围剿匪民。为了让洋人们安心，慈禧特意在29日的上谕中强调要保护使馆和教堂，免得洋人动武（"现在人心浮动、遇事生风，凡有教堂、教民地方，均应实力保护，俾获安全，而弭祸变"）。

至于保护好津芦铁路对安抚洋人的重要性，慈禧其实也注意到了（在洋人要"动武"之后，她始终在关注洋人的需要），所以她不惜让武卫军前军分兵去保护津芦铁路，并且还在5月30日特意发了一道"电旨"给裕禄（"著裕禄饬令聂士成，将卢保、津芦两路电线铁道，专派队伍，妥为保护，毋任再有疏虞，是为至要"），真是交代了又交代，叮嘱了又叮嘱啊！

然后，在5月30日，总理衙门礼貌地回绝了洋人调兵的请求。官员们又开始做公使们的思想工作了：各位尊敬的公使阁下啊，北京的局势很快就会稳定，朝廷将一举歼灭义和拳，所有的铁路将会得到妥善的保护。你们在北京将是安全的，请你们放心吧！

然而，北京城里已经有了另外一个比官方消息更加令洋人恐慌的厉害武器——谣言。

5月29日起，谣言已经开始在北京城内涌现，很多人都在谣传，朝廷其实"已经剿不了匪"，义和拳已经做好了攻城的准备，他们要在6月1日这天（农历端午节）杀尽北京城内所有洋人！

与此同时，5月29日，保定的拳民围攻了在卢保铁路上工作的洋人铁路工程师，40多名洋人工程师和家属向天津方向逃窜，拳民一路追杀；这个消息传到北京的时候，人们谣传这些洋人和他们的家属已经全部遇害！

公使们再也坐不住了，他们决定不顾朝廷未批准，自己调兵进京。5月31日，天津租界的洋兵开始坐火车开进北京，公使团通知总理衙门：不管你们同不同意，军队都必须进京！

总理衙门的官员再次前往公使馆，希望公使们能够收回命令。然而，所有的解释、劝说甚至哀求都是无效的。

朝廷终于知道没有办法阻止这支军队进城了。为了照顾面子，总理衙门只好抢在军队进入北京前"批准"了公使们原来请求调兵的报告，然后提出一个条件：能不能像上次（1898年10月）那样，规定每个国家进京的军队不超过30人?

应该说,总理衙门的这个要求是一点儿都不过分的。直隶的拳民确实很疯狂,但在公使们擅自调兵进京之前,他们并没有造成一个洋人的死亡(后来证实被追杀的保定洋人铁路工程师中有几个人被杀,但那是在使馆区调兵之后),使馆区周边也还没有发现一个拳民,朝廷已经派出了兵勇在守卫,八国派军进入一个国家的首都本来就是非法的,如果还不做出人数上的限制,那根本就是没把大清朝廷当政府了。

然而,朝廷这个可怜愿望最后也破灭了,各国公使都完全没有理会30人的"上限"。1900年5月31日至6月3日,八国军队以护卫使馆为名,携带枪炮,分批强行开进北京。根据当时不同当事人的记录,准确的军队人数各有出入,但可以肯定的是,八国军队的总人数在450人左右,平均每队接近60人,没有一个国家遵守人数不超过30人的规定(有个别记录称日本出兵未超过30人)。

而这些国家各自出兵的秘密,我们以后就会知道。

这是史上第一批进入北京的八国联军(为了便于分辨,我们仍然称他们为"使馆卫队"),他们非法进京,进京人数又远远超过限定人数,进驻位于皇宫附近的使馆区,而皇宫位于大炮的射程之内!也就是说,尽管他们还是只有几百人,但他们可以几炮轰掉紫禁城!

形势急转直下了!按照惯例,此时慈禧并没有住在皇宫,而是(携光绪)住在她的夏季办公场所——颐和园。要是在往常,慈禧是可以舒舒服服地"消暑"的,而现在,接到"使馆卫队"进京的报告之时,正是荣禄、裕禄和聂士成三位军方巨头按照慈禧之前一举歼灭拳民的意旨,上报"三路兜截"计划,而慈禧也将要批准这个方案之时!

## 洋人——慈禧掌权的最大威胁

前面我们已经了解了慈禧对待拳民的根本态度,现在,是时候来了解一下她对待洋人的根本态度了,因为这种态度将决定慈禧接下来如何出招。

1898年12月13日,此时正是1898年的"使馆卫队"还驻扎在北京城内之时,慈禧把北京城里洋人公使的老婆都接到了她的宫里,请她们吃了一顿大餐,临走时还每人送了一个金戒指,十分客气、十分友好,简直有贿赂的嫌疑。

而到了1899年11月21日,此时正是列强"瓜分"大清达到高潮之时,连意大利这样的"欧洲二流国"也试图侵占三门湾。慈禧给军机处和各省督抚发了一道上谕。在这道上谕中,慈禧对洋人的态度十分强硬,简直就有抡起袖子跟洋人动刀的态势("万一强敌凭陵,胁我以万不能允之事,亦惟有理直气壮、敌忾同仇……'和'之一字,不但不可出诸口,并且不可存诸心!")。

慈禧一会儿送礼,一会儿又要威胁动刀,其实她的内心只有一个秘密——惊恐。对洋人无比地惊恐,但这种惊恐的由来并不只是列强的"瓜分"。

我们知道,"甲午战争之后,西方列强掀起了瓜分中国的高潮"(教科书语),这是事实,因为甲午战争给当时世界的震动是"日本人打开了世界的眼,让人看到了大清帝国的真正无能"(1895年《纽约时报》),既然大清无能,那么大家都能像日本那样来发横财。于是,各国都来了,在大清的土地上圈钱、圈地,当时的情况我们是比较清楚的:长城以北属俄国势力范围,长江流域属于英国,山东属德国,两广和云南大部分属法国、一部分属英国;而日本在割走台湾岛后,又想把手伸到福建。

但是,无论对于列强还是慈禧来说,他们最关心和最敏感的其实并不是在大清的土地上划分多少势力范围和占多少地盘,而是权力。

统治清国百姓的是大清朝廷,谁都清楚,只要把控大清朝廷的皇权(哪怕是在一定程度上),就能实现比去划势力范围和占地更大的利益,而且是永远的利益。因为你不仅能统治地,还能统治很多的人——清国的百姓嘛,那是出了名的好统治啊。

也就是说,大清朝廷的皇权,才是各方争斗的真正核心。慈禧最惊恐的并不是失地，而是失权！在慈禧看来，如果洋人扶持光绪为傀儡，然后令她归政光绪，皇权也就从她手里滑落到洋人手上了。更何况康有为那一伙还在海外运作什么"保皇派"，这一点慈禧也不得不防。

正是因为她的掌权并不正当，正是因为权力的合法性问题一直没有得到解决（永远也不会真正得到解决），慈禧一直在猜忌和恐惧是否有什么势力要逼她废掉光绪（端王集团），或者勒令她归政光绪然后取代她成为新的"太上皇"（洋人的势力）——总之，是要逼她丢掉视为生命的皇权。所以，慈禧不得不送送礼，又给自己的臣子们打打预防针：如果洋人要借着"瓜分"逼迫她归政光绪（哪怕只是有这种嫌疑和可能），这都是"胁我以万不能允之事"，她都将不惜一战，将整个大清绑上战车！

这就是最真实的慈禧。过去我们常常认为慈禧属于经常性地两面三刀、朝令夕改，某些时候"保守"、某些时候又"开明"的飘逸型选手，经常让人看不懂。事实上，慈禧并不奇怪，也不"变态"，她所有的考虑都是从一个专制王朝"帝王"的角度出发的。她是一个非常"正常"的帝王，一个"合格"的帝王；她对待洋人的根本态度和她对待拳民的根本态度是一致的。

洋人来"瓜分"大清了，慈禧自然会很心疼，但是，老人家更加时时刻刻记得的是她是这个王朝的最高统治者。如果有"中国"而无大清朝廷，她不会为了"中国"做事；而如果有大清朝廷而无她自己掌权，她也不会为了大清做事。慈禧已经把"保中国""保大清"和保她自己的权力分得清清楚楚，她只能在权力刀尖上行走、只能为权力而活，唯有如此，才能让她在无数次的权力斗争和危机中保持不败啊！

现在我们知道了，王朝的最高权力并不是那么好掌握的，慈禧就这样处于双面夹击、内外交困之中：这边，是要"废立"的端王集团；那边，是有"归政"嫌疑的列强集团。别说端王集团本来就有政治野心，列强集团也本来就有对大清侵略的利益，就算本来安分守己，也挡不住慈禧的惊恐和猜忌而将被逼反啊。

那么慈禧最恐惧和戒备的是哪一方势力呢？

答案是：洋人。正因为洋人是她唯一搞不定也没有自信和能力搞定的人，所以慈禧才对他们有最深的警惕和惊恐。

在慈禧看来，洋人的"使馆卫队"是完全没有必要进京的，因为在她的眼里，山东义和拳的骚乱主要是民教冲突，而直隶义和拳的骚乱主要是他们要进京而官兵们挡着不让他们进京（事实也是如此），说起来这还都是清国人民的"内部矛盾"。再加上北京城外并没有造成洋人死亡的严重事件，城内的使馆区更是十分安全，洋人急急忙忙调兵前来掺和，到底所为何事？

如果说这一批八国联军进京只是为了"护卫使馆"，慈禧是打死也不信的。

差不多两个月前（4月6日），公使团曾经向朝廷发过"最后通牒"，限令朝廷在两个月内将拳民剿灭干净，否则他们将"代剿"！现在时间差不多了，看来洋人只是要"代剿"，才会调兵进京对付拳民。

但是，就像慈禧不相信拳民带着武器上京是"扶清"一样，她也不相信她搞不定的洋人军队开进皇宫周边、让皇宫处于大炮射程之内只是为了"代剿"！慈禧最担忧的是那个会令她半夜惊醒的后果——归政。

毫无疑问，在慈禧的眼里，这几百人的威胁远远要大过城外的那几万人。对付拳民，她基本没有什么办法；但对付洋人，她是从来没办法的。也就是说，此时的慈禧已经断定对她的权力安全威胁最大的不是城外的义和拳，而是城内的"使馆卫队"！

慈禧做出了第一个反应，这跟40年前英法联军进北京之前她与老公咸丰做过的反应一样——逃。

"6月2日，法国公使从权威方面了解，慈禧太后准备逃往陕西西安府，因为义和拳对她本人采取了敌对的示威行动。"（《英国蓝皮书有关义和团运动资料选译》）当然，洋人"从权威方面"了解的信息还是不太权威，因为让慈禧六神无主的并不是拳民，而是城内那几百人的洋人军队。只不过怕洋人是不能明白说出来的，大清被欺负几十年以来，谁说过自己怕洋人呢？

慈禧终究没有逃，不知道这是她终于清醒过来还是臣子苦劝的结果。她毕竟还是这个朝廷的主人、是大清国的主人，大难临头之际又撇下臣民百姓独自跑了，那实在是说不过去的。

虽然最终没有逃，但慈禧已经下定决心：在确认洋人不会对她构成威胁之前（也就是确认不会逼她归政之前），打死也不回皇宫！

那么，那个等待批准的"三路兜截"的计划到底该怎么办呢？很简单：紧急叫停。

洋兵已经在城内了，最大的威胁就是洋人，更可怕的是他们的目的尚不明，军队必须先保存实力，不能去向拳民开火，免得将来腹背受敌，这是急停的最主要原因。

另外，"使馆卫队"是荷枪实弹、耀武扬威进城的，全北京的老百姓也都看见了；而义和拳打出的并不是"反清"，他们打的恰恰是"扶清灭洋"的旗号。在这个节骨眼上，如果再出动大军对义和拳进行大规模剿杀，那么朝廷就是"清国人打清国人"的罪魁祸首。这个民心因素，慈禧也不得不考虑一下。

最后，作为王朝的统治者，慈禧的眼光不仅要盯着北京，还要盯着全大清国。此时南方出现了以孙文为首的革命党分子，一旦义和拳问题在京城处理不好，革命党人趁机号召百姓在各地发难，那就真的不好收场了。

也就是说，不是慈禧不想"剿匪"，而是无法"剿匪"。原先一举歼灭拳民的"三路兜截"计划，必须立即停止执行！

惊慌失措中，慈禧连发数道上谕改变政策。

6月3日当天，慈禧在颐和园连发上谕，分别给荣禄和裕禄，作为对他们上报的"三路兜截"计划的批示，没别的意思：行动取消，你们要把即将打出去的铁拳给我生生撤回来。

先让裕禄改变一下工作方式："现在畿辅一带，拳匪蔓延日广，亟应妥速解散，以靖地方，该督抚（指裕禄）务当通饬各州县，亲历各乡，谆切劝导,不可操切从事!"

再给荣禄打预防针,控制武卫军不要冲动:"此等拳民,虽属良莠不齐,究系朝廷赤子,总宜设法弹压解散,该大学士(指荣禄)不得孟浪从事,率行派队剿办,激成变端,是为至要!"

虽然是自己反悔,也是自己反复无常、朝令夕改,但慈禧对行动取消还是很有信心的,在这样重大的问题上荣禄和裕禄一定不敢不听她的话的。果然,上谕下发后,荣禄和裕禄将军事行动停止,而聂士成继续率军去保护津芦铁路。

5日,慈禧委派军机大臣、刑部尚书赵舒翘亲自前往拳民大本营——涿州。赵舒翘是陕西西安府人,在当时的情况下,汉人进军机,总得有点儿门路,而赵舒翘的门路就是刚毅,是刚毅将他拉进军机处的。所以赵舒翘算是端王集团里的主要汉臣。

6月6日,慈禧又派了军机大臣刚毅前往拳民另一大中心保定。同日,慈禧明发上谕,昭告天下。

上谕先是极为罕见地对拳民表示了一定程度的"理解",指出拳民出现是由于地方官府办理民教冲突案件不力,甚至变相地承认了官府的错误("是教民、拳民,均为国家赤子,朝廷一视同仁……遇有民教涉讼,未能悉心考察,妥为办理")。

然后说明在朝廷看来,其实大部分拳民都是好的,只是难免会有少量不法分子混迹其中("再有奸民会匪附入其中,藉端滋扰")。因而广大拳民不要上了这些别有用心的人的当,尽快回家过日子("应即遵奉一齐解散,各安生业")。

在苦口婆心的"劝说"之后,大棒也跟着来了:"经此次宣谕之后,如仍不悛,即著大学士荣禄分饬董福祥、宋庆、马玉昆等,各率所部,实力剿捕!仍以分别首从、解散胁从为要。"

最后,慈禧特意命令相关部门要对这道上谕广泛张贴、广为传播,要让"天下百姓"都知晓("此旨即著刊刻誊黄,遍行晓谕军民人等一体知之")。

在局势变化之后，慈禧的真实目的就体现在这道上谕中：希望能够和平地解散拳民。她冀望拳民解散之后，北京城里的"使馆卫队"也能够撤走。这才是慈禧最真实的目的。

也就是说，虽然慈禧停止了"剿匪"，但是对于此时的慈禧来说，停止"剿匪"并不意味着要去向洋人开火，更不是要去联合义和拳向洋人开火，那种后果她是知道的。慈禧对义和拳有着根深蒂固的不信任，对洋人又有着根深蒂固的惧怕，于是只好冀望"和平解决"了。

而派出刚毅和赵舒翘，只是去宣讲她的这个政策（晓谕），既然要将她的这个政策直接传达给拳民，慈禧自然要派跟义和拳关系很好的大臣（端王集团的人）。如果她派汉党的人去，不仅不能传达她的旨意，会不会被拳民扣押回不来都是个问题。

正是因为派出刚毅和赵舒翘的主要目的就是"晓谕"，所以不论他们回京之后如何进言"拳民可用"（他们一定会的），都无法从根本上改变慈禧对待拳民的态度。慈禧后来态度的改变有其他原因，而不是"轻信了刚毅和赵舒翘的谗言"。接下来的故事中会说到这一点。

好吧，现在我们知道了，慈禧将她原本吩咐下去的"剿匪"计划骤停，又派了端王集团的两位大将"来到拳民中间"，种种"亲拳民"的举措，并不是如过去很多的书中所说的那样已经"倒向了拳民"，甚至已经"决定利用义和拳抗洋"。慈禧的如意算盘是在两面夹击中，先两不得罪、左右逢源，求个稳再说。

算盘是打得比较好的，但慈禧忘了，在拳民的背后，也在她的背后还有一群人，一群抱着越乱对他们越有利的信念而唯恐北京不乱的人——端王以及他的"小伙伴"们。

## 禁旅八旗趁势将拳民"放"进北京！

慈禧对"剿匪"工作突然抓得没有那么紧了，武卫军等北京城外所有的军队停止"剿匪"了，这对于端王集团掌控的禁旅八旗来说，正是机会!

因为正是这些人守卫着城门。城门守卫是听令而行的,但正如武卫军听的是慈禧的命令一样,在没有慈禧明确命令的时候,禁旅八旗听的是端王集团的暗令。

慈禧发给武卫军和直隶淮军、练军的那两道上谕,估计端王集团也是认真研究了的。别的没发现,但当看到慈禧叮嘱荣禄、裕禄"谆切劝导""不可操切从事"时,他们立刻发现机会来了。

大家看到没有?上谕中说的是"劝"啊。如果拳民要进城,你们城门守卫是不是也应该多"劝劝"?

什么?劝不住?劝不住那就只好放行咯。

谜底揭开了。在后有武卫军、直隶淮军、练军数路大军,前有八旗城门守卫的情况下,面对城高墙厚的北京城、面对连正规军都难以突破的北京城门,"义和拳进北京",既不是攻进去的,也不是挖地道潜进去的,而是大摇大摆走进去的。

大乱之际,朝廷中的任何一个政治小集团都会从最高文件(上谕)中找到有利于本集团的信息,然后才坚决、彻底、干净地执行,不分环境也不讲条件地执行。义和拳毕竟还是"匪",是朝廷的敌人、大清的敌人;只要慈禧不点头,任何人(包括端王集团)对义和拳的支持和利用就不敢由暗中转为公开,但是他们可以放水啊。

1900年6月,北京,天气有点儿热,西瓜上市,义和拳入城。

## 第九章
## 端王步步紧逼，慈禧调军自保

**骚乱大爆发，端王集团武装政变在即！**

商人们的反应是最灵敏的。在拳民入城的同时，一夜之间，商铺里的洋货被销毁了，甚至连店铺招牌上也见不到一个"洋"字。接下来的事实证明，在乱世，跟在商人们的屁股后面走是没有错的。

北京的外城再也见不到一座完整的教堂，因为它们都被放了一把火。凡是卖洋货的店面都被砸掉了，比如照相馆、眼镜店、洋布店、洋伞店等，洋货砸完了，最后连招牌中带一个"洋"字的也要被砸。商人们都很有先见之明，先变门面为强，后变门面遭殃。

而那些来不及销毁洋货或换掉带"洋"字招牌的，除了老老实实赶紧销毁货物外，他们必须戴上红头巾，或者在店面门口挂上义和拳的红头巾，表示"自己心向义和拳"，并非不"爱国"，"货是毛子货，心是清国心"。在拳民那里，所有的"洋"字消失了："洋货铺"改叫"广货铺"，"东洋车"改叫"太平车"等。

被拳民抓获后，教民是要被杀死的。被杀的教民是死不见尸的，他们的尸体基本都被烧掉了，因为拳民中传言信教的人三天后会复活，所以必须焚尸，让他们的灵魂找不到肉体。

除了教民，只要是"毛子"（洋人），也是要被杀的。甚至与洋人、洋货有接触都可能被杀。

在大街上有六位秀才，被拳民搜身时搜出一支铅笔、一张洋纸，这六位倒霉的秀才当场被砍死。有户人家中被搜出一枚"洋火"（火柴），全家八口被杀；另一户人家中被搜出一袋刚剥好的荔枝，在场的人都不知道这是什么，有人突然想起了传教士挖小孩眼珠子的传言，于是愤怒的拳民一把火把房子烧了，户主被暴打；直到证实这东西原来可以吃，户主才侥幸逃出一条命。

所有的市民都纷纷把家里的"洋油"（煤油）泼到大街上，整个晚上家家户户都不敢点灯。有人当街大喊一声"来了"，商店老板不知什么来了，纷纷关门谢客，然后又大喊一声"泼水"，几条街的居民不知发生了什么，纷纷朝大街上泼水。

整个北京就这样处于恐怖的氛围中，到处人心惶惶，到处风声鹤唳。但是，拳民们虽然疯狂，却并不滥杀无辜，只要你不是"毛子"，就不会有被杀的风险。即使是教民被抓后，也有申辩的机会，如果你说自己不是教民，义和拳自有一套为你验明正身的方法。

首先，看你的额头上有没有一个十字，因为义和拳相信凡是信教的教民，脑门上都会有一个十字。如果你不太注意保养，脑门上有皱皱巴巴的十字纹，那就只好自认倒霉了，谁叫人家就是这么规定的呢。

其次，就是上"坛"检验。你要烧几道纸钱，如果纸灰飞起来，那就表示可以与本国的神仙接通，不是信洋教的教民。但如果连烧三次纸灰都不飞，那结果就是被乱刀砍死。

拳民既不滥杀"无辜"，也不扰民，大部分人住在庙里，不冲击官府衙门，甚至自发组成了治安巡逻队伍，帮助官府维护秩序和稳定。为了表明和朝廷严厉打击的"邪教"白莲教的区别，义和拳张贴了大量的传单（"非是邪，非白莲，念咒语，法真传……"），他们甚至还清理出混进队伍的70多名白莲教教徒，乱刀砍死（仲芳氏：《庚子记事》）。

神奇的一幕出现了：入城的义和拳既在制造骚乱，又在"维护社会稳定"；既在施暴，又在制止另外的暴行；既是打手，又是警察。种种的行动都证明一件事情——义和拳只针对"洋"，见洋就灭！

也就是说，在疯狂地打砸抢烧之下，这是一伙有组织、有目的的人，他们进行的其实是一场目的性明确、在自己的目标之下并没有失控的"灭洋"行动，一场针对"洋"的群体恐怖。随着群体恐怖的形成，北京似乎变成了"灭洋"的天下，变成了义和拳势力的天下。但处处"灭洋"还不是最恐怖的，最恐怖的是他们终于喊出了自己的口号，这个口号不再只是大口号式的"扶清灭洋"了，而是有具体目标：

"杀一龙二虎三百羊！"

"一龙"，就是光绪皇帝。在拳民的宣言中，此时的光绪已经变成了义和拳必杀的"二毛子"和"毛子的总教主"。"二虎"指的是汉党的核心李鸿章和庆亲王奕劻（奕劻从此吓得再也不敢与端王集团作对，在朝堂上沉默是金），"羊"就是"洋"，"三百羊"泛指朝廷中所有亲"洋"派的官员。龙、虎、羊，现在他们的下场都将只有一个——必死！端王集团的目的达到了。

现在，让我们来回顾一下戊戌变法以来这个政治小集团的路数吧。首先是变法中期造谣慈禧要借天津阅兵杀掉光绪，接着是变法后期造谣光绪要勾结日本人和英国人杀掉慈禧，然后是变法失败光绪被囚禁之后造谣洋人已经害死了光绪、光绪病危。而现在，他们要杀掉光绪了！

当然，端王集团的权贵们是要躲在幕后的，他们的政治野心的传话筒和枪头就是刚刚进入北京的拳民。如果没有端王集团这样的朝廷强势政治集团的支持，"只灭洋人不反朝廷"的拳民是无论如何也不会去杀他们当今的皇上的。作为一群普通老百姓，他们之所以知道"杀一龙"不会带来反朝廷的杀头风险，是因为有人站在他们背后啊，之所以不把皇上当皇上，是因为有人要废掉当今皇上啊。

绝地反击，真正的绝地反击。从1898年谋求将朝廷变法派的势力一网打尽失败，到1899年废立被阻，端王集团终于迎来了扬眉吐气的那一天，也是他们离自己的野心最近的一天。让拳民去疯狂打砸抢烧吧！去疯狂制造混乱和恐怖吧！乱局之中，曙光临近。

此时感到最危急的并不是奕劻，也不是李鸿章，而是慈禧。

很显然，如果此时的慈禧不出来说句话，不坐镇皇宫，不以实际行动去震慑一下端王集团，他们就不会只是放拳民进城和喊喊政治口号了，而是很可能会把"变天"变为现实！

但是，如果要回城坐镇皇宫，风险同样很大，不仅会有端王集团挟义和拳向她发难、逼她废立的风险，还有原来驻扎在皇宫旁边的洋人军队带来的风险。

所有艰难的选择都是两害相权取其轻。

荣禄来到了颐和园，"哭请"慈禧回宫！荣禄大人不愧是慈禧最用心培养的心腹，这一次他又完全从慈禧的角度出发考虑问题：越是危险，您越是要回到大本营。只有坐镇大本营，原本属于您的权威才会附加在您身上，也才有更多的安全和胜算！

所以荣禄的哭是必需的，慈禧唯一的选择就是：回宫！

但是，慈禧不会完全这样冒风险的，如果有胆量冒很大风险，"使馆卫队"进京时，她老人家也不会吓得要逃往西安府了。因为她很没有安全感，所以她要排除掉一定的风险，调军一路护送她回皇宫。

调谁的军？

调她最信任的董福祥军。

## 董军进京，端王集团趁机再次生事

在调董军作为护军回皇宫之前，慈禧还是有很多犹豫的。

按照祖制，一支非八旗的军队，是不能轻易进京的。如果"无缘无故"调一支汉军进京，朝廷的那些王爷亲贵、八旗将士就会不淡定了，他们就会哭着喊着问：太后您这是要逆天啊？

当然，让慈禧犹豫的倒不是这个，她本来就无法无天。

此时的慈禧需要的不只是一支忠于她的军队，而是一支绝对忠于她的军队。如果"使馆卫队"逼她归政，那么就要去杀洋人；如果怀疑端王集团挟义和团之力图谋不轨，那么就要去杀拳民。总之，敌人是不确定的，这支军队需要坚决抵制敌对势力的各种破坏和诱惑，坚决为慈禧保驾护航。

对于董福祥军的忠诚，慈禧是比较确信的，再怀疑也没有备选队伍了。但她比较担忧董福祥军会坏事。

问题就在于董福祥军一贯仇洋，还曾经和洋人结下过梁子，被洋人赶出了南苑，士兵们一说起洋人就血冲脑门。而义和拳也正是"灭洋"的，跟董军的原则、立场相同，如果将来慈禧要他们去打拳民，他们会不会枪口朝天？

慈禧特意在颐和园召见了董福祥，说出了她对这个问题的担心。

"臣不仅能杀外人，也能杀义和拳。"董福祥平静地回答。

搞定了，有了董福祥的这个亲口保证，慈禧就安心了。董大人的这个回答真的令慈禧很意外，她只问了他的军队能不能帮助清剿拳民，而董福祥回答能杀洋人，也能杀拳民，一切以太后意志为转移，他迅速抓住了问题的核心、抓住了慈禧所关心问题的实质，这位前驴贩子真是……唉，老粗出人物啊。

决定了，慈禧开始和荣禄迅速做回宫的准备。6月8日，在回宫的前夜，慈禧在颐和园颁布了一道"史上最严厉"的剿匪上谕。上谕显然是专门针对义和拳进入北京之事，要求"各相关部门"迅速清剿进入北京的拳民，语气空前严厉，警告端王集团，并敲打那个已经被端王他们吓回去的奕劻：

> 近来京城地面，往往有无籍之徒三五成群，执持刀械，游行街市，聚散无常，若不亟行严禁，实属不成事体……除谕饬管理神机营、虎神营王大臣等（即奕劻和端王载漪），将所部弁兵全行驻厂，并遣马步队伍（骑兵和步兵），各按地面昼夜梭巡，倘有匪徒聚众生事即行拿办外，并责成步军统领衙门、顺天府、五城严饬该管员弁人等，各分汛地严密巡查，遇有形迹可疑及结党、持械、造言生事之人，立即严拿惩办！

其实慈禧用不着用这道上谕来表达她对端王集团的警告，她撤下最名正言顺的八旗军，却调董福祥军贴身保护她回宫就已经说明一切了。尽管北京城内局势还不明朗，洋人和拳民都对她构成威胁，但在拳民进京后，慈禧把拳民的"威胁"（端王集团的威胁）放在了第一位，要在洋人和拳民之间选择一个敌人，她选择了拳民。没办法，她就是信不过这批人，她相信内部的"乱臣贼子"的威胁，要远远大于远道而来的洋人。

在北京城内迅速清剿拳民，只是慈禧最直接的目的，或者说只是她其中一个目的。慈禧最终的目的仍然是达成那个微弱的希望——处理好义和拳问题，迅速恢复稳定，好让洋人退兵。她发布这道最严厉的"剿匪"上谕其实也是为了让洋人安安心：调跟你们有仇的董军进京并不是针对你们。并且对于慈禧来说，她希望的这个"稳定"并不只是指北京城内的稳定，还包括北京城外。

虽然6月8日这个"史上最严厉"的剿匪上谕，我们是作为单个的上谕来讲述的，但慈禧的上谕并不能单个地来看，而是需要连起来看。相信大家还记得，在两天前（6月6日），慈禧派出了端王集团的核心、军机大臣刚毅赶赴保定等地宣讲她之前那道"柔和"的上谕，安抚拳民。这套组合拳正是慈禧不得不停止"三路兜截"计划之后处理拳民的新政策，而她出的实际上就是一个我们熟悉的人物——袁世凯已经使用过的招式。

山东的经验已经证明，当拳民人数多、分布散、不可控的时候，袁大人那种严厉打击加安抚分化的两手政策是十分有效的。义和拳人数众多、群众基础强，如果短时间内很难从人数上去消灭，那么最好的办法就是从"组织"上去瓦解。

慈禧采取的正是这两手政策，具体来说是在北京地界上严厉打击、北京地界之外分化安抚，这两手政策都是很重要的。保定、涿州是义和拳的大本营、是进入北京的后方基地；如果这个基地不控制住，那么北京城内无论怎么"严剿"，都不会成功。在北京城内的"严剿"并不等于在保定等地也这么做——后方不能乱啊。

所以，即使是颁布了"史上最严厉"的剿匪上谕，慈禧仍然不需要把刚毅召回京,恰恰需要他继续到拳民中间做安抚工作。这就是慈禧决心在北京城内"严厉剿匪"之后也没有停止刚毅的安抚工作的真正原因。并不是她"假意剿匪","剿匪"她是真心的,制定这两手政策正说明她照顾到了大清国的国情,是多年经验的体现。端王集团的人以为刚毅在直隶可以趁机去收买更多的拳民,却不知道此时的慈禧正需要利用刚毅去稳定大后方:难道就只允许你们利用我啊?

6月9日,慈禧的车队在董福祥军的武装护卫之下,浩浩荡荡地开进北京,一路安全地回到皇宫,既无惊也无险。然而,正当慈禧要坐下来喘口气之时,一个让她心里凉了半截的消息又传来了:拳民和洋人发生了流血事件!

在慈禧回宫之际,一部分拳民来到北京西南郊的英国公使馆赛马场,开始围攻,英国使馆见习翻译包思德(H. H. Bristow)拔出手枪,当场打死一名拳民([英]休利特·威廉·梅里克:《围攻公使馆日记》)。

拳民们立即聚拢成一群,将赛马场看台全部焚毁,然后人潮涌向西山(香山)。英国公使窦纳乐在西山的高档房产——西山度假别墅,被一把火烧光!

这是义和拳第一次攻击使馆方面的财产,也是拳民和使馆方面第一次直接冲突。而冲突的后果,就是流血事件。

似乎有人就是唯恐京城恢复稳定,似乎总有一只看不见的手将局势引向混乱!

使馆区的公使们正在为董福祥军进京感到紧张。虽然总理衙门的官员已经透露给他们:董军进京绝对不是针对洋人,只是为了"剿匪"。但现在,使馆区重要的社交场所赛马场和度假别墅都被烧完了,公使们是无法相信朝廷还能"剿匪"成功的。更何况,只要来到使馆区外的大街上,听到的关于慈禧调董军进城的目的可不是"剿匪",而是与官方说法完全相反的消息:"董大人的军队能杀洋人,进城来是帮我们杀光洋人!"

## 第二支侵华军队：西摩尔联军向北京开进

6月9日当晚，英国公使窦纳乐做出了一个与慈禧前一天相同的决定：调军。而且这次调军不会像上次调遣"使馆卫队"那样向总理衙门申请了，连通告一声都没有，直接从大沽口外的军舰上调遣大部队！

三封加急电报发给了大沽口外的英国军舰。

接到电报的这个人，正是我们熟悉的人物——英国海军中将、东亚舰队司令西摩尔（E. H. Seymour）。

40年前（1860年），20岁的英国海军中尉见习生西摩尔，在他的叔叔——时任英国远东舰队司令迈克尔·西摩尔的带领下，随英法联军一路从大沽打进北京，史称"第二次鸦片战争"。而现在，一切似乎又轮回了，60岁的西摩尔相信他的"功绩"将远远超过当年的叔叔：即将被全欧洲赞颂的解救公使的荣誉，将属于他自己；路透社的头条，将属于他自己！

仿佛打了鸡血的西摩尔半夜三更就开始行动，召集八国海军联合陆战队开赴北京。英国当时是世界老大，北京又发生了针对使馆区的骚乱，大家对出兵是没有什么异议的。第二天（6月10日），一支2066人的八国联军正式组建！很显然，这是继"使馆卫队"之后开向北京的第二批八国联军了，我们简称为西摩尔联军。

为了不在天津陷入与清军的纠缠，西摩尔联军绕过国门大沽口炮台，在塘沽登陆（当时大清的海防是修了炮台的地方就有重兵，没修炮台的地方基本无兵）。然后，他们急行军到天津火车站（位于天津老龙头，又称老龙头火车站），要求火车站立即交出几辆火车作为他们的运兵专列，否则他们直接抢火车！

见过抢自行车的，没见过抢火车的！站方立即将这个消息上报给了（山海）关内外铁路局。此时的关内外铁路局总办正是我们熟悉的一个人——袁世凯当年在朝鲜的老下属唐绍仪，唐绍仪又立即向直隶总督裕禄报告，裕禄接到这个消息就感觉很难办了。

这是一个突发情况，洋人向来是得罪不起的，朝廷的规矩是不能"衅自我开"。裕禄只好命令火车站方面去想办法"拦截"洋人！火车站的员工自然是挡不住西摩尔大军的，他们成功地抢到五列火车，士兵们坐上火车向北京进发。按照时速，火车到达北京需要五个小时左右，即6月10日当晚就能抵达北京。西摩尔志得意满地给窦纳乐发了封电报：你们等着，我们马上来！

裕禄只好又向他的领导——慈禧报告：领导，那2000多人的洋鬼子西摩尔军朝您开来了（进京了）！

这第二批八国联军的性质和第一批是完全不同的。"使馆卫队"开进京时，洋人好歹还知会了总理衙门一声，而人数是"使馆卫队"五倍的西摩尔联军，却是悄悄地进京，慈禧还是从裕禄方面得到的军报！

慈禧剩下的那半截的心彻底凉透了。西摩尔大军形迹可疑、来意不明，很显然，在城内已经有"使馆卫队"的情况下，西摩尔联军的大举到来，只能让人想到是洋人军队在北京采取某种行动的援军。

自从义和拳运动发生以来，除了最开始没有"引起足够重视"以外，慈禧一直在尽力"剿匪"，虽然效果可能差了一点儿，但她"剿匪"的态度从来没有动摇过，行动也从来没有停止过（事实如此）。虽然洋人一直要求"迅速镇压"拳民，限期将义和拳问题处理完毕，但他们的态度并不能代替朝廷的方法，这是所有人都知道的。令慈禧完全想不通的是，洋人为何一直都"无视"她的存在，左一个照会、右一个通牒，调了一次军，又调一次，为何她明明付出了，洋人总是不信？

洋人的无视和蛮横中自然有更深层次的秘密，我们将在以后专门讲述。但是，慈禧的朝廷确实并非那么值得信赖，不说在到底如何对待义和拳这个问题上，公使们无法相信慈禧是真心"剿匪"，就连平时很多小问题，公使们都无法去相信她。

慈禧和公使们之间的沟通当然要通过总理衙门。虽然总理衙门的官员腿也比较勤，就算是平时也会定期向各国公使通报和解释朝廷的政策，但这种沟通是极其有限的，很多时候只是做做样子的。比如慈禧回宫之前调董军的真实考虑以及召见董福祥大人的那次谈话，她是不能告诉别人的，因为这涉及"权谋"，权谋如果公开了，那还叫权谋吗？

从慈禧开始，朝廷的许多政策都只能问执行结果，而不能去追究出台缘由，因为它们原本就是上不了台面的。表面上只是官员的职务调动，背后可能就是权力斗争（比如山东巡抚之争）；表面上只是观点和路线不同，而背后可能就是党争（比如对义和拳的剿抚之争）。大家知道，一个现代型的政府，信息公开是政治清明的保证。而慈禧和她的大臣似乎相信：只有信息封闭才是政治安全的保证（所谓"民可使由之，不可使知之"）。而他们恰恰不知道的是，"愚民政策"最后"愚"的就是他们自己。

由于信息不公开，各级官府追求的是表现高人一等的优越性，他们掌握更多的信息，自然可以如此。上级官府对下级官府如此，而基层官府对百姓也是如此。由此还会造成另外一种形式的信息不公开——瞒上。下级官府需要应对的只是来自上级的问责，于是他们就把影响顶戴的不利信息控制在本地范围之内，报喜不报忧。

而正是由于自上而下的信息不公开和自下而上的信息隐瞒，整个清朝社会充满了一种不安全感和戾气：所有人都在怀疑自己能否通过本分的劳动来改善生活，所有人都在趋利避害、不惜牺牲他人，义和拳产生的过程就是明证。

由于信息不公开，大清的权力不是在阳光下运行的，而总是在让人看不懂的情况下运行的。洋务运动后虽然在表面上接纳了各国驻京公使（当然公使们也各怀鬼胎），实际上进行的却还是"关起门来的统治"，朝廷因此便注定了不仅对内面目模糊，对外亦然。百姓们只能根据谣言和所谓的"小道消息"来判断朝廷的政策走向，更何况是洋人？事实上很多消息的真伪就连总理衙门的大臣都不清楚，更何况是洋人？很多的政策出台后要么是没有解释，要么是总在解释，因为没有人信。

"我本来是执定不同洋人破脸的，中间一段时期，因洋人欺负得太狠了，也不免有些动气！"（引自吴永：《庚子西狩丛谈》）慈禧的心中充满着愤怒、不安、恐惧和委屈。虽然她并不认为她自己有责任,大清朝廷也有责任,但这种感觉是实实在在的,而不安和恐惧是所有感觉中最严重的。"剿匪"她是一直在剿,但也从未放下过对八国联军的戒备和怀疑!

多年来,慈禧对洋人有一定屈从,只要不动摇她的统治根基,不危害她的权力安全,基本上再大的让步都可以接受。但是,她并不是"洋人百依百顺的奴才",因为那样的让步就失去了意义;她的让步是为了维护统治,也是为了维护权力安全,当让步有损权力安全时,哪怕面对的是魔鬼,也要斗一斗——当然,这样做需要有人充当帮手、有人充当靶子。

忍无可忍,无须再忍!

慈禧做出了决定:不惜一切代价,阻截西摩尔联军进城!

# 第十章
# 被内外势力逼到绝境的慈禧进退失据

## 调董军出城

6月10日,慈禧颁布上谕,命端郡王载漪管理总理衙门,启秀(端王集团大将)、工部右侍郎溥兴、礼部侍郎衔那桐均在总理各国事务衙门大臣上行走,并且命令对于新差事所有人都不许推辞。第二天(11日),慈禧撤销比较"亲洋"的礼部汉尚书廖寿恒在总理衙门的职务,并且告诉大家:我已经任命端王管理总理衙门了,即使端王因为"公务繁忙",不能去总理衙门坐班,但凡你们有涉及洋人的事务,也要去找他商量("该郡王差务繁重,未能常川进署,如该衙门遇有紧要事件,仍著随时会商")。

我们知道,管理总理衙门的原来是庆亲王奕劻,慈禧并没有撤掉奕劻的职务,却把端王给升了上来。但很显然,慈禧已经把管理总理衙门的权力交给端王了,并且端王要也得要,不要也得要——看来,慈禧已经"倒向"了端王集团。

不错,在洋人一再苦苦相逼面前、在西摩尔大军即将进入北京的巨大压力面前,慈禧确实是已经"倒向"了端王集团。不过,如果说慈禧从此就与端王集团一条心、穿同一条裤子,接下来就是"众志成城抗洋"了,那就是太不了解慈禧,也太不了解大臣了。

1884年,朝廷和法国关系紧张,李鸿章大人又搬出了他的老一套——主和。而一帮清流言官自然是要激烈反对的,这些人上奏折的上奏折、请愿的请愿,积极主战,这其中包括署理左副都御史张佩纶。慈禧也是不胜其烦,于是她做了一个当时很多人看不懂的决定——把张佩纶等一帮言官通通派到东南海防前线，让他们去"会办军务"。一群连洋枪洋炮都还没有真正见识过的人去带兵，结果是可想而知的。张佩纶保住一条命灰溜溜地回来了，受到朝廷的严惩。而经过这一段经历后，张佩纶似乎思想大变，他后来进入李鸿章的幕府，成为李鸿章的女婿，生了个儿子取名提摩太·C.张——他生的女儿就叫张爱玲。

慈禧在用同样的方法对付载漪。对于这帮王爷，她是太了解他们了。虽然他们平常时刻嚷嚷着要"抗洋"，也在朝堂之上慷慨激昂，但那离与洋人作战很遥远、离战场很遥远。他们的"抗洋"从来就是让别人去抗（比如义和拳），而他们自己躲在后方。一旦真正发生危险，战争逼近，他们会跑得比兔子还快，几十年来的情况早已经证明了这一点。

而现在，在洋人兵临北京城下之际、在她自己遭受极大的威胁之际，慈禧需要把几个人推到前台、把他们放到火上去烤。而与此同时，把当前最重要的部门总理衙门的实权给端王，其实也是为了稳住他，因为慈禧接下来要做另外两件事情。

这就是慈禧的"倒向"，不仅是"别有用心"，甚至可以称得上恶毒。她确实是"倒向"了你，但她这么做是站在她的角度来衡量和考虑一切问题，不是需要拿你来当枪头，就是需要你成为她的替罪羊、牺牲品，去替她挡子弹。现在我们知道了，为什么朝廷中总会有那么一群遇到事情就缩回去、每天打哈哈、尸位素餐的大臣（比如领班军机大臣礼亲王世铎，就从来没见他表过态）。他们才是真正的明白人。他们很懂得"韬光养晦""低调做人"：我打我的哈哈，我过我的好日子，千万不要引起太后的注意！她一注意，麻烦就大了！

6月10日，在擢升端王的同时，慈禧已经开始实际行动了，毕竟阻截西摩尔大军需要的是真刀真枪，必须立即派一支军队去北京火车站周边布防！而她的手中有一支现成的军队：前一天刚刚护卫她回宫的董福祥军。这就是慈禧要做的另外两件事情之一——调董军出城！

6月11日清晨，董福祥率军出城，来到北京火车站周边（即马家堡火车站，位于外城永定门外约三公里处）。董军在这里紧张地部署军事防线，严阵以待西摩尔大军的到来！

而与此同时，使馆区也在前一天接到西摩尔已经出发的报告，他们也在6月11日清晨，先后派出了几批人前去火车站迎接。人群中有意大利公使萨瓦戈，还有日本公使馆三等书记员——杉山彬。

## 杉山彬被董军刺死

等到中午，他们也没有等到西摩尔军专列，萨瓦戈可能有点儿饿了，想回使馆去吃碗意大利面。于是，他带着一行人开始打道回府，而杉山彬决定单独再等一等。

接下来发生的事情告诉我们：当你一个人的时候，不要在火车站周边逗留太久，因为可能会出意外。

旁边的董军士兵正在高度紧张地建立军事防线，而他们看到使馆区的洋人一批接一批地前来迎接"敌军"，很多人怒火中烧。萨瓦戈回去之时，士兵就对他进行了盘查，并要动手，多亏萨瓦戈身边带着保安，他自己就先逃了。而这一切，仍然在火车站单独等待的杉山彬是不知道的。

等到下午，杉山彬还是没有发现西摩尔军有到来的迹象，于是他也准备回去了。

当他往回走的时候，被巡逻士兵喝令站住，验明身份。士兵发现他不是公使，只是迎接西摩尔军的"书记生小官"，众兵大哗！

杉山彬顿感大事不妙，他立即提出要见"大帅"（董福祥），或者请董福祥去日本公使馆，由日本公使向他们谢罪。

"吾大帅乃天上人，岂汝倭子所能见！"士兵们喝道。于是众人"已抽刀向前，直刺其腹，杉山彬遂死"。

这就是《西巡回銮始末记》记载的杉山彬之死的详细过程。此书虽然不是官方正史，但据证其可信度还是比较高的。而萨瓦戈和杉山彬虽然确实刺激了军纪不好的董军，但群起动刀杀死一个洋人也是比较严重的事件，这些人真的是动怒？有没有被人收买？《西巡回銮始末记》接下来是这么记载的：

> 事闻太后（报告给慈禧），召董责之，且欲派员查办（有没有士兵被收买），董力辩其无，并谓："即果有之，斩奴才无妨，如斩甘军一人，定然生变！"后闻奏，默然良久……董至端王府，端抚其背，并伸拇指而赞美之曰："汝真好汉！各大帅能尽如尔胆量，洋人不足平矣！"董大喜，益自夸不已。

看来，董福祥这个"老粗"也不是"死忠"于慈禧的：局势大乱，前景不明，谁都会给自己留条后路，即使董福祥他自己是清白的，也不能保证他的士兵就是清白的。慈禧无法调查董军，只好在两天后（6月13日）命令"各有关部门"（"各该衙门"）限期破案，如果限期不能破，"定行严加惩处"，又派荣禄代表她本人去日本公使馆致歉。

但令人惊奇的是，一贯嚣张的日本人这次在自己的外交人员死了之后却表现得相当"克制"：日本公使西德二郎只是冷静地要回了杉山彬的尸体，对朝廷"追查"的下文也没有去过问了。

日本人不是白种人，死个非白种人，那些欧洲国家的公使也不是那么义愤填膺的。既然日本人要故意低调（原因后详），那么他们就更懒得去过问了，此事就这样不了了之。根据时任军机章京王彦威在《西巡大事记》中记录，后来光绪皇帝就杉山彬之死向睦仁天皇写了一封道歉信，信中提到死因是双方"口舌细故"，日方并没有提出任何异议。也就是说，杉山彬的死因是个历史之谜。他有死于谋杀的可能，但缺乏证据；我们只能确认这是一起双方事故，单纯指责董军的"暴行"或者日本外交人员的"蛮横"都是有失偏颇的。"双方事故"的说法在当时得到两国政府的认可。

而此时的慈禧最关注的还是城外西摩尔大军到来的情况。可是，又等了一日，大军仍然杳无踪影，似乎是要跟大家捉迷藏。既然西摩尔军还在京津之间，那么正好令裕禄等天津方面的军队一起阻截。

6月13日，慈禧发布上谕："著裕禄迅将聂士成一军，全数调回天津附近铁路、地方（此前聂士成军在津芦线上保护铁路），扼要驻扎，傥有各国兵队欲乘火车北行，责成裕禄实力禁阻（如洋人一意进京，可以开火），并著聂士成整齐队伍，备豫不虞。其大沽口防务，并著督（裕禄）饬罗荣光一体戒严，以防不测（大沽口外还有洋人的军舰），如有外兵阑入畿辅，定惟裕禄、聂士成、罗荣光等是问！将此由五百里各谕令知之。"

这是慈禧给裕禄的明确授权可以动武的命令。对于这位裕禄大人，慈禧是非常了解的，你不给他一道可以动武的明确上谕，就算洋人骑到他头上了，他一定也没什么脾气。现在，有了一道给他壮胆的上谕，估计他也能够为阻截西摩尔军进入北京尽点儿力了。

然而，就在命令裕禄武力阻截西摩尔军的同时，慈禧又调山海关的武卫军左军前来"剿匪"——"近来畿辅一带拳匪滋事，扰及京城地面……著宋庆督饬马玉昆（宋庆年纪太大了）克日带队驰赴近畿一带，沿途实力剿捕，仍以严拿首犯、解散胁从为要义！"

在过去很多的书中，慈禧的这道命令是很让人看不懂的：刚刚命令武力阻截西摩尔军，又要去"剿匪"，难道慈禧是想两面受敌？或者老太太"玩弄权术、昏庸无道"？而慈禧的秘密其实从下一个举动中就可以看出来。

慈禧又同时派出总理衙门的大臣许景澄、那桐（这两位比较"亲洋"）以及刚刚从直隶出差回京的军机大臣、刑部尚书赵舒翘等，分头前往各国公使馆，希望能够劝说和请求他们令西摩尔"退兵"——很显然，西摩尔军是公使叫来的，能退兵的也是公使。

这就是慈禧的秘密，她虽然责成裕禄等人做好"武力抗洋"的准备，但对于慈禧来说，这是万不得已时才能进行的。她是被逼上梁山的。裕禄"动武"只是万不得已的举措，在慈禧内心的最深处，她还是不希望与洋人动武，她在尽最后一丝努力避免与洋人开战，抓住最后一丝避战的希望。

正是由于这个原因，调武卫军左军进京是一种两手准备：如果真的与洋人闹翻了，那就作为天津方面的援军；如果与洋人的关系又好转了，就去清剿义和拳——反正是看需要指哪儿打哪儿。而正因为是一种两手准备，不是调过来立即与洋人干仗的，调左军的上谕就只能以"剿匪"的名义发布，这里面涉及一个极小的细节。

给裕禄的命令和给宋庆（马玉昆）的命令是不同的：裕禄原本就在天津，如果洋人进犯，让他率军抵抗就是；而马玉昆需要的是把军队从山海关外开进北京。如此大张旗鼓地调军，极有可能会引起洋人的注意，而慈禧又没有铁下心来与洋人开战，所以上谕中就只能是以"剿匪"的名义，将来总理衙门或者马玉昆本人还可以拿这道谕旨给洋人看啊。

这老太太，莫非她也知道一句话，叫"细节决定成败"？

在6月13日，在等了两天还没见西摩尔大军到来的时候，慈禧在应对西摩尔军入京问题上拿出了最为强硬的态度。因为她对洋人的恐惧已达到了顶峰，但吸取了上一次顾此失彼的教训，慈禧这一次并没有只把眼睛盯着洋人这一方面，她也顾忌城内的义和拳。

现在我们要来了解一下北京城内拳民的情况：虽然他们已经入城并且造成了大规模的骚乱，但这都集中在外城。内城城门虽然也是禁旅八旗在把守，但九门的守卫毕竟不同于外城，更加严格，何况慈禧之前已经多次严令九门戒严巡查。于是外城的骚乱也一时无法波及内城，内城只有少量已经混进去的拳民或者本来就在内城的拳民。慈禧最放心不下的就是拳民突进使馆区所在的内城，于是6月13日，慈禧再次发布上谕，特别严令九门加强守卫（"至城门稽查，本有专责，不得稍涉疏纵"）。

然后，慈禧开始做那两件事情里的第二件——撤换顺天府府尹，加强对京城的实际掌控（"以内阁侍读学士陈夔龙为顺天府府丞并署顺天府府尹"）。这里需要说明一下，原来的顺天府府尹是偏向端王集团的何乃莹，没有他的配合，八旗军也不会那么方便"放水"。而陈夔龙是荣禄的心腹。

对于这一天，慈禧等得太久了。既然端王集团想要掌控京城，那么她自然就要审时度势绝地反击，而不是坐以待毙。既然禁旅八旗里面烂泥一堆、外面铁板一块，只能通过新扶植的武卫军去制衡，那么可以先从京城的行政官员下手，找时机撤换。6月10日，表面上是给端王升了职，实际上是把他放到火上去烤，并且对慈禧的人荣禄所掌握的实权并没有多大的影响。总理衙门表面上是权力中心，实际上是有权相当于无权，反正涉及洋人的事情大家都搞不定。一句话：以端王入主总理衙门的虚荣换来对北京的实际掌控，值！

但是，慈禧远远想不到的是，她这个时候动手，似乎有点儿太晚了。

## 义和拳突进内城！

端王集团是一群无时无刻不在观察形势、利用形势的人，这"形势"不仅包括洋人对朝廷的举动，也包括慈禧本人的反应。也就是说，他们是躲在暗处，后发出招，而他们手上还有一股目前慈禧完全无法掌控的力量——拳民。

6月10日，在"被升职"之后，端王并没有高高兴兴地去总理衙门坐班，他似乎也很精，看穿了慈禧的意图。端王大人估计是猫在家里和心腹们"观察形势"。

他们只知道，洋兵大队又要进京了，太后又被吓到了，朝廷对于义和拳的清剿又不会像以前那样严厉了，朝廷的政治环境又有利于义和拳和"抗洋"了，更何况原本调进来震慑他们的董军又被调出去了。好嘛，机会！这是将拳民继续引到内城的机会！

但是进九门毕竟不像进外城七门，慈禧已经多次给步军统领衙门下过严令了，崇礼也只听慈禧的。也就是说，端王集团又需要"趁火打劫"。把拳民引进内城需要一个导火索——一个既能造成大规模骚乱又不会被追责的导火索。

端王集团没有想到的是，这个导火索很快就来了，而且是洋人送上门的。

6月12日，有一老一小两个人出现在内城使馆区外的道路上，他们头戴红头巾、带着马刀——这是使馆区周边第一次出现如此装束的人。

需要指出的是，当时如此装束的人并非都是拳民。在义和拳进城后，头戴红头巾、携带武器已经成为北京普通百姓一种自保的措施或者时髦的打扮，特别是在青少年中，这是非常流行的。所以这两个人很可能是拳民，也很可能不是，但从安全的角度来说，他们实在不该在这个时候出现在使馆区附近。

此时的使馆区有"使馆卫队"守卫，也正在等待西摩尔大军的到来。两抹红光突然出现在周边，有一个人正好发现了这一幕。

他是使馆区著名的"人见人厌君"——德国公使克林德。这个人的脾气暴躁和大嘴巴在使馆区是有名的，连其他公使都在私底下称他为"粗鲁的日耳曼人"。平时他爱冲动，从来不把大清和清国人放在眼里。

见到义和拳那标志性的红色，克林德立刻勃然大怒，他追赶过去，举起手中的文明杖就开始殴打两人。年纪大一点儿的被打跑了，而那个可怜的少年被拽进使馆，绑在树上继续殴打（引自［英］普特南·威尔：《庚子使馆被围记》）。

几乎就在克林德绑架这名少年的同时，混进内城的少量拳民首次在内城烧教堂（"今晨探报，东华门外教堂起火……是为义和团入京第一次肇祸也"，引自杨典诰：《庚子大事记》）。

听闻教堂被烧，克林德等人更加愤怒，他们将少年打得死去活来。第二天（6月13日）中午，克林德将少年的血衣和一封警告信送往总理衙门，要求总理衙门限时赎人（"过两点钟，匪命休矣"）。

总理衙门上奏慈禧，慈禧令步军统领衙门三位最高领导——九门提督崇礼、左翼总兵英年和署右翼总兵载澜前往德国使馆请求放人。载澜还是端王的弟弟、朝廷的辅国公，慈禧把他都派出了，可见给足了德国人面子。而克林德干净利落地拒绝放人，他给出的理由是"朝廷没有采取有效的剿拳措施"。

原来这个老家伙只是要借这个少年人质来说老问题——朝廷剿拳不

力啊。

在步军统领衙门与克林德交涉的同时,"使馆卫队"在使馆周边戒严,一支德国和意大利的特遣队袭击了附近一座庙宇中正在习拳的拳民,缴获了一些武器和大量红带。

崇礼等人空手而归,少年被德国人绑架的消息迅速传开了,并且迅速从内城传到了外城,传言那位少年已经被德国人打死(此少年后来下落不明)。更加恐怖的是:传言"使馆卫队"将出城,屠杀所有的拳民和百姓!

外城谣言四起、人心惶惶。夜幕降临之际,内城前三门——正阳门、宣武门、崇文门(当时俗称"哈德门"或"海岱门")开始爆发人群大规模挤进内城的骚乱!

> 酉正(下午5时至7时)……方由署散值(刚从单位下班),拳匪不知何时闯入前三门,倏聚数千人……是夜子初,崇文门外,拳匪麇聚千余人,喊叫开城,神机营兵把守,并上城堵御,洋兵随亦上城,放排枪击毙拳匪十余名……(袁昶:《上庆亲王请急剿拳匪书》)

相信大家还记得,13日这天慈禧已经下过一道严旨强调九门守卫,太常寺卿袁昶虽然平时是"亲洋派",但他也指出正是克林德绑架少年事件造就了拳民突进内城的导火索:"门吏等方与步军统领议弹压京城内外,遵旨严拿首要,以靖地方而弭邻衅,不意德克使(克林德)暗于事机,擅自拿办拳匪,以致激变!"

双方冤冤相报的打杀正式开始。

### 冤冤相报:洋人主动上街剿杀拳民

入城的拳民首先直奔使馆区而去,而"使馆卫队"架起马克沁机枪扫射，拳民改为远离使馆区，放火烧教堂作为报复！"既受洋人枪弹，遂向北而奔，见有礼拜堂即放火烧之！"（引自［英］普特南·威尔：《庚子使馆被围记》）

6月13日夜，四大教堂中的三座——宣武门内的南堂、崇文门内的西堂、王府井大街的东堂全部被烧毁，剩下的只有北京城里最大的教堂——皇城西安门内的北堂（西什库大教堂），这里有法国主教和许多传教士，"使馆卫队"分出了43名士兵守卫。而2000多名教民紧急逃进使馆区避难，另外3000多名教民涌入北堂。"使馆卫队"全军出动，开始在使馆区周边戒严。"东交民巷、前门东城根、南御河桥、中御河桥、台基厂、东长安街、王府井大街，皆不准中国军民人等往来，有洋兵看守。东城往前门者，只有北御河桥北半桥可以东西往来行人，南半桥有英兵持枪站立。"（引自石涛山人：《石涛山人见闻志》）

整个使馆区周边已经很难见到清国人，使馆区清静了，也安全了。然而，如果以为他们只是要在使馆区周边戒严，那就错了：6月15日起，使馆区在兵力有限、周边环境对他们还很不利的情况下，展开了一项使局势进一步恶化的行动——主动上街射杀拳民。

洋人把这次行动取名为"猎取拳民行动"，由于6月15日这天是礼拜五，《圣经》中的耶稣受难日，也称"礼拜五猎取行动"。

参加行动的有三类人。

第一类是"使馆卫队"。作为正规军，他们是"剿匪"的主力。6月15日当晚，法美使馆分队士兵"为援救400名教民，开枪打死拳民60多人"（时日本公使西德二郎记载）。6月16日，英、美、日分队在使馆区以东，一次性射杀了近50名拳民（引自［英］翟兰思：《北京使馆被围日记》）。

第二类是公使本人。克林德就不用说了，他是所有公使里最强硬、最嚣张的。早在6月14日下午，按捺不住的克林德就主动带领士兵"巡街"。他们登上城墙，朝城墙下俯射，至少打死7名拳民，打伤近20人（出自［英］普特南·威尔：《庚子使馆被围记》）。

比利时公使姚士登本来有心脏病，5月刚刚来北京上任，但杀起拳

民来也毫不含糊。"比使姚士登亦开枪,东单牌楼迤北大街上击毙者数十人。"(引自石涛山人:《石涛山人见闻志》)

第三类就是内城的"其他所有欧洲人",当然,此时他们都已经进入使馆区避难,而他们也参加了"猎取拳民行动"。这些人中有生意人、记者、游客等,使馆区内北京饭店的老板瑞士人沙莫和他的美国老婆把饭店所有的住客都组织起来,成立志愿者队。《泰晤士报》驻北京记者莫理循也杀了人("我们杀掉或者说宰掉四五十人……我自己至少干掉了6个",引自[澳大利亚]珀尔:《北京的莫理循》)。

几天之内,被枪杀的拳民有100人以上(另一项统计数字为350人以上),死去的人是拳民和被无辜波及的百姓。多年以来,关于使馆区洋人为何会在周边环境对他们很不利的情况下还主动进行武力挑衅,使局势进一步恶化,一直是个很具有争议的话题。要解开这个秘密必须完全了解当时北京城内外的情况,我们先来看慈禧对拳民进入内城的反应。

## 北京局势失控,慈禧急召李鸿章来京

毫无疑问,当在皇宫里接到拳民进内城的报告时(她只能在深宫里听报告),慈禧眼前一黑!

义和拳在6月13日晚开始突进内城,14日,慈禧再次下诏,大声疾呼:"要剿匪!要剿匪!"("乃昨日夜间,城内各处复有焚烧房屋情事。辇毂重地,匪徒肆行无忌,尚复成何事体!仍著步军统领衙门、五城御史迅饬派出弁兵、练勇严行查拿,将首要各犯悉数务获惩办,并解散余党,毋任聚众再滋事端,以儆奸宄而靖乱萌")

可是,除了一再重复下诏,她还能有什么办法?

既然不听话,那也就甭怪老娘不客气了!

6月15日,以"内城地面教堂起火"为由,慈禧对在拳民进入内城问题上负有直接责任的步军统领衙门三位最高领导开出"罚单"——"崇礼、英年、载澜均著交部严加议处,(左右)两翼翼尉等均著革职留任,并摘去顶戴!"

同时,慈禧开始调军——荣禄的亲兵队,命令武卫军中军进城,会同神机营、虎神营之马步队伍,"加紧梭巡,遇有持械喊杀之犯,立即拿获,送交提督衙门即行正法!(并)勒限将首要各犯迅即严拿,不准再事姑息!其仅止附和胁从之犯,应饬令刻即解散,递解出城,城内外设立坛棚,应尽行拆去"!

慈禧终于知道不派人监视是不行的了,只派出"五城御史"去监视,却没人监视"五城御史"那也是不行的。她派出了四位爱新觉罗的后代去"巡街":"并派载瀛、奕功、溥良(当代著名书法家启功的曾祖父)、载卓巡查街巷,遇各队缉捕不力,随时稽查参办!"

而重中之重的九门,虽然已经是亡羊补牢,但派个人总是会好一点儿的:"至各城门启闭出入,尤宜加意慎重,著派崇勋、祥普、澧深、伊立布、克蒙额、英信、松鹤、色普征额、德云分驻九门,监查启闭出入!九城以外,著五城御史一律认真查办!"

这九个人都是八旗将领,好吧,挑来挑去,慈禧也只能挑出他们了,也只能暂且去信任他们了。也就是说,慈禧即使明知八旗有多烂,对八旗再大的不信任、再多的不满,她也只能继续让这支腐败的八旗军去守城门(顶多换几个人去守而已),而不可能调一支汉军去守城门——这就是大清。

换汤不换药,结果就可想而知了。至于前面派去"巡街"的那四位王爷,他们和端王一样,都姓爱新觉罗,都是大清某位皇帝的子孙。慈禧派出他们的意思是:"我就不信,祖宗的江山还是不是我们大家的!"而这拨人是庆王奕劻、端王载漪之外的另外一批王爷。

对这批王爷,慈禧在平时是很客气的,客气到什么事情都不会去惊动他们——高薪养闲。只要他们"闲"得住,安于当前的富贵,不对慈禧掌权指手画脚,朝廷就可以给他们闲职,也可以提供大把的银子和大户型的院子。而这些人也相当"聪明"地养尊处优,他们是业余的书法家、画家、戏剧鉴赏家、斗蟋蟀专家,甚至是八大胡同的"地理专家"等。

现在慈禧突然派出他们，肯定会让端王集团不舒服，但无关大局痛痒。

在上谕的最后，慈禧只能谆谆教导奕劻、载漪去好好监督手下"文武"，因为她不知道还有什么人可以去监督庆王、去监督端王。她只能把意思差不多的上谕发了一遍又一遍，无奈地去等待那个结局（"并著派庆亲王奕劻、端郡王载漪、贝勒载濂、大学士荣禄，督饬派出各员暨马步各营及地方文武，实力遵行，倘有疏懈玩误，即行据实严参"）。

荣禄一直在低调地运作，此时他向慈禧报告了一个好消息：帮办铁路大臣张翼（就是被李鸿章任命为开平煤矿总办，却给丁汝昌碎煤的那个张翼）这几天一直在天津租界同各国驻天津领事谈判，并同领事团团长、法国人杜士兰已经达成约定：只要朝廷发布谕旨，拿出切实行动"剿匪"，并且切实负起保卫各国使馆之责，西摩尔大军等外国军队就可以暂缓进京。

这真是一个意外的重大好消息！慈禧就像是垂死之人看到了求生的希望！一切峰回路转、回天有力！

慈禧立即行动，（估计是饱含着热泪）发布上谕：

"李鸿章著迅速来京！"

"袁世凯著酌带所部队伍迅速来京！如胶澳（即胶州湾）地方紧要，该抚不克分身，著拣派得力将领统带来京！"

自签订《马关条约》之后，李鸿章大人还没有受到过如此"重视"，召李鸿章进京自然是要接过张翼的工作继续和洋人谈判，这种事情也只有他搞得定。但问题是，这也意味着要向端王集团摊牌，既然连慈禧都搞不定端王集团，连那些王爷都怕端王集团，李鸿章为什么还敢来？杀一龙二虎三百羊！有人拿着刀子等着他，李鸿章还敢去伸脖子吗？

袁世凯的新军也是慈禧最需要的，截至现在，聂士成的前军调出了，董福祥的后军调出了，宋庆的左军调出了，甚至连荣禄的中军都调出了，就只剩下他袁世凯的右军了。右军的战斗力最强，只要他们能进城，老太太的这颗心啊，也就踏实多了。

而袁世凯这家伙似乎早就预料到他迟早要蹚上这趟浑水，所以他更加"聪明",早就提前跟荣禄打过招呼了:大沽口的八国军舰也可能会开往山东,他很可能"要在山东守海防过不来"。于是慈禧只好在上谕中先堵住他的嘴:世凯,你可以不来,但你总要派点儿兵来嘛!

两年前的戊戌变法中,光绪皇帝虽然没有参与过"围园杀后",但希望关键时刻袁世凯能带兵进京"护法"(护卫变法)的想法是有的。而现在,慈禧也在盼望袁世凯带兵进京,老太太应该知道一个词:轮回。

不论怎么样,慈禧仍然在抱着最后一丝希望。极端的郁闷、恐惧和巨大的压力让她只希望京津间的快马能够快一点儿、再快一点儿,将她的这道旨意快点儿送给天津直隶总督衙门,然后再由裕禄快点儿分别电告广东和山东——咦,京津间不是也有电报吗,慈禧为何突然不玩电报玩起快马来了?这个原因是比较搞笑的。

6月10日,端郡王入主总理衙门,他上班后的第一件事就是把北京对外的电报服务全部切断了。端郡王是"仇洋"和排外的代表人物,看不惯电报线似乎也是情理之中;但停掉电报服务这么大的事,他一个人还真做不了主。

切断电报服务是朝廷得知西摩尔大军正向北京进发后的军事反应。使馆区还有很多洋人,还有"使馆卫队"在驻守,为了防止他们与西摩尔军里应外合、互通情报,自然要切断电报。

可搞笑的是,不知道朝廷是怕洋人说是故意针对他们,还是有点儿做贼心虚,他们竟然连自己的电报服务也停掉了!所以,从6月10日起,从北京接发外地的一切消息,包括慈禧的谕旨和天津的军报,都是用快马传递的。比如13日慈禧授权裕禄万不得已时可以动武的上谕,用的是五百里加急,而这道上谕,用的是六百里加急("此旨著裕禄迅即分别转电李鸿章、袁世凯,毋稍迟误!将此由六百里加紧谕令知之")。

6月10日,只是停掉了电报服务,京津间的电报线还是通的,而从6月14日起,京津间的电报线就真的完全断了。这个电报线是怎么断的,我们接下来就会知道。反正从这一天起,京津间的消息传递就真的只有靠马了。当年铁路、电报等"洋务"刚刚被引进时,曾经遭到过很多大臣的抵制，而现在一旦真的开始失去它们，才发现是如此不方便，不仅是不方便，还将给接下来慈禧的决策以及京津的局势带来十分严重的影响！

就在慈禧焦急地等待裕禄回音的时候，裕禄大人的回音真的来了，这自然也是用快马送过来的。"不会这么快吧？我的谕旨刚刚送出去不久啊。"慈禧感到有些疑惑，但她马上又意识到这是军报，是裕禄送来的关于天津前线其他方面消息的军报。这会是一个好消息还是坏消息呢？慈禧简直忍不住要抓狂了，她怀着忐忑不安的心情打开它，然而，上面的一行字瞬间就让她的心情跌到了谷底，一切又让她感觉回天无力了，这行字不亚于晴天霹雳！

"闻得各国除已去之兵外，尚有续去之兵！"

除了"使馆卫队"，除了西摩尔大军，还有第三批八国联军开赴北京！

一个"使馆卫队"就已经够窝囊的了，一个西摩尔大军就已经够紧张的了，洋人为何一逼再逼？

张翼不是已经和杜士兰达成协定了吗？洋人为何出尔反尔？

所有的部署又要被打乱了，所有的计划又要被改变了，所有的行动又要被紧急叫停了。

慈禧已经万分绝望、万分狂怒、万分沮丧。

她终于想起了一件事情——开会。

6月16日，第一次御前会议正式开始。

# 第十一章
# 开战决策的秘密：最后的御前会议

## 第一次御前会议：决定对"猎取拳民行动"反击

这是一次高层扩大会议，数了数，在《清实录》上留下名字的就有71位，估计总人数应该超过百人。在京的王爷亲贵、军机大臣、总理衙门大臣、六部九卿等都来了，队伍一直排到了殿外。

会议由慈禧宣布开始，针对目前紧张的局势，围绕要不要与洋人开战和对义和拳怎么处理这两大关键问题，展开了激烈的讨论。

一直在直隶拳民中间的军机大臣刚毅已经紧急赶回来开会了，他以自己的"亲身见闻"向慈禧报告：拳民不仅忠心可用，神术也可用。朝廷的军队和拳民一起去抗洋，还怕什么？载漪、载勋、载澜等齐声附和。端王集团为主战派。

反对的也不是没有。太常寺卿袁昶，这位传统的汉族士大夫对洋人、洋务认识发展的过程类似于张之洞，早年也是排斥，后来有了了解和亲身体会后，转而支持洋务。既然要学习洋人，就要谨慎开战。

礼部侍郎许景澄，他曾经担任清国驻欧洲公使多年，还是大清为数不多的学过国际法的人，见过外面的世界，知道这仗跟洋人没法打。

兵部汉尚书徐用仪，他是管兵部的，知道朝廷胜算不大。

另外还有两位满族大臣：内阁学士联元和户部满尚书立山。联元是专门在书房里搞学问的，他有个女婿（寿富）在戊戌变法期间看了康有为的很多书，联元又深受女婿的影响，于是他的学问也搞到康有为那里去了，跟袁昶一样觉得不能徒弟打师父。而立山是户部满尚书，管银子的，自己的生活也比较奢侈，兴趣爱好中除了喜欢逛八大胡同，还喜欢很多西洋玩意儿，思想本来就"崇洋媚外"。

此五大臣，称得上反战派。

奕劻和荣禄呢？他们是心里反战，又怕得罪端王集团的低头不说话派。

"为了我大清江山"的口号声在大殿里此起彼伏，这是主战和反战两派唯一出奇一致的地方。反正不管你有什么观点，争到面红耳赤时都要这么号一次。

慈禧又悲剧了，其实"开会"这种事情对她来讲是比较罕见的。平日虽然也有朝会，但那不叫开会，那叫宣布她的决定。作为一个从基层奋斗到权力之巅的人物，慈禧办事的风格一贯都是独断专行，在重大决策上很少向其他大臣寻求帮助，不管是拍拍脑袋还是冥思苦想，很多决定都是她独自做出的。之所以想起"开会"，一是因为希望群策群力，看能否形成一个集体决策；二是慈禧知道，无论什么样的决定，都是艰难的，只有形成集体决策，将来的后果，也才能由集体来承担！

看来，大家都比较喜欢吵架，而忘记了还需要一个决定。

慈禧只好自己来。即使是大敌当前，对于端王集团极力主张的用义和拳抗洋，慈禧仍然是深深怀疑的，她的态度是"先试试看"，聊胜于无，死马当作活马医。她指示军机处："即著责成刚毅、董福祥，一面亲自开导，勒令解散，其有年力精壮者，即行召募成军，严加约束！……究竟该拳民临敌接仗有无把握？世铎等须细加察验，谋定后动，万不可孟浪从事！"

而慈禧最关心的仍然是洋人大军一次次出动，裕禄有没有勇气抵抗的问题。在这道谕旨之外，慈禧命令军机处将另外一道谕旨秘密发给天津（军机处奉上谕密寄给外地大臣，即为"廷寄"，相当于内部文件）：

现在各国使馆已饬荣禄派武卫中军等认真保护，明降谕旨矣。

> 此后各国如有续到之兵仍欲来京，应即力为阻止，以符张翼等与杜士兰约定原议（这件事情在慈禧心目中很重要），如各国不肯践言，则衅自彼开，该督等须相机行事，朝廷不为遥制（可未经请战而开战），万勿任令长驱直入，贻误大局，是为至要！

这是明确地告诉裕禄：你要有勇气、有行动在天津抵抗，千万不要让洋人大军都涌到北京来。同时，慈禧发布了一道公开的上谕（即明发上谕，相当于公开文件）：

> 著荣禄速派武卫中军得力队伍，即日前往东交民巷一带，将各使馆实力保护，不得稍有疏虞！如使馆眷属人等有愿暂行赴津者，原应沿途一体保护，惟现在铁路未通，若由陆迤行，防护恐难周妥，应仍照常安居。俟铁路修复，再行察看情形，分别办理。

这就是在廷寄中告诉裕禄"明降谕旨矣"的事情，慈禧就是要用这一道明谕给洋人一个明确的信号：虽然你们出尔反尔，但我们仍然在执行张杜约定，希望你们退兵！

武卫军中军原本是进城"剿匪"的，现在变成了"保护使馆"。荣禄亲自率领中军迅速开至使馆区周边，用士兵排成人墙式岗哨，将使馆区与外界隔开，划定防区。中军发布告示：在夜间7点至次日凌晨4点，任何进入防区的清国人——无论是军是民，一律格杀勿论！

所谓军，指的就是端王集团的虎神营和其他八旗军。拳民已经进入内城、可以直达使馆区了，慈禧再不防着端王集团，那又会是一个血泪教训啊。

使馆区就这样被严密保护起来了，它的里层是"使馆卫队"，外面是武卫军中军，绝对安全。看来，慈禧又一门心思扑在"如何讨好洋人"、如何先单方面履行"张杜约定"之上了。

相信大家也已经发现了，外面的人无法靠近，里面的人也无法再出去。就连公使们的家眷想去天津避避祸都不行，慈禧的上谕中早就说了，现在铁路未通，不安全。使馆区里的所有人被慈禧的一道上谕"礼貌地"强留在了使馆区！

现在，是时候来揭开慈禧调武卫军中军"保护使馆"的秘密了，而要揭开这个秘密首先必须解释使馆区为何主动发起"猎取拳民行动"。

我们先来听听当事者怎么说。1902年，当时的"使馆卫队"美军分队队长迈尔斯（Myers）上尉谈到这段"往事"时说："当时我们也意识到这些主动剿杀拳民和拯救教民行动会煽起更大的仇洋情绪，于我们不利，但当我们看到浑身被烧伤和砍伤的教民不断逃到使馆时，我们这些血肉之躯不能不向他们提供帮助，并把其他教民从恶魔般的拳匪手中解救出来。"

这个理由是比较堂而皇之的，能信，但不能全信。

让我们再回到当时的情况吧。6月10日，使馆区接到了西摩尔"马上就来"的电报，11日，使馆区就派出萨瓦戈和杉山彬去火车站迎接。杉山彬之死虽然并没有在使馆区引起多大波澜，但另外一件事情是他们不得不在意的——朝廷已经调了董福祥军去火车站阻截西摩尔军！而此时使馆区恰恰没有了西摩尔军的任何消息（当然没有消息了，电报服务都被端王大人给停了），再派人去火车站打探又存在危险，在这种情况下，作为进入北京的第一批八国联军、作为一支正规军，"使馆卫队"能够做的是什么？

那就是：主动走出使馆区，好接应被堵在城外的西摩尔大军顺利进入使馆区——合兵！

这种行动从6月12日开始，本来是"使馆卫队"的行动，军人出身的克林德也在其中掺和了一把，于是大家的注意力都被"克林德绑架少年事件"吸引过去了，这种活动在15日达到了高潮（相应地，拳民进入内城，骚乱升级），最终使馆区洋人几乎全员参与，洋人将之取名为"猎取拳民行动"。

当然，"使馆卫队"是不会主动去向朝廷的军队开火的，一旦开火，那就意味着国与国之间的交战，既是军事问题，也是政治问题，就涉及宣战、开战的理由等，而"使馆卫队"恰恰找不到开战的理由。6月12日，内城还只有少量拳民，使馆区绝对安全，"使馆卫队"不能去攻击朝廷的军队，却可以打夹在中间的一个组织——义和拳。

所以，在我看来，从6月12日起，进入北京的第一批八国联军——"使馆卫队"就已经开始了军事行动——一次由正规军主导的、不太引人注意的军事行动。后来的中西方历史研究者在研究1900年之战的起点时，很少会注意到这个隐蔽的行动，而只是把它当作"骚乱"。但在我看来，6月12日，由洋人首先"开衅"，1900年之战已经打响！

巧合的是，在第二天（6月13日），慈禧就命令裕禄可以在万不得已的情况下动武，然后多道谕旨叮嘱裕禄"不要怕"。慈禧命令的是裕禄在天津采取行动，去阻截开向北京的后续军队，而她这里后院已经起火了，却迟迟不见她行动，拳民和无辜百姓之死让她无动于衷——原来，不是裕禄"怕"，而是她自己"怕"。

6月16日，慈禧终于行动了。荣禄亲率武卫军中军将使馆区围得严严实实，在表面上"切实保护了使馆"，使得朝廷继续履行"张杜约定"，而"保护"的同时，不许里面的人走出使馆区，这也是隔离。使馆区所有洋人参与的、使得局势进一步恶化的"猎取拳民行动"被遏止了，"使馆卫队"合兵的企图落空了。

然后，就要重点去对付来京的西摩尔大军和裕禄刚刚报告的"续去之兵"了。在慈禧的命令下，总理衙门大臣许景澄、那桐即刻出城。这两位是"亲洋派"，不是有过"留洋"经历，就是跟洋人的关系比较好，他们的任务就是沿着津芦铁路线往天津方向搜索西摩尔等军。如果相遇，则以朝廷命官的身份只身拦截，苦口婆心劝退对方达到"求和"效果（这一招历史上经常用）；如"求和"不成，就只有让在马家堡火车站的董福祥军排成人墙阻截。如果还不行，那就没有办法了，"派许景澄、那桐前往马家堡以南，阻止洋兵入城；如不听命，则立调董军拦阻，再不服阻，则决战"（袁昶：《乱中日记残稿》）。

问题是，这还是没有解决敌强我弱的问题。决战，怎么决？真的去依靠那些从义和拳中挑选出来的"精壮拳民"？

这个办法，慈禧现在是不会说出来的。

许景澄、那桐出城和荣禄率中军围住使馆区，正是慈禧的一套"组合拳"。如果西摩尔军执意不退，那也就没有办法了，就是洋人首先"开衅"，慈禧也就只好去打牌了——人质牌。

到了那时候，公使以及他们的家眷不就是很好的人质吗？"保护"的意思是"隔离"，而"隔离"的意思，也可以是"挟持"——挟公使以令退兵！

在慈禧的眼里，这些在自己眼皮底下软硬不吃的公使，一直是作为一种可能的人质而存在的。特别是从荣禄率军围住使馆区的这一天起，他们的命运便已经注定了，他们在慈禧这里的定位很清晰——人质。

事实上他们本来也不是纯粹的公使，一批批的八国联军就是他们一封封电报叫来的。作为外交的公使，为何有权力调动本国大军？八国军方将领又为何能服从他们的直接调遣？一切的秘密有待揭开，而慈禧的这种"人质"定位，将决定公使们在北京最终的命运。

如果裕禄足够聪明的话，他应该是能够看懂慈禧旨意中"使馆已认真保护，明降谕旨矣"的另外一层意思的：叫你在万不得已的时刻动武，不仅没有违反不得"衅自我开"的铁律，我将来不会追究你、不会拿你当替罪羊；更重要的是，你不用顾虑北京这边。中军已"认真保护"使馆区的意思也就是已经"控制住"了使馆，到了更紧急的时候还能给你"人质"上的帮助，你怕什么？大胆地干吧！在天津为北京设一道安全的屏障！

看来，自1860年以来，如何解决"怯战"问题，是每次战前的核心问题。

慈禧的布局已经完成了。从慈禧的角度来看，不能不说是完美；而慈禧不知道的是，她的布局要能变成现实，必须有一个最基本的前提：许景澄和那桐能够出城。

## 大敌当前，两派仍在为利益而争斗

6月16日，内城已经涌满了拳民，看来慈禧派出去的那些巡街王爷并没有起到多少作用，拳民们来到前门大栅栏——这里是当时内城最繁华的商业街。

拳民们来到这里，自然是因为此处"洋店"很多，正待点火。

他们准备烧掉一家西药房，招牌名为"老德记"。周围有围观群众若干，邻家的店铺准备去找水桶、脸盆救火，避免被大火波及，而拳民告诉他们：你们不用怕，我们的法术可以让这火只烧洋人的东西！

悲剧发生了。大火迅速蔓延，先是延烧至广德楼茶园，然后是旁边的钱庄、当铺、饭店、酒楼、茶馆、澡堂、妓院和民房等，包括著名绸布品牌"瑞蚨祥"店面、著名中药品牌"同仁堂"店面、著名布鞋品牌"内联升"店面，尽数被毁；大栅栏以东的珠宝市，是京城专门熔铸元宝和银锭的炉房汇集地，此处20多家炉房毁于一旦（"焚正阳门外四千余家，京师富商所集也，数百年精华尽矣，延及城阙，火光烛天，三日不息"）。

炉房停业了，钱庄周转就不方便了，第二天（6月17日）京城四家最大的钱庄"四恒"（恒利、恒和、恒兴、恒源）不得不同时歇业，而钱庄歇业，又会严重影响社会稳定。于是刚刚成为署顺天府尹的陈夔龙被慈禧紧急召进宫商讨办法。

慈禧对他说："我本来是要让步军统领衙门来办理这事儿的，不想他们推托说这是顺天府的事儿，你看咋办？"（"我命步军统领崇礼设法维持，他与四恒颇有往来，又系地面衙门，容易为力，讵彼只有叩头，诿为顺天府之事"）

陈夔龙的办法是："四恒并不是没有钱，只不过为炉房所累，银根见紧，官家可先借银给他们，从速开市，免得穷民受苦。"

当然，陈夔龙所说的"官家可先借银给他们"，并不是由官府出钱，而是处理这类问题的传统手法——由官府出面向当铺摊派。"京师城厢内外，当铺约一百十余家，均系殷实股东，若命两县传谕每家暂借银一万，共有一百十余万，可救暂时四恒之急！"

慈禧觉得这个办法好，吩咐陈夔龙赶紧去办。

陈夔龙出宫后，发现刚毅大人正在等着他。刚毅对陈夔龙的态度很亲切："四恒事太后曾向我谈过，我谓非君不办。但奉托一言：勿论如何，切勿牵累当铺。至嘱！至嘱！"（陈夔龙：《梦蕉亭杂记》）

刚毅大人为什么要保护当铺业？原因很容易猜到。

当铺业是大清最有暴利的行业之一，而有暴利的原因倒不只是因为"当铺是穷人的钱庄，钱庄是富人的当铺"（胡雪岩语），可获得暴利是由于另外一个原因——低税。

1898年之前，朝廷对每家当铺的年征税很可观——5两银子。1898年之后年税虽然涨到50两，但和巨额利润相比仍然是九牛一毛。多年以来，这个不合理的征税现象是朝中各路言官、御史弹劾的热点问题，他们希望推动当铺行业征税问题改革，但这样的折子一律遭到否决，没人清楚原因。

根据公开的史料，刚毅在北京的当铺至少有三处，而投资在这个红利产业中的其他大臣还有很多。于是，尽管这是一次向端王集团追责的好机会，但是荣禄怕了。他怕得罪端王集团，也怕得罪其他什么大臣，更不知道这里面的水有多深，比如步军统领崇礼是不想管、不敢管还是不能管？这都是很有问题的，背后的靠山荣禄大人要息事宁人，陈夔龙自然也只好不"牵累当铺"了，最后是内务府和户部各出库银50万两。

这就是近代经济史上的"佳话"——宁愿动用"官银"，也不强行向"民间"的当铺摊派，这简直是"初步的市场经济意识"。只可惜，红利产业其实跟"民间"关系并不大，大清的经济问题，时常也是政治问题。

对于陈夔龙来说，他是很气愤的。刚刚和慈禧太后商量好的事情，刚毅竟然在宫门口就对他提出了警告，而他这个署顺天府府尹还不得不遵办！而这还不是端王集团最无法无天的事情。

6月17日，参加完第一次御前会议的许景澄和那桐奉慈禧之命开始出城。城里很乱，他们走得小心翼翼，然而他们刚走到永定门附近，就被周围"闻讯赶来"的拳民们给揍了回来!

面对义和拳,许景澄和那桐自然不会蠢到说他们是去跟洋人"求和"的。那么御前会议上决定的机密,拳民到底是如何知晓和"闻讯赶来"的,这个恐怕只有端王集团的人知道了。反正几天前洋人派出去迎接西摩尔军的人出不了城,而现在,慈禧自己派出的大臣也出不了城,慈禧肯定会怀疑这个朝廷还是不是由她当家。

是的,这就是大清,只不过不是200多年前锐意进取、朝气蓬勃、努力奋发的大清,而是正在急剧下坠的大清。八旗子弟就是很好的证明。200多年前,他们崛起于白山黑水之间,艰苦创业,山海关一战,大旗猎猎,气吞万里;200多年后,他们个个都有宰相的肚子,却已上不得马、拉不开弓,不能杀敌,只能杀鸡。而其他的那些臣子,他们存在的意义好像只是为了加速革命党的出现。

其兴也勃焉,其亡也忽焉!

阴谋诡计是不会停止的。6月16日子夜,一个神秘人物紧急敲开了荣禄府上的大门,他是江苏粮道罗嘉杰之子,奉命将他父亲截获的、据说是西方国家将要发给朝廷的"照会"星夜送给荣禄。荣禄看完"大惊失色"。从内容上看,这份"照会"就是针对慈禧个人的,如果再把它转奏到慈禧手里,老人家肯定会毫不犹豫与洋人开战,而这是荣禄最不希望看到的结果。

荣禄围着屋子做伸展运动("绕屋行,旁皇终夜"),苦思冥想了大半夜,终于还是觉得这事儿太大,不管是真是假,自己都不能截下这份情报。天亮时分,他进宫将之交给了慈禧(恽毓鼎:《崇陵传信录》)。

6月17日,第二次御前会议开始,慈禧将宣读这份神秘的"照会"。

## 第二次御前会议:慈禧做战前动员

会议一开始,慈禧竟然就当众宣读这份对她很不利的"照会":

第一,指明一地,令大清皇帝居处;

第二，(由西方国家)代收各省钱粮；

第三，(由西方国家)代掌天下兵权；

最后一条更加厉害：勒令皇太后归政（真是怕什么来什么啊）！不过这最后一条慈禧没有公开读，只在大臣中间私底下流传。光绪皇帝也在殿上，慈禧不公开读不是要顾及他的脸面，而是一旦读出来，如果不对他采取下一步行动，就会有损慈禧权威；而对于一个被软禁的皇帝来说，下一步行动是什么？就是端王集团热切盼望的废帝了，所以慈禧是不能公开读的。

其实有前三条就够了。这哪里是什么一般的"照会"，简直是西方国家要在大清发动政变！不仅要推翻慈禧的统治，还要直接灭亡大清（军权和财权都被收走了），建立以光绪为"儿皇帝"的傀儡政权，太狠了！

荣禄判断得没错，这份照会只要落到慈禧手里，肯定会触动她最敏感的那根神经，所以荣禄才半夜三更做了那么久的伸展运动。

问题是，如果这是西方国家即将发给朝廷的如此严重的"照会"，应该是由各国驻北京使馆发给总理衙门；在这之前，一般情况下是不会泄密的。罗嘉杰一个小小的江苏粮道，他是如何将之搞到手的？这个罗嘉杰的儿子没有说，荣禄也不知道。

也就是说，这份神秘的"照会"在交给慈禧时，是一份很可疑的情报：不仅内容匪夷所思，而且来路不明。

于是众多的谜团留下了：这份"照会"到底是不是真的"照会"？慈禧当时是否验证过？如果不是真"照会"，又是出自哪位高人之手？慈禧又为何要公开宣读它？当时大臣们听闻此事之后的反应是什么？

我们一个个说。

根据当时参加会议的京官恽毓鼎留下的《庚子日记》记录："后闻此四条照会，军机、总理(衙门)、北洋皆未见；询之洋使，亦坚执并无其事，竟不知从何而来。"也就是说，当时在事后是"验证"了的，即使慈禧没有验证，大臣们也去验证了，说明此四条"照会"子虚乌有（后来诸多中外历史学者也多方证明：当时的西方各国确实没有从政府层面向大清朝廷发过如此"照会")。

那么,关键的问题又来了:这份伪造的"照会",出自哪位高人之手?

长期以来,研究这段历史的史学界推出了三个"嫌疑人":端王、李鸿章和慈禧——按照我的说法,分别是满党、汉党和慈禧。但是在我看来,与"义和团运动"有牵连的四大利益集团:满党、汉党、洋人和慈禧都有嫌疑,但属于嫌疑最重的第一梯队的是端王集团、洋人和慈禧,李鸿章大人则在第二梯队。

让我们开始断案吧。

端王集团自然是有嫌疑的,他们的嫌疑来自他们的一项传统技能——造谣。这份伪造的"照会"不过是他们书面造的一次谣,能够刺激慈禧开战,实现他们一直以来的"抗洋"愿望,很完美。

对李鸿章嫌疑的认定主要是出自海外的历史学家(比如《龙夫人》的作者、美国人斯特林·西格雷夫等)。在他们看来,李鸿章伪造这份"照会",同样也是为了激怒慈禧开战。但和端王集团"灭洋"的目的不同,李鸿章的目的恰恰是要借洋人之手除掉端王集团,以便自己官复直隶总督的原职,为在《马关条约》后丢官的屈辱报仇,重新回到在大清呼风唤雨的年代。

我们要为这群海外历史学家送去敬佩的掌声:作为外国人,他们探幽入微地看到了朝廷满党和汉党党争,并且竟然还知道"借刀杀人"这种远古谋略,实在是很不容易。但是我们也不得不跟他们说:对不起,您可能错了。

因为他们只研究了这时候的李鸿章,而没有研究过去的李鸿章。此时的李鸿章已经是两广总督,如果说他不惜将大清拖入战争,只是为了清除政敌和"重返北洋",这对李鸿章来说只有三个字——不值啊。虽然我们"不惮以最坏的恶意"去揣摩朝廷的官员,但我们也不能陷入"事事阴谋论"的怪圈。相信李大人还没这么龌龊。

而慈禧已经在两天前(6月15日)命李鸿章迅速来京与洋人和谈。也就是说,只要朝廷的氛围不向"开战"转变,李鸿章同样有可能来京与洋人谈判。而只要成为谈判大臣,李鸿章同样能够加强权重(多年以来,不是与洋人谈判才成为高官,而是先被提拔为高官才能与洋人谈判),李鸿章犯不着去绕"战争"这么大一个圈子。

事实上,海外历史学家的这种推论是跟后来李鸿章再次出任直隶总督的历史进程严格相符的,但正是因为跟后来的历史事实太相符了,我们可以看出这种说法其实是"结果导向说",反而不能成立——这正是历史有趣的地方之一。

基于以上原因,我们把李鸿章大人孤零零地丢在第二梯队。

而洋人也是有很大嫌疑的,多年以来,这一点倒是往往被人所忽视,我们首先需要来看一段最原始的史料。

> 十九日(即公历6月15日)……会(恰好)江苏督粮道罗嘉杰至津,以密书致荣禄,言各国须尽予以兵权、利权及铁路、海口四事,乃许和,荣禄固知其言之无稽也,急持入告,冀以杜臣工之沮议者。太后果大怒,主战之意益坚。(李超琼:《庚子传信录》)

这个李超琼是来自江苏的知县,庚子年(1900年)他入京引见,而罗嘉杰到天津,自然是为押运漕粮。当时的官员在京是喜欢搞点儿老乡聚会、互相传递一下同地官僚的消息的,所以李超琼知道罗嘉杰的事情就并不稀奇了,而李超琼的记录恰好又与恽毓鼎的记录互相印证(电报已断,罗嘉杰在天津获得"照会"内容后,只能遣子密书致荣禄)。

于是,一个是参加了御前会议却不太清楚天津这方面情况的京官,一个是清楚天津情况但没有参加御前会议的地方官,他们都有爱写日记或者补写日记的习惯,为我们最大程度留下了历史的真实境况。

那么为什么说洋人有嫌疑呢?首先,这是指在天津的洋人,准确地说是在大沽口外军舰上,没有跟着西摩尔出发的八国联军——第三批八国联军。而"嫌疑"有两种可能:一是他们伪造了这份"照会",然后有意令其落入罗嘉杰之手再由罗送往北京;二是他们故意散布了这方面的消息,被罗嘉杰截获而送往北京。他们的目的就是要解决"使馆卫队"无法解决的那个难题——开战的理由。

把这份"照会"看作一份刺激对方开战的最后通牒,是十分合适的。

理论上的动机有了,实际中如何证明呢?这批八国联军又为何在6月15日前后需要"开战的理由"?这自然与他们在天津的行动有关,我们很快就会讲到。

好吧,现在轮到慈禧上场了。

慈禧是决策者,所以说如果她要自己伪造"照会"去刺激自己开战,这个"嫌疑"是真没有。

但是,如果她的目的不是开战,而是另外的东西呢?

毫无疑问,慈禧已经把如何对付纷至沓来的八国联军看得比处理义和拳对她权力安全的威胁更重要。虽然一直在避战,但慈禧其实也知道:避无可避。

那么这种状况下她就有两个目的:一是要形成开战的集体决策——为将来推脱责任,达到开御前会议的初衷;二是做战前动员。所以,无论这份"照会"是不是她伪造的,慈禧都需要把这份"照会"公开。

大臣们吵个不停,如果要等他们吵完,估计这辈子是没有希望了,但有一种办法能够让他们都安静下来,那就是迅速让他们感到恐惧。是啊,如果西方国家要"代收各省钱粮和代掌天下兵权",财权和军权都没有了,都交给洋人了,还谈什么顶戴花翎、豪宅马车?这是要把大清从半殖民地下降为殖民地,而把他们从既得利益者变为洋人打工者。

在严重的危机面前,要想迅速消灭分歧,让争斗不休的团队团结起来,其实没有什么好的办法,因为"大难临头各自飞"才是最常见的现象。而有一个比较好的办法就是给这个团队设置一个更大的危机,给他们预设一个更大的假想敌,让他们感到无比恐惧和紧张,这时候反而更有利于团结。

对于慈禧来说,她最恐惧的就是那没有公开读的第四条:勒令皇太后归政。这是慈禧内心最敏感、最紧张的部分(史载,看完"照会","太后哭"),而越是如此,她越是要在这种关键时候主动出击,先抛出这份"照会",以堵住内部某些人那颗"异动的心"。

慈禧读完了。大殿中哗啦啦跪倒了一片,哭成了一片,至少有20多人立即痛哭流涕,随后怒吼声似乎要掀了大殿的屋顶:"臣等誓死效忠太后,立与洋人决战!"这次坚决主战的不仅有端王集团的人,还有其他大臣,看来他们也很明白,自己所有的一切,是不能失去的,是跟慈禧太后连在一起的;如果慈禧倒了台,自己也没好果子吃!

老滑头荣禄见状,也只好伏在地上大哭:"臣以死效劳!"

荣禄都如此,其他反战派的声音也逐渐微弱、逐渐被压下去了(袁昶:《乱中日记残稿》)。

在大臣们的一片哭声之中,慈禧的声音在大殿里响起:

今日之事,诸大臣均闻之矣,我为江山社稷不得已而宣战(注意),顾事未可知,有如战之后,江山社稷仍不保,诸公今日皆在此,当知我苦心,勿归咎予一人,谓皇太后送祖宗三百年天下!(引自恽毓鼎:《崇陵传信录》)

目的达到了。

这就是慈禧的"嫌疑",其实根据恽毓鼎《崇陵传信录》的记录,我们就能发现事后大臣们去找军机、总理、北洋和洋使进行的"验证"工作,并不是慈禧下令的,而是大臣们自己去做的。那这是不是就说明慈禧有伪造"照会"的最大嫌疑呢?

根据李超琼等其他人记载的史实,慈禧的"嫌疑"其实并不是"伪造"的嫌疑,而是她很可能明知道这是份假照会(或者根本就不太在乎它的真假),仍先把它在大臣中公开。不管这份"照会"是从什么渠道来的,是什么人伪造的,别人想拿这份"照会"来刺激慈禧开战,而慈禧可以趁势反过来利用它,拿它来刺激大臣!

因为公开对她有利。她的目的并不是要以此开战,她并不是一看到这份"照会"就血冲脑门，决定开战跟洋人干到底，而是在判断战争很可能无法避免的情况下，先在朝廷高层的小范围内统一思想，使各派能够暂时抛弃成见、暂时团结，形成集体决策的氛围和基础，并做战前动员。

40年了，没有两把刷子，她怎能一直站在紫禁城之巅？

这一刻，她真的像个老妖妇。

果然，会后慈禧又派出了三位"主和"派的大臣（内阁学士联元、户部满尚书立山、兵部汉尚书徐用仪）前往使馆区劝说公使，希望他们能够退兵。既然许景澄和那桐出不了城，那就派别的人去使馆区"求和"吧！

至于要不要开战，慈禧还在等待一样东西——裕禄的军报，事实上她的决定是要建立在军事情报基础之上的。而自从6月15日裕禄报告有"续来之兵"之后，裕禄的"续来之报"也终于来了。6月18日，第三次御前会议在更加紧张的气氛中开始，因为裕禄报告的情况很紧急。

## 第三次御前会议：讨论要不要攻打使馆

在《大沽口炮台紧急情形折》里，裕禄报告：洋人不仅没有履行"张杜约定"，杜士兰还转交给他一份最后通牒，而这份通牒是大沽口外的第三批八国联军给大沽口炮台守将罗荣光的，要求罗荣光在6月17日凌晨2点之前主动交出大沽口炮台，否则他们将"以力占据"！

齐活儿，果然不出所料，来的都不是好消息。接到这个报告，慈禧无比郁闷。翻翻日历，已是6月18日了——离八国联军最后通牒上的时间已经过去了整整一天多！但郁闷的是，裕禄的这份军报只说了这件事情，他既没有报告洋人最后是否强攻了大沽口，也没有报告大沽口炮台还在不在罗荣光的手里。慈禧最想得到的关键信息仍然没有得到，对于国门的情况，她只能靠一个字——猜。

裕禄这么写奏折，自然是有他的"考虑"的，我们将在接下来的故事中知道。但这可害苦了慈禧，很显然，最后通牒的时间都已经过了，慈禧只能认为：八国联军已经进攻了炮台，并且极有可能拿下了炮台！

如果是这样的话，意味着战争实际上已经打响！西方列强已经向大清开战！

主战派的声音更响了：太后您不要再犹豫，立即下诏开战吧！

此时载漪也是很郁闷的。本来瞧昨天那架势，他以为慈禧绝对会下诏开战，没想到她让大家哭了半天，最后不仅没下令开战，反而又派出了求和大臣去使馆，真是把人鼻子都气歪了。没办法，开战这样的命令只有慈禧才能下，那么，必须趁着大好时机继续将慈禧绑上战车！

载漪等人大喊：洋人已经动武了，我们何须客气，先进攻使馆，给洋人一个下马威！

听到要进攻使馆，本来已经被压制下去的反战派的声音又大起来了，袁昶、许景澄、联元、徐用仪、立山等人，这次都坐不住了。许景澄从国际法的角度，坚定地反对攻打大使馆。立山说道："大清不是各国的对手，拳民的法术又不可信，这仗是没法打的。"平日里对慈禧一贯唯唯诺诺的军机汉大臣王文韶一听这话，正触动了他的神经，壮着胆子也说："朝廷财绌兵单，一旦开衅，何以善后？"

其他大臣看到连胆小的王文韶都发话了，纷纷鼓起勇气进行最后的劝说，表示不能开战，也不能攻打使馆，免得自讨其祸。

听到这儿，慈禧怒从心来，她喝问道："我早听厌你们这些话了，谁有让洋人退兵的本事呢？如果谁有就前去令洋兵不进城，否则杀头！"（"若所言，吾皆习闻之矣，尚待若言耶？若能前去，令夷兵毋入城，否者且斩若！"）

王文韶一听到"斩"字，双腿一软，赶紧把身子缩了回去。

慈禧的意思是：是的，你们说的这些我都明白，正是因为明白，做出一个决定才无比艰难！亲爱的大臣们，我需要的不是态度，而是解决问题的办法！你们能够拿一个办法出来吗？如果拿不出来，你们争来吵去又所为何事？没有办法的态度，在我这个需要做决定的人的眼里是没有多少价值的！

慈禧不得不声色俱厉地及时制止气氛向反战派转移。正是因为开战要冒极大的风险，而怯战的思想在朝廷中又是根深蒂固，如果不及时制止这种反对的态度，很容易引发连锁反应，前一天他们就白哭了。

慈禧根本没有心思再把御前会议开下去，反正讨论来讨论去也是这个结果，不如养养神，等等裕禄的进一步军报更有意义。发生了如此严重的事情，慈禧相信裕禄的军报很快就会来的，向朝廷报告洋人到底有没有开战，大沽口炮台还在不在朝廷的手里。而奇怪的是18日等了一天，裕禄大人的军报仍然不见踪影。这很不正常啊，慈禧也知道电报断了，但也不至于这么慢吧？

慈禧的心中突然非常不安。她不知道大沽口前线到底发生了什么事情，或者裕禄这家伙又在搞什么鬼，向她隐瞒了什么（后来的事实证明，这真是先见之明）。6月19日，慈禧主动发八百里加急询问裕禄情况，并警告他：你必须想尽一切办法给我顶住！（"该督须急招集义勇，固结民心帮助官兵，节节防护抵御，万不可畏葸瞻顾，任令外兵直入。设大沽炮台有失，定惟该督是问……该督若再贻误，试问能当此重咎乎"）

而皇宫内，问题还没有解决，大家还得继续开会。这已经是16日以来四天内召开的第四次御前会议了，经过周密的考虑，慈禧将宣布她对要不要攻打使馆的最终决定。

## 第四次御前会议：慈禧对是否攻打使馆做最终决定

慈禧宣布：立即给使馆区的十一国公使也发一份"最后通牒"（来而不往非礼也），宣布他们为大清"不受欢迎之人"，限定公使以及使馆区所有洋人（包括"使馆卫队"士兵），在24小时之内离京前往天津，途中由荣禄率武卫军中军提供保护并"妥为约束"。否则，朝廷将撤走使馆区外的武卫军中军，不再负责保护使馆区的安全！

朝堂上便又是一片吵闹之声。端王等人虽然没有听到慈禧做出"攻打使馆"的决定，但对于他们来说，这是一个重大的好消息！在他们看来，这是"令使臣下旗回国",这是开战的前兆,自古以来皆如此。

而在反战派看来,虽然太后没有昏聩到去下令攻打使馆,但驱逐使节、驱赶洋人,"按照国际惯例",这也是开战前的先兆!

联元上奏:如果开战,一旦洋兵进京,我们恐怕会被杀得所剩无几!

然而,无论他们怎么进谏,慈禧都置之不理,只是命令加强宫廷保卫。

劝不动,反战派的哭又开始了。此时连坐在御座旁的光绪也非常激动,他猛地站起来,走到大臣面前,一把抓住许景澄的手(不顾君臣礼仪),激动地问:"这能战与否,你须明白告我。"

许景澄表示"不能战",又拉着光绪的龙袍开始哭起来("牵帝衣而泣")。此情此景,催人泪下,朝堂上顿时一片反战的哭声。

而慈禧对着光绪大喝:"皇帝放手,毋误事!"

无论是从呵斥光绪的内容还是语气来看,慈禧已经愤怒到极点了。

因为,载漪一伙高兴得太早了,而光绪皇帝竟然也没有识破慈禧发"最后通牒"的"苦心"。

就在几天前,慈禧还以"安全问题"为由把公使和家眷都强行留在北京;几天过去,城外的拳民骚乱更加厉害了(连"求和"大臣都出不了城),难道现在去天津就没有"安全问题"了?

此时慈禧已经得知西摩尔大军被堵在京津间路上(后详)的消息,他们对北京暂时构不成威胁,而最大的威胁又变成了大沽口外的第三批八国联军。慈禧的真正想法是:让荣禄率军"护送"十一国公使到天津,也就是与八国联军对峙的前线!

这时候就会出现两种情况:如果西方国家真的像他们宣称的那样,一次次增派军队进京只是为了保护公使的安全,那么这些人都已经给他们送来了;即使之前已经打过仗,八国联军进入北京也是毫无必要了。战争还是可以避免,北京还是可保,慈禧自己的权力安全也有保障。

而另一种情况是西方国家的动机不纯。他们真正的目的并不只是保护十一国公使的安全,还有另外的目的(特别是那可怕的"归政"),那么也好,荣禄大军"护卫"着的这些公使,立马就会变成阵前人质,逼令八国联军退兵!

也就是说,这些公使在慈禧眼中仍然是"人质牌",只不过变成了改进版:在前方形势不明的情况下,把北京的"人质牌"送到天津去使用,变被动为主动。这才是慈禧发最后通牒、驱逐使节的真实用意!可惜偌大的朝堂之上,没有人懂她,包括皇帝。

"你不要误事!"她只能这样呵斥光绪。她不能把那些见不得光的、藏在犄角旮旯里的帝王之术告诉大臣,告诉大家其实她还是没有放弃避战,这是不能说的。端王集团的人就在朝堂之上,如果他们察觉,十一国公使还能不能顺利离开北京就是大问题了!

但是如今,反战派一闹再闹,又是哭哭啼啼又是上奏,现在连皇帝也参与其中,这不是误事是什么!

朝廷连能玩权谋的人都已经是凤毛麟角了,是这几十年来过得太舒坦了吗!这位年轻的皇帝、天真的皇帝、生于深宫之中的皇帝,他真是似乎永远长不大。在一个需要时时刻刻纵横捭阖、步步惊心、表面一套背地里一套的深宫之中,就算把大清的皇权交给他,他拿什么去驾驭那些如狼似虎的权臣?又凭什么去让祖宗放心?

难怪这个"痴儿"会把戊戌变法给搞砸了,现在慈禧找到了缘由。想想她慈禧只是不太懂西方那一套,而他却连祖宗这一套也不懂!一个连自己土地上的精华和糟粕都没有去深刻认识而又心急火燎地去"开拓未来"的皇帝,让他带着一帮书生去搞变法,他如何能够不破不立,如何能够继往开来?如何能有足够的智慧去应对官僚集团的那些把戏?如果说戊戌变法还可以看作他的试手,那么经过变法失败那次重大的打击,他还没有成熟吗?

朝光绪发完淫威,慈禧又恶狠狠地看着那帮大臣。对于这帮人,她是连骂都懒得骂了:有一些人心术不正,有一些人智商不够,有一些人是心术不正加智商不够。端王集团的那群人就不用说了,他们的阴谋一直都写在脸上,而反战激烈的袁昶、联元、立山、徐用仪、许景澄等人,他们似乎以为这个世界上的事情只需要表表态度,不需要实际处理。那个许景澄,还是朝廷派出去多年的驻外使节,号称著名的"国际法专家",也只会大谈特谈那些不能开战的道理,却拿不出一个实际的,哪怕是如何跟洋人去讲和的办法。这样的人,又如何谈得上真正地了解外洋!

其他人呢?更不要指望他们能提出什么建设性的意见。除非到了要摘掉头上顶戴的时候,他们不会真正地着急。这几十年来,这些人做官,都做了些什么?

嗯,还有奕劻、荣禄。这两位好伙伴比过去更加沉默,一言不发,连表情都没有。很好,他们从来不会得罪任何人,包括不会得罪她!

"这就是大清朝廷,它真的是老态龙钟、人才凋敝了,竟然让我一介女流决定大清的国运。满朝文武齐失声,宁无一人是男儿!"慈禧或许这样想。

朝堂之上,慈禧久久地沉默,没有人敢再出声,也没有人敢再反对她。总理衙门的官员带着"最后通牒",走向使馆区,所有人在等着最后的结果。

## 第十二章
## 向十一国开战

### 德国公使克林德在大街上被枪杀

6月19日，使馆区内，接到"最后通牒"的十一国公使把这份文件从头到尾翻来覆去看了半天，这才确认这确实是一份"最后通牒"！原来清国也会发最后通牒啊，这绝不是他们的风格。

而此时的十一国公使感受最多的不是意外，而是另外一种心情——恐慌。他们赶紧聚集在一起，召开联席会议。

如果不接受"最后通牒"，朝廷肯定就要翻脸，到那时处境绝对很不妙。虽然有"使馆卫队"守着，但使馆区孤悬北京百万军民中，只要这些人冲过来，别说"使馆卫队"抵挡不住，就连使馆区都要被踏平！

要知道之前他们所有的嚣张，进行"猎取拳民行动"，都是建立在一个心理基础上的，那就是无论他们怎么样，朝廷都不敢拿他们怎么样。

而现在，在使馆区的援军还未到来之时，朝廷竟然下最后通牒了！这可咋整啊？

胆小的荷兰公使忍不住哭起来，他一把鼻涕一把眼泪地告诉大家："我千万不能死啊，我在荷兰还有80岁的老母亲！"

而其他人开始骂对方以前做得太过分。"猎取拳民行动"为何不知道收敛？杀人太多，没给朝廷留面子。看来这次会议争吵的激烈程度也不亚于慈禧的御前会议！

骂来骂去，大家又开始骂如今已经让他们不抱希望的西摩尔大军。这位海军中将6月10日发电报说"马上就来"，现在10天过去了，大家还是没有马上见到他,看来他的"马上"还没完。公使们只好纷纷给西摩尔起外号:什么"See-No-More",什么"找不到的海军中将",什么"从地平线上消失了的人",反正已经不指望他来"解救"了。

讨论来讨论去,他们也终于认清了眼前的现实:要想保住人头,唯一的出路就是接受朝廷的最后通牒,乖乖前往天津!于是公使们各回各馆、各收各衫,而"使馆卫队"也乖乖准备跟随出发。几十年来,这是绝无仅有的:朝廷雄起了一次,而洋人也听话了一次。

而正准备出发的时候,问题又来了。

因为行李太多。

每名公使的手头都有不少行李:文件可以毁掉,但珍宝古玩、瓷器字画等怎么毁啊?这是必须打包装箱的,谁也不敢保证他们走了之后使馆区是否还会存在。另外还有公使夫人的衣服、鞋子、化妆品等,要运走的东西很多。美国公使康格粗略地计算了一下:他的美国使馆至少需要100辆大车才够运送那些行李。

完了,时间不够,车子也不够。于是大家又决定给总理衙门发一个联合照会,要求把24小时的时限延长,并要求总理衙门提供更多的车子,否则他们无法按时离京。对于这两个要求是否能够得到满足,希望总理衙门在第二天(6月20日)9点之前做出答复。

而这一次又让他们失望了:一直等到早上8点,总理衙门那边还是没有动静,不知道是还没有做出答复,还是根本就不想再答复了。

于是,德国公使克林德想前去总理衙门问个明白。

窦纳乐认为不能去,"因为到总理衙门去坐等有失我们的尊严"。法国公使提醒克林德注意安全:现在连整个北京都在仇恨我们,离开荣禄军队保护的使馆区是有危险的,还是等总理衙门的人过来。

但克林德"大怒,用拳头猛击桌面"(窦纳乐后来回忆语),他嘲笑了一番其他公使的胆小,带上自己的手枪,只带了一个随身翻译柯达士(Herr Cordes)就准备出发。"使馆卫队"德国分队队长要求带人一同前往,被克林德拒绝。

傲慢的克林德出发了，他和柯达士一人乘坐一顶轿子，由使馆区的两名清国仆人骑马开路，出了使馆区，沿着今天的崇文门内大街往东单方向走去（总理衙门在今天的东单东堂子胡同）。然而，他们还没有走出一千米，在今天的东单西总布胡同西口处，克林德永远停住了脚步：他的头部被正在巡逻的清军士兵的子弹打穿，一枪毙命。腿部中枪的柯达士慌不择路地逃出几个街区，最终回到使馆区获救。而骑马的清国仆人不顾一切地飞奔回使馆区，告诉大家克林德已经被枪杀。

开枪者是神机营"霆"字枪队满人章京恩海，当时恩海正带领枪队在东单一带巡逻，与克林德的"洋轿子"骤然相遇，由于不清楚来意，负有警戒任务的士兵不得不要求巡查，举枪相对。而克林德也是有枪的，依据这个人的脾气，他很可能条件反射地拔枪指向士兵，甚至有可能首先开枪示威，恩海同时还击一枪，于是悲剧便发生了（继昌：《拳变纪略》）。

继昌留下的记载应该是符合当时案发现场的情况的。根据总理衙门的记录，枪击案发生当天，总理衙门接报后曾派人在第一时间赶到现场，根据克林德手枪里遗留的子弹认定克林德曾开过一枪，并且是先向士兵开枪，当天还向德国公使馆提出交涉。

也就是说，恩海很可能是出于"正当防卫"而枪杀克林德。但令人惊奇的是，关于克林德之死，当时竟然还有一个神奇的"预言"。

6天前（6月14日），远在千里之外的上海的英租界里一份叫《北华捷报》(North-China Herald)的英文报纸，当时就已经报道了一个令人震惊的消息：德国公使克林德在北京遇害！这则消息立即震惊了世界，世界各大通讯社纷纷转载。就在大家你求证、我辟谣的过程中，克林德真的在6天后遇害了。

从《北华捷报》的报道时间来看，恩海的作案动机可能并不是"正当防卫"这么简单。克林德应该是死于一场谋杀，这份英文报纸不过是提前捕获了消息。

几个月后，恩海在北京被抓，由柯达士负责审理。根据柯达士在审后提供的报告显示：恩海招供，克林德死于谋杀。他曾经在6月19日下午四五点钟时得到一位"王爷"级别的人的指示，对方下令"看到洋人，格杀勿论"，只要杀洋人，就可以升职，还有70两银子的报酬。但恩海事后既没升职，银子也只拿到了40两，于是他一直在北京等着对方兑现承诺，这才被抓。

至于这位幕后指使的"王爷"是谁，按照一般的逻辑，恩海是神机营的，神机营的统领是庆亲王奕劻，似乎他的嫌疑最大。但奕劻一贯是"主和"的，他不太可能发出谋杀洋人的指令。于是大家都有了怀疑对象，自然是那位端王大人。

而无论德国人怎么审讯，希望恩海说出端王的名字，恩海直到被执行枪决前都只说他的上司是庆亲王奕劻，端王领导不了他，其他的概不招供。德国人审来审去，也没有审明白谁是那位幕后的"王爷"。在德军的审讯史料中，此案就成了历史悬案。

而我们"断案"到此也应该可以真相大白了。首先，克林德确实死于谋杀。从种种迹象来看，收买恩海的人不能排除是端王，但更不能排除的是另一个神秘的人物——庆亲王奕劻。

按照恩海的招供，他是在19日下午四五点钟接到"看到洋人，格杀勿论"的命令的。奕劻为什么要下令给恩海这一队？因为恩海他们正在使馆区外巡逻，而奕劻为什么要下令？因为慈禧刚刚给使馆区下过"最后通牒"。要把使馆区里的人变成天津前线的"人质"，就必须先把他们控制在使馆区内，特别是对于使馆区里的正规军——"使馆卫队"，更需要严密掌控，不能让他们走出使馆区。因此，在武卫军中军之后，又加派了神机营进行巡逻。

也就是说，奕劻给神机营的命令很可能是为了实现慈禧"人质牌"的意图，他很可能是奉慈禧之命。看来这个老狐狸在朝堂上不说话，任凭端王集团嚣张，背地里还是要为慈禧卖命的，此人真是名副其实的神龙见首不见尾的"神仙王爷"。

当然，奕劻的"谋杀"并不是针对克林德本人，而是针对任何走出使馆区的洋人。但无论是慈禧还是奕劻都没有想到的是，"使馆卫队"的士兵没有走出使馆区，作为公使的克林德倒自己出来了。

如此一来，当时总理衙门报告克林德死于恩海"正当防卫"和德国方面报告克林德死于"谋杀"，其实并不矛盾，只是双方各有侧重，各自回避了对己方不利的那一部分事实。说克林德死于"谋杀"，并不是说这位公使大人就是完全无辜的，他在现场挑起了事端，他本人对他的死要负极大的责任。

而使馆区方面也责任难逃，从杉山彬到克林德，外交人员在大清首都连续被杀确实是世界文明史上少有的灾难，但说到底这都是"使馆卫队"进京激起动乱的结果。"使馆卫队"进京时，萨拉·康格就在家信中写道："外国部队在一个国家的首都驻军真是一个罕见而可悲的景象。我们能真正意识到这种情形对于一个国家来说意味着什么吗？"

至于那张"神奇的报纸"，它报道的其实是克林德"死于拳匪之手"。6月10日之后，使馆区与外界的电报联系断了，远在千里之外的上海英文媒体对使馆区的报道就只能靠捕风捉影了。而克林德的好勇斗狠是众所周知的，在"猎取拳民行动"中他是杀掉拳民最多的公使，《北华捷报》的报道既是巧合，其实也是对克林德本人宿命的某种"必然"推论。

1900年12月31日，东单，在克林德被杀的地方，恩海被德军执行枪决。克林德的尸体后来被德国远征军运回了德国国内，下葬于明斯特中央公墓；而恩海的人头据说也被运回了德国，以示德国人的严谨。原有的东单牌楼被拆除，重新修建了纪念克林德的四柱型的汉白玉"克林德碑"。"50码外，集贸市场照常进行，在饭铺吃饭的清国人不愿意中断他们的进食，一个说书人在讲他荒诞不经的故事，他吸引的听众要比恩海受刑吸引的观众多得多。"（引自［德］瓦德西：《瓦德西拳乱笔记》）

6月20日，克林德已死，对于其他公使来说，再也没有人敢走出使馆区了，但也没有人敢去天津——使馆区一千米之外都有危险，更何况是要到天津！对于慈禧来说，这又是个意外，看来要让这些人发挥"人质"牌的作用也不是那么容易的，暂时是不可能了，只能再等时机。

而更让慈禧感到不安的是，裕禄竟然还没有做新的报告！这太不正常了，慈禧又发出一道六百里加急信问情况〔"裕禄于二十一日（即6月17日）后并无续报，究竟大沽炮台曾否开仗强占？连日洋兵作何情状？……著即迅速咨明总署转呈，并遵前旨随时驰报一切"〕。

在这道上谕发出后不久，慈禧也终于在6月20日这天等到了裕禄的新军报，这是裕禄继17日《大沽口炮台紧急情形折》之后的最新军报。看完这个军报，慈禧既没有难过，也没有愤怒、沮丧和恐惧，她只有一个感受——解脱。

开战！

军报是裕禄从天津直隶总督衙门发出的，名叫《接仗获胜折》，写得又长又很啰唆（后详），但裕禄明确地告诉慈禧：洋人进攻了大沽口炮台，守将罗荣光正在竭力抵抗，战况"尚未获得确信"。据大沽口方面报告"击坏洋人停泊兵轮二艘"，但也"传有（弹）药库被毁之信，危急可想而知"，而他本人正在天津率领军队和拳民攻打租界，大家作战十分勇猛，有望占领租界。

看来，裕禄的"获胜"指的是他指挥攻打租界之战"有望获胜"，他还是没有把大沽口方面的情况报告得十分清楚——不过，这一切对于慈禧来说暂时都不太重要了。

重要的是，她已经确定：洋人已经向大清开战！从"使馆卫队"到西摩尔大军，再到大沽口外的第三批八国联军，双方军队的直接交火终于发生了，洋人终于将她拉上了战车！战争已经是事实！

那还说什么？战吧！

慈禧颁布上谕，命令军机处给各省督抚发六百里加急廷寄，告诉他们"中外衅端已成"，要求他们"通盘筹画于选将、练兵、筹饷三大端"，请他们思考："如何保守疆土，不使外人逞志；如何接济京师，不使朝廷坐困，事事均求实际，沿江沿海各省，彼族觊觎已久，尤关紧要，若再迟疑观望，坐误事机，必至国势日蹙，大局何堪设想！是在各督抚互相劝勉、联络一气、共挽危局，时势紧迫，企盼之至！"

这是继上次完成朝廷高层小范围内的战争动员后，对地方大员做战争动员和下令备战。接下来，则需要向亿万臣民宣告与洋人的战争状态和做战争总动员，需要起草一道诏书，一道慷慨激昂、气势磅礴、鼓奋人心的诏书，明发上谕，昭告天下！

军机章京连文冲奉命起草，一气呵成。

第二天（6月21日），慈禧将上谕昭告天下。这道上谕中提到杜士兰，并说洋人是"诈谋"（"彼恃诈谋，我恃天理"），看来慈禧对于洋人没有履行"张杜约定"的愤怒仍然是刻骨铭心啊。而上谕中也没有提到要跟大清交战的具体是哪些国家，而是采用了"远人""彼等"这样的朝廷的习惯性用语（"朝廷柔服远人，至矣尽矣！乃彼等不知感激，反肆要挟"）。昭告天下，自然也不能漏了洋人，于是这道诏书也被送往了十一国公使馆——这就是历史上著名的所谓"慈禧主动向十一国宣战"！

事实上，慈禧只是"应战"，这道上谕也只是慈禧处理拳民进京和洋兵进京的众多上谕中的一个，是面向全国军民发出一个战争总动员令。是西方国家进攻大清，大清不得不奋起反抗，而不是慈禧"脑袋一热，要灭了十一国"。而由于找不到足够的宣战理由，八国也一直在避免"宣战"（后详），他们和大清进行的是一场奇怪的战争：大家打得不可开交，但都没有在严格意义上宣战。

不过，令慈禧有点儿郁闷的是，这篇慷慨激昂的上谕刚刚发布不久，裕禄关于大沽口的第三封军报就来了。这次不再是"接仗获胜"，而是"奴才裕禄跪奏：为大沽接战失利、炮台被陷，请将防护不力之员治罪，并自请严议"。也就是说，大沽口炮台失陷了，并且早在6月17日就已经失陷！裕禄为何延迟到21日才报告，他又如何能躲开罪责？一切秘密之后将揭晓。

对于慈禧来说，这个消息只是让她郁闷了一下，即使早知道大沽口炮台已经失陷，她也是不得不战的。战，有可能代价巨大。但是，不战，就要失去自己的一切。唯有战！

战争动员做完了，接下来最重要的，就是如何处理义和拳。

政策很简单——联拳抗洋！噢，对了，从这一天起，不应该再称他们为义和拳，而应该称"义和团"了，拳民也变成了团民！慈禧发布上谕，第一次在朝廷层面承认义和团为"合法组织"，团民不再是"匪"，而是"义民"，朝廷为他们拨出专门的资金——粳米二万石、白银十万两，令拳民先去庄亲王载勋的府上登记注册，只有登记注册后的团民才可以称作"官团"，每天可领官钱1600文，否则便为"私团"，是没有银子领的。

有人说："俺不在乎那1600文，也不想登记注册去受管制，但又想去混混义和团，可以吗？"当然可以，但这真的不是"朝廷思维"：既然称你为"私团"，就说明你是不被官家承认的；不是被官家承认的，就方便官家将来对你进行清理打击！在以后的故事中，我们即将看到这个必然会成立的逻辑。

明知不是伴，事急且相随。对于慈禧来说，她收编义和团，并不是心里已经放下了对团民的戒备和怀疑。慈禧最大的愿望是先逐渐掌控进入北京的团民，然后想办法令他们出北京。一是与洋人交战的天津前线需要这么多"精壮的汉子"；二是几天前"求和"大臣无法出城的事件已经给了慈禧很大的警告：即使收编之后，团民一时还是掌控在端王集团的手中；如果不能"用更大的手段去制住他们"（慈禧后来语），让他们在京津间有个"灭洋"的出口，他们仍然是对慈禧权力安全的极大威胁！

然而，慈禧的如意算盘注定要落空了。不说端王集团一定会把他们留在北京，就是没有端王集团的暗箱操作，他们也是不会离开京城的。进入北京之后，他们所"灭"之"洋"，其实是清国人之"洋"，杀清国人中的教民、砸清国人的洋货，即使在突进内城后，也很快避开了使馆区的洋枪洋炮转而去烧教堂。也就是说，虽然他们高喊"扶清灭洋"，但真正要让他们离开京城这个舒服之地去前线杀敌、去战场当"炮灰"，那是连门儿都没有！

因为随着时间的推移，这支队伍早已经不纯了。强盗、小偷、逃犯、流氓，什么三教九流的闲杂人等都混迹其中。对于一些人来说，加入义和团只是为了可以光明正大地抢劫；对于另外一些人来说，这是免费上京城、免费混京城的途径。队伍内部的分化和派别斗争也更加激烈，比如同为"义和团"，"乾字团"和"坎字团"是不同的，甚至来自不同地方的"团"也是有很大差别的。某一部分人可能很懂端王的意思，知道"灭洋"只是手段，废立才是终极目的，另外一部分人想法就很简单。

而对于端王集团来说，义和团毕竟已经被慈禧收编了，慈禧也可以对义和团发布命令，趁着朝廷刚刚开战，朝廷上下对洋人同仇敌忾之际，他们要加紧让团民"为我所用"。孤注一掷吧！趁乱杀掉光绪，一举完成废立！此时不用，更待何时！

大阿哥溥儁在宫内首先向光绪发难，称光绪帝为"鬼子徒弟"。"帝泣诉于太后"，溥儁就被慈禧臭骂了一顿。第二日一大早，端王集团核心阵容集体出动：端王载漪、庄王载勋、贝勒载濂、贝勒载滢带上约60名团民，以寻找"二毛子"为名，闯入光绪临时住处宁寿宫之门，大声呼喊："请皇帝出宫！"而身后的团民们一片喊杀之声，高呼："杀洋鬼子徒弟！杀洋鬼子朋友！"

端王集团的狐狸尾巴终于露出来了。以前是造谣光绪被杀，现在他们要亲自来杀了！

刚刚起床的慈禧听到喊声，立即赶到宁寿宫，她亲自站在台阶上阻止，对着端王破口大骂，命人将一名团民首领就地正法（"太后大怒，叱载漪等出，斩匪首一名于外宫门"，引自《清史纪事本末》）！

"我还没死，你们就敢这样啊！等我死了你们还不得无法无天！这次先杀你们的帮凶，如有下次，那就杀你们！不要逼急了我！"这就是慈禧的想法。

看来慈禧之前把光绪接到皇宫暂住，放到她眼皮底下亲自保护，还真是有先见之明。这一刻，她真的像个泼妇。

团民出不了城，又是卧榻之患，又不能让他们去使馆区"坏事"，那么只能让他们去干老本行——烧教堂，让他们去攻打北京城里的最后一座教堂——北堂。

慈禧发布命令，荣禄仍然亲率中军围困使馆区，但不再是"保护"，而是"进攻"，由董福祥后军一部协助。使馆区周边仍然要严禁其他军民靠近（慈禧仍然在留着她的"人质牌"），对于进攻北堂的义和团团民，由端郡王的虎神营协助进攻。

精彩，精彩！这就是慈禧在决定开战后所做的两件最重要的事情——处理义和团以及使馆区问题。从这些决定来看，它们又充满着慈禧的特色：步步为营、稳扎稳打、长袖善舞、心机极深。事实上自从处理义和团运动事件以来，慈禧的一贯表现都是如此。她对于军队的调动、对于官员的任命，可谓旗帜鲜明、毫不含糊，处处透着精明与圆滑，手段不可谓不高超，权谋不可谓不精深，注意细节不可谓不完美——她甚至把权谋都已经用到"洋大人"身上了。

然而，相信大家也发现了，权谋高手慈禧是处处焦头烂额，机关算尽太聪明，反误了天下朝廷！可以说，局势到了这个地步，跟端王集团的野心，奕劻、荣禄等人的自保，个别大臣的愚昧平庸不无关系。但是，这并不是说慈禧本人就是没有责任的。恰恰相反，作为朝廷里的最高统治者，她的责任是不可推卸的。这种局面的出现并不是慈禧力挽狂澜的结果，而是她不断犯错的结果。

现在，是时候来阶段性地总结一下慈禧之错的表现与根源了。

## 慈禧之误

慈禧最明显的错误就是她虽然处处有奇招，但这样的奇招，都只是事务性的处理，只能说是临时性的见招拆招、被动防御，而从来没有一个统一的、长远的战略，更谈不上对某个战略进行坚持。从本质上说，她所有的招式如果拆开来看，都很高明，但如果联系到一起来看，又自相矛盾，都是头痛医头、脚痛医脚与和稀泥。

那么，一个权谋高手为何会犯一个如此明显和低级的错误？

这当然和慈禧本人有很大的关系。慈禧自己都说过，除了洋人，就没有她办不到的事儿。这一方面当然是因为洋人蛮横，但另外一方面，如何面对"外面的世界"也正是慈禧的短板。慈禧对京城外的世界没有太多的兴趣，对国门外的世界更没有太多的兴趣。她认为自己只需要盯着紫禁城，盯着自己大权的那一亩三分地就行了，却不知道作为大清实际上的最高统治者，她也需要对国际形势有很深的了解。她只知道她对洋人是怎么想的，却不知道如何去了解洋人对大清是怎么想的。她长于权谋而短于见识，从根本上说，她已经远远落后于她所处的这个时代。

洋务运动30多年后，为何一个最高统治者的认识还停留在如此水准？

因为她本质上其实是个没有名分的帝王，是中国传承三千年的帝王。帝王在我们的历史上是一个奇葩的职业。

从小的时候起，我热衷读史，遍翻《资治通鉴》，阅读《二十四史》，只为找出一个能让人真正佩服的大英雄作为偶像。但时间不觉过去几十年，即便曾经看书看到走路撞柱子，我也没能得偿所愿。

不是我眼光高，而是史实中的他们总有瑕疵、总会昏聩、总有那令人意想不到的低级错误，让人总感觉拿不出手。为什么他们往往前半生英雄、后半生昏庸？为什么往往能治天下者皆不能治左右？

后来，我发现了一个简单的道理：他们生而没遇见好的制度。说得搞笑一点儿，他们吃了当皇帝的亏，正是皇帝这项职业害苦了他们。

圣人、英雄、能人、好人，都是要以良好的制度为依托的。好的制度才能为他们提供真正的舞台；好的制度，才是他们的推力和助力。

再拿慈禧来说吧，不管她的计划如何周详、算计如何完美，那个用武力抵抗洋人的最佳时机，其实已经被她自己错过了。

这个时机就是，当第一批八国联军——"使馆卫队"非法、强行进京时，把他们看作对一个国家的侵略，以最高统治者的身份号召军民保卫首都，在北京城墙上发起抵抗！就是这样一件最简单的事情，慈禧却把它搞得无比复杂，而原因也是慈禧迫不得已，因为最高权力的周围危机四伏。

好的制度，可以让能人和好人有机会、有条件而无后顾之忧地去履行他的责任、实现他的价值。就像一家之主对于家的责任，一国之"主"对于国的责任。而专制王朝的帝王们却只能有"朕即天下，朕即国家"的观念，推而广之，大臣、总督、巡抚、知县，又都只能把一权一地当作一己之私。国为私器，便会反过来灼伤这个国里的任何人，包括他们自己。

国不知有民，民便不知有国！

我曾经多次想用自己的话来解释这个概念，但每次写下来都不满意，直到我找到了福泽谕吉的版本。

在《劝学篇》里，福泽谕吉写道：

> 假如有个百万人口的国家……主人是那一千个力能统治国家的智者，其余都是不闻不问的客人，既是客人，自然就用不着操心，只要依从主人就行，结果对于国家一定是漠不关心，不如主人爱国了。在这种情形之下，国内的事情还能勉强对付，一旦与外国发生战事，就不行了。那时候无知的人民虽不致倒戈相向，但因自居客位，就会认为没有牺牲性命的价值，以致多数逃跑。结果这个国家虽有百万人口，到了需要保卫的时候，却只剩下少数的人，要想国家独立就很困难了。由此可见，为了抵御外侮，保卫国家，必须使全国充满自由独立的风气。

国家，应该是构成这个国家的百姓之梦汇聚而成的集体之梦！"一定要建立一个近代化国家"，这是明治维新的根本目的，是它与大清洋务运动的根本区别。大清有很多外患，有很多远道而来的入侵者；但是从另一个角度来说，大清只有变成一个"近代化国家"，侵略才会消失吧。慈禧落后于这个时代，专制的皇权体制更已经远远落后于这个时代！王朝的统治在国内行得通，在面向"外面的世界"之时却未必行得通。权谋所向披靡、精彩绝伦，但它的舞台也必然越来越小。

所以我知道我错了。在我们已然面向世界的今天，我们的"偶像"绝不能也绝无必要去从那些"帝王"中寻找，我们也绝无必要津津乐道于那些所谓帝王心术、高深权谋。

"惜秦皇汉武，略输文采；唐宗宋祖，稍逊风骚。"

说起来他们都是"俱往矣"的英雄，但他们不是"输"在他们个人上，而是"输"在他们的时代、"输"在他们的制度环境、"输"在他们的起点上。我们要为能够破除他们的制度环境而庆幸，我们要为我们能够有机会培养自己的"现代公民意识"而庆幸。

几年前一个偶然的机会，一位经历坎坷但仍能乐对生活的老人对我说："生活再艰难，没有关系，只要你记住'莫坏初心，莫忘初心'。"莫坏初心，莫忘初心。我相信我已经尽可能地让大家看到一段真实的历史，更因此拥有一双明辨是非的眼睛。我相信我的初衷只是要让大家懂得那些真实的故事、懂得那些阴谋诡计。

因为懂得，所以轻蔑；因为懂得，所以慈悲。

所以这一段我是必须要写出来的，在讲述接下来的战斗故事之前。

无论智慧有多深广，无论手段有多高超，正确的初衷才是真正强大的前提；无论细节有多完美，如果你的方向错了，你的初衷不正，你就倒在了起跑线上。这世界上其实只有两种最强大的力量，一是公，一是正。天下为公，人间至正，这不只是道德的评判，更要有制度的保障。

# 第十三章
# 大沽口保卫战：优势下的惨败

## 西摩尔大军"失踪"之谜

现在我们终于能够来关注一下那支久闻其名不见其影的西摩尔大军了，希望大家不要忘了他出发的日子：1900年6月10日。这一天，在接到窦纳乐的电报后，西摩尔立即率领大约2066名八国联军士兵，在天津火车站强行征用五辆火车作为运兵专列，向北京进发。

前四辆运兵，最后一辆是后勤保障车。考虑到当天就能到北京，保障车上装的给养比较少，另外的物资是修复铁路的器材，车上还有雇用来的清国苦力。因为西摩尔早听说了，津芦铁路线上可能会有拳民出没，破坏铁路。

火车沿着铁路线向前，很快到达了第一站——杨村。西摩尔军在这里碰到了正在保护津芦铁路的聂士成军。这也是八国联军与朝廷正规军的第一次照面！

对于突然到来的西摩尔军，聂士成的第一反应是阻截。而裕禄大人的电报不失时机地到了：不要"启衅"。前面我们知道，此时慈禧对是否与洋人开战的决定还迟迟未下，裕禄同志很怕承担这个"启衅"的责任，于是电报追到杨村了。

聂士成虽然心有不满，但他从来就是一位以服从命令为天职的纯粹的军人，对于裕禄的指示，他执行了。于是，裕禄的电报化解了两军可能的擦枪走火，西摩尔军运兵专列顺利通过聂军杨村防区，继续往前。

火车不久顺利抵达落垡车站，这是津芦线上的中途站。去往北京的行程已经接近一半了，照这个速度，当晚抵达北京是没有任何问题的。西摩尔手下的军官们已经开始讨论使馆区的欢迎晚宴，舞会上会有多少姑娘。

而正是从落垡车站开始，噩梦即将到来。

前方开始断断续续出现铁轨被扒的现象，列车不得不时常停下来，而车一停，旁边的"铁道游击队"便一拥而上，用手中的石块、长矛、大刀、鸟铳等勇敢地攻击火车！

他们是京津间的义和拳，之前破坏津芦铁路原本是为了阻止聂士成军向北京"进剿"，同时也对铁路这种洋玩意儿充满仇恨，而当他们发现西摩尔大军到来之后，毫不犹豫地将武器对准了这支洋人的军队。

有些受惊的西摩尔军赶忙架起马克沁重机枪扫射，人群这才退去。而火车再往前开，前面的铁轨又被扒掉了。

看来当晚就进京的计划只能破灭了，在车上的苦力修复铁路时，无事可干的西摩尔军士兵来到了附近村子里。

事实证明这支多国部队的军纪是不怎么好的，他们决定顺便抢点儿吃的东西，惊恐的百姓们带着财物四处逃散，于是更大的混乱发生了：试图反抗的老百姓被打死，村里的妇女纷纷寻找水井——为了躲避强奸，她们只有跳井自杀。

西摩尔军将很快为此付出代价。

第二天（6月11日），落垡车站前的铁轨铺好了，西摩尔留下一部分士兵留守后路，车队继续向前。他的一号指挥车开在最前面，每列车厢里的士兵都做好了随时应对偷袭的准备，机枪手架着机枪对着窗外。然而奇怪的是，前方的铁轨再没有遭到破坏，铁路两侧也再没有出现拳民，一切又恢复了平静。

看来经过前一天的交战，那些拳民已经被重机枪打怕了啊，西摩尔的心情又愉快起来。火车继续呼呼向前，前面就是廊坊车站，这里离北京只有40公里了，也是进入北京地界前的最后一座车站。军官们又开始讨论起欢迎宴会和舞会姑娘。

而火车快进站时，西摩尔突然发现了一个令人不寒而栗的现象：前方铁轨上开始出现稀稀拉拉的人群！先是一个，接着是几个、十几个、几十个；然后是几百个、几千个，最后是上万人！他们中有白发苍苍的老者、有十几岁的小孩、有沉默的妇女，大部分人的头上戴着红头巾，手里仍然拿着长矛、大刀、鸟铳等最原始的武器，他们沉默地注视着火车。

原来，分散在津芦线上的义和拳全部聚集到了这里！人群中还有部分前来复仇的普通百姓。

火车上的西摩尔军立即架好机枪，士兵们屏住呼吸，火车缓慢地往前开。然而，人群并没有发动攻击，当火车开过来时，他们便迅速分散，但仍然注视着火车开过。

气氛令人窒息！

西摩尔很快就知道为什么这些人并不急于进攻了。

因为前方所有的铁轨都消失了。

在廊坊车站以外，几乎连一米长的铁轨都没剩下，它们全部被掀翻、扭曲，连枕木都被翻了过来！火车只好"当"的一声停下，而这给了人群进攻的信号！

所有人全部站成一横排，黑压压地冲向火车，而车上的机枪手立即开火。冲在前面的拳民一批批地倒下了，然而后面的迅速跟上、前仆后继！

几轮冲锋过后，拳民们终于发现一号车是指挥车，洋人最大的官应该就在这个车上。于是冲锋队伍改变策略，他们不再横向分散冲击，而是以纵队集中人群，全部冲向一号车！

冲在前面的人手中多了一个重型武器——大锤。在其他人的掩护之下，他们猛冲到车厢边，抡起大锤朝车窗砸去！然而，近距离下车上机枪和步枪的火力也更猛，在密集的子弹中，一个个举着大锤的人倒下了，西摩尔的指挥车旁顿时尸体堆积、血流成河！

这个时候，"大师兄"出现了。

他们来到队伍的前面，庄严地烧符、念咒、施法，然后带领身后的拳民再度冲锋！然而，每一个"大师兄"也都被子弹击穿，再也无法站起。很多人疑惑地摇晃着他们的尸体，不相信"刀枪不入"的他们会死，但这一切都是徒劳的。

很快有人过来将"大师兄"的尸体抬走，很显然，不能让"刀枪不入"的神话在人们心目中破灭。几次交战后，西摩尔军也发现了这个秘密，他们开始抢"大师兄"的尸体，然后把残肢断体故意挂在车窗上！

没有人被吓倒，也没有人动摇进攻的信念，在再也无力发起猛冲的时候，他们就躲在火力射程之外远远地包围着火车，站在远处投掷标枪、扔石块。只要西摩尔军开始修铁路，他们就立即再发起猛冲！

西摩尔就比较痛苦了，铁路修不好，火车就开不动，就要被困在原地。西摩尔从来没有想过放弃火车步行，在这位海军中将看来，火车就是在陆地上的军舰，"舰"在人在，是不能弃"舰"而走的。

双方开始了对峙：西摩尔2000多人的正规军被只有简单武器的拳民大军围困在廊坊车站，动弹不得，别想再前进一米！为了阻止西摩尔军发电报，拳民开始拔电报线杆子——6月14日，京津间的电报线全部中断。

从此西摩尔军"困守廊坊"了，而他们真正的危险即将降临。夜深人静之时，5名意大利岗哨兵因无聊玩起了牌。夜色之下，拳民们摸近，手起刀落，5人顿时成了肉酱。两天后轮到几名英国士兵站岗，他们精神紧张地守卫，此时有两名俄国士兵提着水桶去给机车加水，一名英国岗哨兵突然失控，大喊："有拳匪！"车厢里被惊醒的其他士兵一顿乱开火，这两个俄国士兵就这样被打成了蜂窝。

7个人，这就是6月10日发起阻截以来，义和拳首次给西摩尔军造成的减员，虽然人数不多，但却减得不明不白。西摩尔军已经风声鹤唳、士气低迷，更重要的是补给车上的补给也快吃完了，而拳民为了防止西摩尔军在附近村庄抢到食物，把周边村庄所有的食物全部运走，甚至把整村的房子烧掉，士兵们就只好饿着肚子了。

6月18日，饿得两眼冒星星的西摩尔终于明白：再这样耗下去是不行的。海军中将终于想到一个办法：丢掉火车，沿着1860年英法联军进京的路线——沿京杭大运河水路进京。

这个办法听起来不错。如果走水路，拳民就无法发挥人海战术，也无法进行远距离袭扰！长官为什么不早点儿想到啊。士兵们分头去抢船。

从出发之日起，西摩尔军已经被义和拳阻截在廊坊整整8天了！这就是北京一直传言西摩尔军"即来"，但又始终不见身影的原因。在这8天的时间里，廊坊车站上自始至终都是义和拳和京津间的普通百姓在战斗，他们以简单的武器抵挡精锐的多国部队。甲午战争之后，西方普遍流传着这样一个说法：只要有一支很小的外国军队手拿洋枪洋炮，就可以在清国土地上长驱直入，到北京去。现在西摩尔知道，这个传言被粉碎了。

6月13日，慈禧在北京给裕禄和聂士成发布命令，要求对试图进入北京的八国联军"实力禁阻"，调聂士成军回天津扼守。6月14日，聂士成命士兵协助落垡的拳民袭击了西摩尔留在后路的军队，这是朝廷的正规军第一次对八国联军采取行动。除此之外，8天的时间里，朝廷的军队始终没有参加阻截西摩尔军的战斗，阻截西摩尔军的主力是拳民、是普通的百姓。虽然他们也有过烧老百姓房子的错误行为，也有过"降神附体"的种种荒唐之举，但他们也是一群战士。此时他们还没有被慈禧宣布"合法"，所以我们还只能称呼他们为"拳民"。在朝廷的正规军不见踪影的时候，他们在抵抗着外敌、保卫着家园，也保卫着都城北京。

这就是来到京津间的这部分拳民。他们和受端王集团收买、进入北京疯狂打砸抢烧的那部分拳民，是完全不同的。义和拳并没有完全被端王集团收买和操控，事实上也不可能完全被收买，因为还有他们这样一群人。他们虽只是普通百姓，却真正有保家卫国的精神和壮举；他们用实际行动昭示着：在大清的民间，蕴藏着巨大的、令人恐惧的能量。这种能量就是：它反对内部的压迫和外来的侵略、反对一切不公正：有侵略，必反之；受不公，必反之！因为这是这块土地上最朴实无华的传统、广大普通百姓恪守的最基本的生存要义。他们的"善于忍气吞声"只是表面上的，那只意味着他们不屑跟你寸利必争，但会在秋后算总账。

来吧！在西摩尔军改变行军方式后，拳民和百姓们仍然在殊死抵抗！

而朝廷的另外一支正规军也终于到了，他们是从北京马家堡火车站出发的董福祥军。

6月16日，第一次御前会议召开后，慈禧派出的两位"求和"大臣没能出城，于是慈禧再次命令原本在马家堡火车站布防的董福祥军向天津方向搜寻，阻截西摩尔军进京。

董福祥派他的部将姚旺率领2000名士兵，沿津芦铁路一路往天津方向搜寻。18日，他们到达了廊坊车站。

姚旺立即命令部队加入义和拳的战斗。

正规军的威力果然是要强悍些的，继上次的7个人后，西摩尔军再一次出现减员：这次战斗中共有6人被打死，48人受伤。而大清方面伤亡400多人，拳民和清军各占一半。

伤亡对比是说明不了什么问题的，因为清军和拳民士气高涨，而西摩尔军粮草不继，士气低迷到极点。更要命的是，前方出现了正规军阻截，水路进京的计划也泡汤了。没有人再敢去往北京，唯一能做的决定就是撤回天津，并且只能走水路往回撤，因为不仅从廊坊前往北京的铁路被拳民破坏了，从杨村回到天津的铁路线也被破坏了。

这是迫使西摩尔改变进军方向的关键一战——廊坊之战。后来朝廷称它为"廊坊大捷"。很显然，单就伤亡对比来说，它并不是一场实际上的军事胜利，但它迫使西摩尔军不得不后撤，不再冒犯北京，保障了首都的安全，因此称它为"大捷"也并不为过。虽然"廊坊大捷"指的是姚旺的这次战斗，但毫无疑问，它的主要功劳应该归于已经近乎赤手空拳抵抗了整整8天的拳民和沿线百姓。

6月20日，西摩尔军在杨村火车站集结，然后开始沿京杭大运河向天津方向撤退。残兵败将们挤在几条破船上。当然，并不是所有人都能有登上破船这个高级待遇的，未负伤人员还是要沿着河岸步行和拉纤。

此时的西摩尔只有一个愿望了：我从哪里来的，还能活着回到哪里去。

## 大战之前

在6月10日西摩尔大军开向北京后，各国就开始增兵。俄国人是最积极的，他们离大清最近，派兵也最方便。6月12日，1700名俄国海军陆战队士兵在大沽口上岸，开进天津租界。还没有接到慈禧明确命令的裕禄只好又睁一只眼闭一只眼，"使馆卫队"出发后租界里的军队又猛增到2500人，这2500人也是天津城的威胁。而令裕禄没有想到的是，大沽口外的威胁更大。

俄国在向租界派兵的同时，也在向大沽口外派军舰，太平洋舰队副司令勃兰特就在大沽口外的俄军军舰上坐镇，他也是西摩尔出发后各国舰长中军衔最高的人。6月14日，电报线中断，各国的军舰与西摩尔军以及北京使馆区同时失去联系，勃兰特就把八国舰长叫到他的旗舰"俄罗斯"号上举行舰长联席会议。勃兰特告诉大家："我们不能再在海上干等了，必须上岸采取军事行动！"

要上岸，就有两种方案：一是像之前的西摩尔联军那样，让军舰绕过大沽口炮台，开到塘沽、北塘甚至北戴河，随便找个地方登陆。大清的海防总是有一搭没一搭的，守了大沽，忘了塘沽；守了塘沽，忘了南、北戴河。反正是可以找准空当上岸的，这样最方便。

而第二种方案就是先攻占大沽口炮台，就从大沽口上岸。

这种方案当然是"最好"的，原因很简单：大沽口炮台是离北京最近的出海口，如果不先摧毁大沽口炮台，出海口到北京的交通线就无法保证畅通，将来各国再从海上增兵极为不便。

但是，如果攻占大沽口炮台，它就不是一个单纯的军事问题了，而是一个政治问题。

如果向清国的国门大沽口炮台发起攻击，很显然，这是向整个大清开战，意味着八国要跟大清进行国家间战争，这就要涉及宣战等问题，而宣战又得有个理由。说西摩尔军和使馆区失去联系，公使的人身安全得不到保障？这理由并不充分，如果担心他们的安全，应该先让天津领事馆派个人去了解一下情况，电报线断了，还有腿的嘛。进攻炮台就是在事实上发动对清国的单边战争，将来在历史上是要受到质疑和唾骂的。

而各国驻天津领事也极力反对攻打大沽口炮台，他们不是军职人员，恰恰是从在大清的外交人员的立场来考虑问题的：如果八国联军强行进攻大沽口炮台，就难保朝廷不会对北京使馆区和天津领事区动手："进攻大沽口不亚于给在清国内地的欧洲人签署一张死刑证！"

但在勃兰特等人的坚持下，各国舰长最终同意了先进攻炮台，只有美国舰长在最后一刻退出。

美国舰长之前接到美国总统的指示：如果要发动对清国的国家战争，需要正式宣战，而按照美国宪法，这又需要获得国会的批准。现在国会还没有批，所以，美国军舰恐怕不能和其他国家一起行动。

总统说的这个原因其实只是表面上的说法，事实上美国此时在大清推行独具特色的"门户开放"政策。这是一项外交政策，更是一项经济政策，显示了美国人正在成为世界新老大的咄咄气势。总之，此时与清国作战是有损这一政策的，也是有损美国国家利益的。

于是，美军舰长最终做出决定：美国军舰不参战，但可以派一艘军舰去接走大沽口岸上的外国侨民。

一支即将上岸开赴北京的多国部队成形了。他们是第三批八国联军，准确地说是七国联军。也就是6月15日裕禄给慈禧的奏折里所说的"闻得各国除已去之兵外，尚有续去之兵"！看来裕禄的情报是无比准确的，这也使得慈禧第二天就心急火燎地召开御前会议。

在以英国人西摩尔为指挥官的第二批八国联军开赴北京后，俄国对指挥另一支开进北京的八国联军实在是迫不及待，一切的秘密都将在以后的讲述中揭晓。

军舰上的气象报告显示：6月17日，大沽口潮水将上涨，有利于军舰靠岸！进攻之日确定，接下来就是如何进攻了。既要保障军事上的胜利,也要解决那个无法宣战的难题,而这两个问题都很有难度。

## 罗荣光的抵抗

大沽口炮台在白河(海河)入海口的南北两岸修建,南岸炮台群和北岸炮台群总共有177门先进的克虏伯大炮指向河面,炮台是当年李鸿章专门请德国工程师设计修建的,坚固无比。

守卫在这里的是罗荣光率领的直隶淮军六营,再加上一个水雷营,共计3000多人。25年前,早年曾在曾国藩军中任职的湘西人罗荣光调任大沽口守将,之后一直驻守大沽口。几个月前,罗荣光已经接到了升职的调令——调任新疆喀什噶尔提督,但罗荣光没有赴任,他奏请留下来,留在越来越多的外国军舰云集的大沽口。

他并非不知道只要与洋人交战就是危险,他并非不想携家人去安全的地方,但国门危急,他知道自己不能走,手下的弟兄们都不能走。

在发觉大沽口外的军舰有异动后,罗荣光开始做应战的准备。他派出士兵在白河入海口布置水雷,如果能形成水雷拦坝,海上的军舰就开不进来。

同时,罗荣光还将大沽口炮台的防务情况和洋人的情况都通报给了附近的北洋舰队,希望他们可以协同作战。

"北洋舰队"竟然又神奇地出现了?没错,在甲午战争之后,朝廷又花重金组建了新的北洋舰队,任命在甲午战争中表现神勇的原"靖远"舰舰长叶祖珪为新的统帅。而此时,叶祖珪正率领北洋舰队5艘军舰驻泊在水雷营旁的大沽口船坞。

5艘军舰中,有北洋舰队的新旗舰——"海容"号,排水量2950吨。其余4艘是上一年刚从德国购买回来的当时世界上最新的驱逐舰。而除了这5艘军舰,船坞里还有两艘鱼雷炮舰正在维修,它们虽然不能出海,但可以固定发炮。也就是说,一旦七国联军进攻大沽口炮台,北洋舰队可以有7艘军舰协作参战!

坚固无比的炮台再加上一个北洋舰队，七国联军其实绝无胜算。外海上总共有30多艘军舰，但是这30多艘军舰并不是都能参与进攻，能够开到白河口的只有10艘。既然能开进来，就说明吃水比较浅，排水量比较小。这些军舰中排水量最大的才1213吨（不到海容号的一半），最小的才503吨，基本属于渔船级别。而能够用于进攻炮台的只有6艘（另外4艘另有任务），舰炮总和不到80门，不说比北洋舰队，就是比炮台都少了一半。考虑到炮台可以俯射而军舰要仰攻的因素，火力大约只有炮台的1/3。而军舰上所有的参战人员加起来是900多人，兵力也只有炮台守军的1/3。

自古攻坚之战，至少须有3倍兵力，这还是在火力必须对等的情况下；现在七国联军火力只有炮台的1/3，兵力也只有炮台的1/3，而他们最为顾忌的其实还是北洋舰队。

炮台只是一种防御性工事，军舰开进去之后攻两下，攻不下怎么办？掉头跑啊。退回深海，大炮是搬不动的，能怎么样？而军舰就不同了，它是可以追击的。北洋舰队不仅在排水量、舰炮等方面有优势，而且它们似乎吸取了"定远"等巨舰大而无当的教训，所有的军舰都是排水量适中的驱逐舰。驱逐嘛，顾名思义，就是要追着你的屁股打。

所以七国联军才在有限的10艘军舰中分出4艘去执行任务：2艘到大沽口船坞外监视北洋舰队，一旦发现北洋舰队有出动的苗头，就立即发情报让大家掉头跑；而另外2艘中，一艘开往大沽口火车站附近负责警戒天津裕禄方面来的援军，另外一艘就是美舰，去接运岸上的侨民。

抢在罗荣光派出的人在河口布置好水雷拦坝之前，这10艘军舰迅速开进河道内，然后各就各位，寻找有利泊位。

与此同时，外海的军舰开始往塘沽运送1500名陆战队上岸（清国的海防果然是有一搭没一搭）。他们兵分两路：一路500多人开向津沽铁路线（仍然是防备裕禄的援军），另一路900多人安静地埋伏在炮台的后路和侧翼，只等战斗正式打响，就从陆路发起进攻！

俄国人一定参考了日军的意见：这是明显的水陆两路包抄。

军事方面的部署是天衣无缝的,但如何解决那个"无法宣战"的难题?

七国舰长们最终商量出一个结果:发最后通牒。

在七国联军所有的作战准备完成后,6月16日亥时(晚9点至11点),一名俄国军官带着翻译上炮台"拜访"了罗荣光。他把事先准备好的最后通牒递了过去,通牒上的内容就是裕禄曾经向慈禧报告的:限定罗荣光在6月17日凌晨2点之前自动交出大沽口炮台,否则将"以力占据"。

只有不到5个小时的时间了,炮台方面用这点儿时间来进行作战准备肯定是来不及了。这就是七国联军发最后通牒的作用:促使双方尽快开战,进入实际战争状态,将来还可以拿着这份最后通牒去告诉世人:我们不是不宣而战的,事先通知了守将罗荣光。

按照正常程序,罗荣光需要立即向天津的裕禄汇报;然而此时,潜伏在炮台后方的陆战队已经不失时机地把电报线割断了。罗荣光立即传令:派快马赴天津飞报消息!请求裕禄大人支援!各炮立即准备战斗!

好消息是此时白河口的布雷工作已经完成了。这真是一个重大的好消息,因为这相当于已经切断了七国联军的退路。七国联军一旦进攻不利,炮台就可以和北洋舰队对他们形成水陆夹击,关门打狗!

得到北洋舰队将协同作战的消息无比重要,罗荣光立刻亲自给叶祖珪写信,务请北洋舰队"协同作战,共御外敌"。北洋舰队跟大沽口炮台并不属于一个系统,罗荣光能够调动北洋舰队的方法只有一个——提前请旨。于是紧急之下,他派人送上了这封亲笔信,他相信六年前的孤胆英雄叶祖珪是不会见炮台危急而不救的。

时间分分秒秒地过去,过得很快,罗荣光紧张地穿梭于炮台之间,亲自检查备战工作,鼓舞士兵做好殊死一搏的准备。其实七国联军发最后通牒还有另外一个目的,那就是希望不战而获得大沽口炮台。几十年来,太多的清军守将就是被洋人的片言只语给吓倒的,而这次,洋人的计划注定落空了!

罗荣光此时想的或许是：我的任务就是守炮台、守住国门，这是我的职责。六年前的甲午战争，日军没有进攻大沽口，我因而没有参战，也许是错失了英勇作战的机会，也许是不幸中的万幸。不管怎么样，现在到了我与炮台共存亡的时候！

开炮！

## 大沽口炮台沦陷过程

6月17日凌晨零时50分，战斗打响。

这是在清国国门打响的第一炮，到底是哪一方提前开炮，在历史上一直是个谜案。据罗荣光后来的战报，是洋人先开炮（"洋人因至丑刻未让炮台，竟先开炮攻取"），而联军方面留下的记录几乎集体指证第一炮来自炮台，似乎不像作假。但第三种说法也很有可能：炮台在紧张备战中，北岸炮台管带封得胜不小心引燃了炮信，"误发一炮"（李希圣：《庚子国变记》）。

如果排除意外事件，应该说洋人提前开炮的嫌疑更大。他们万事俱备，只欠一炮，而罗荣光需要更多的备战时间。其实不论谁先开炮，这场战争都是洋人挑起的！

首炮过后，就是万炮齐鸣！

七国联军先用2艘军舰吸引住北岸炮台群的炮火，剩下4艘军舰朝南岸炮台群围。俄军"基略克"号打开探照灯，想引导其他军舰一齐朝炮台发炮。不过，有句话说得不错：照亮了别人，也照亮了自己。此时的罗荣光正好在南岸，他命令士兵朝着光源点开炮，他还跑到大炮边，亲自瞄准发出一炮。

"基略克"号就悲剧了：探照灯被打碎、桅楼被打断，开始侧翻。罗荣光立即指挥炮手调整角度，对准"基略克"号倾斜的正面舰体猛轰。如此一来，可怜的"基略克"号就成了筛子，整条军舰的甲板被掀翻，全舰燃起熊熊大火；接着又有一炮击中水线，开始进水。在水深火热中，它逃离了战场,保命要紧。

接下来倒霉的就轮到俄军的"朝鲜人"号,它就是10艘军舰中排水量最大的那艘,吨位大、目标也大。几乎是在"基略克"号受到打击的同时,"朝鲜人"号炮位被摧毁,右舷被炸去半截,鼓风机被炸碎了,整条军舰燃起大火。它也跟在"基略克"号的后面,在水中跳着摇摆舞远去,差一点儿沉没。

炮台上177门从德国进口的克虏伯大炮,果然威力无比!

在北岸炮台这边,德国军舰"依尔提斯"号上8名官兵被炸死,17名官兵负伤,更可悲的是舰长当场被炸飞一条腿。德国进口大炮炸德国人,这位舰长一面派人到处找他的断腿,一面大骂克虏伯。战斗打响不久,七国联军6条军舰已经全部中炮了,就连那艘躲在远处负责接运侨民的美国军舰也被流弹所伤,看来仅仅靠河面上强攻是无法攻下炮台的。

那么,出动埋伏在炮台后路的陆战队包抄!

埋伏着的士兵们端着步枪,趁着夜色和炮声向炮台摸近,然后对着炮台上的那些大炮——开枪。没办法,他们没有手持火箭筒啊。

然后他们等来了炮台守军的反应——开炮。

竟敢拿枪来攻炮台?炸!

一炮出去,万枪沉寂,陆战队的士兵们赶紧丢盔弃甲、抱头鼠窜。刚才怎么来的,现在又怎么回去。

七国联军各分队的指挥官终于绝望了。他们终于意识到:进攻大沽口炮台,绝非易事!

此时已经是凌晨4时左右,也就是说,战斗打了3个多小时,罗荣光战前已经给裕禄发出了军报,奇怪的是裕禄那边的援军仍然不见到来。不过没有关系,照这样的情形下去,七国联军很可能会全军覆没,炮台会取得胜利。罗荣光开始写第二份军事简报,把战斗已经打响以及战况报告给裕禄。

然而这个晚上的运气,实在不属于大沽口炮台,也不属于整个大清国。罗荣光派人把第二份军报刚刚送出去不久,河面上,七国联军本来已经没有什么还击之力的军舰突然又向北岸炮台打了几炮，而这次，打出的炮弹有如导弹一般地落在了一个对于炮台来说十分致命的地点之上——弹药库。

巨大的连环爆炸声同时响起！在毫无预兆的情况下，北岸炮台几百名守军瞬间被炸成碎末！这其中包括正在发炮的炮手，炮台上血流成河！所有人都被这一幕惊呆了。

七国联军的军舰趁机将所有的火力对准北岸炮台群猛攻。他们掩护原本已经撤回去的陆战队队员再次冲上缺少兵力的北岸炮台，而日军冲在了最前面。

在没有炮手的情况下，北岸炮台守军进行了顽强的抵抗：炮弹来不及发出了，他们端起了步枪；步枪不管用了，以手搏斗！管带封得胜倒在了血泊之中，最后一名守军倒在了血泊之中。一名日本士兵降下黄龙旗，升起太阳旗，北岸炮台失守。

这一切都发生在极短的时间里，在南岸炮台的罗荣光根本来不及增援。他知道联军的下一个目标就是南岸炮台，罗荣光和南岸守军已经做好了死战的准备。

在占领北岸炮台后，七国联军士兵立即将北岸所有炮口掉转——对准南岸发炮！而白河上的军舰分作两组，一组继续朝南岸炮台发炮，吸引住南岸的炮火，而另外一组将北岸的陆战队运送至南岸，又开始进行包抄！

虽然北岸已经失守了，但要想继续攻下南岸也不是那么容易的。罗荣光就在南岸，大家已经做好了死战的准备。但是，说这一晚的运气不属于炮台是有理由的。

继命中北岸炮台弹药库之后，联军的军舰竟然又命中了南岸炮台的两座弹药库！与北岸炮台相同的一幕又重演了。

6月17日上午7时左右，罗荣光率领幸存的1000多名士兵撤出炮台，撤向大沽口西南的新城，大沽口炮台失陷。而七国联军也遭受了重创：他们所有的战舰都中炮严重受损，接近报废；总计阵亡约61人、负伤约234人（[法]施米侬等：《庚子中外战纪》）。

战后，七国联军的许多官兵在日记里记下先后命中北岸和南岸弹药库的神奇经历。而据称联军的指挥部是根本不知道弹药库在那里的，所以这确实很神奇，这些普通的官兵纷纷在日记中写下："感谢上帝。"在他们看来，正是因为大清出现了"对上帝不敬的拳匪，上帝才在关键时刻护佑了联军"，让他们转危为安。

如果是这样的话，是不是就是"上帝"的力量让那些炮弹变成导弹，直接朝弹药库飞去了呢？显然，与其相信"上帝"，倒不如相信图纸。

首先，大沽口炮台是李鸿章当年聘请德国工程师设计完成的，但是花大价钱引进的德国工程师，却设计了极不合理的、使得白河上的军舰可以用炮弹轻易打中的弹药库。

其次，炮台设计的图纸工程师们会不会留下一张，回去转交给德国政府，这是不得而知的，但至少是有这个可能的。

最后，洋人的军舰已经在大沽口外集结一个多月了，他们有没有派人侦察过炮台，我们也不得而知。

不要以为这场战争就是打了那两炮便完事了。从本质上说，打那两炮只是高潮部分；更多的时候，它打的是战前的准备、战时的指挥以及平常的居安思危！

罗荣光已经尽力了，也已经尽责。虽然就军事部署来说，他确实有些迟缓，至少白河口的布雷工作本可以早些完成，那样七国联军的军舰就无法轻而易举地开进来了。但除了朝廷不能"衅自我开"的传统思想，罗荣光在战术上的迟缓正是因为慈禧和朝廷在整个战略上的迟缓。

炮台守军是守备兵，他们固有的思维和最擅长的就是"守"炮台，而绝不会丢下炮台主动出击，但孤立地守炮台其实是很难守住的，国门的防御需要一套完整的体系：需要守备军，也需要野战军；有人守，有人攻。

而可惜的是，徒具"野战军"表面形式的武卫军早被慈禧当作维护权力安全的政治大军。聂士成的前军本来就是驻守天津海防的，却被慈禧调往北京"进剿",使得大沽口无援。

一个只为自己权力安全的人,最终不仅会失去权力,还会失去安全。覆巢之下,岂有完卵!

那么,事先接到罗荣光求救信的叶祖珪哪里去了?

在罗荣光率领众兵守卫炮台的过程中,叶祖珪命令北洋舰队的军舰全部熄火抛锚,不准发炮,负责监视他们的两艘英国军舰趁机迅速俘虏了北洋军舰。除了叶祖珪的旗舰"海容"号,其余4艘驱逐舰分别被英、俄、法、德抢走,而俄国人后来还进入船坞,把另外两艘正在修理的炮艇给拆了运回去。

刚刚恢复一点儿的北洋舰队又基本成光杆舰队了。后来朝廷有人干脆提出将另外的五艘军舰全部给卖了,一来可以向洋人表明没有备战的态度,二来反正留着也没什么用,卖了省心。

相信大家还记得,在六年前的大东沟海战中。叶祖珪表现神勇,作为"靖远"号舰长,他在军舰被打残后修舰再战!而仅仅六年之后,叶祖珪却不再神勇,贪生怕死,置炮台于不顾。其中的原因我们是可以替叶祖珪找出很多的,比如丁汝昌的北洋舰队全军覆没后,幸存下来的所有舰长都受了处分,叶祖珪也不例外,直到上一年(1899年)他才成功复出。好不容易当上北洋舰队的统领,他当然要"倍加珍惜"。再比如这支北洋舰队仍然有李鸿章的影子,作为汉党集团的军队,自然是不愿和洋人开战的。但是,我们更加相信,叶祖珪是在大清全民皆腐中堕落的,他只是"全民腐败"的一个缩影。

## 罗荣光自杀殉国

带领幸存的士兵撤往安全地带后,罗荣光一个人默默地回到自己的住所,集合了家中的女眷,让她们站成一排。

罗荣光平静地告诉她们大沽口炮台已经失陷,自己绝不可能再活,在他死后,就再也没有人来保护她们。他不能保证洋人的军队不会拿她们出气、向她们复仇，或者朝廷追究炮台失陷的责任时不会连累她们，请她们做出选择和安排。

女眷们都没有说话，她们平静地望着罗荣光手里的刀。

罗荣光明白了：作为从军之人的女眷，跟随丈夫出生入死，夫死妇随！

他拔刀逐个杀掉女眷，然后默默地收回战刀，自刎。

在炮台失陷的那一刻，罗荣光就想殉国了。之所以没有，只是因为要把那些跟随自己多年的兄弟都带出来！作为湘西汉子，他的身上不止流淌着热血，还有兄弟情义。其实对于罗荣光来说，他只想兑现战前对大家的誓言：

　　人在大沽在，
　　地失血祭天！

然而，还有一个情况是罗荣光至死都不明白的：既然裕禄大人事先就已经得到了联军准备进攻炮台的情报，而他也在战前给裕禄发过一个紧急军报，为何在8个小时的战斗中，裕禄的援军始终未见，甚至连一个派过来了解情况的人都没有？

# 第十四章
# 租界之战：裕禄的一场政治表演

## 裕禄参战

天津直隶总督衙门里的裕禄一直很郁闷。作为总督，他有守土之责，也有维护一境平安之责，所以他一直强力"剿匪"。但是随着时间的推移，裕禄发现对他顶戴威胁最大的并不是义和拳，而是洋人，而从甲午战争过来的裕禄更加清楚：洋人是惹不起的。

于是裕禄只好紧盯慈禧，太后怎么办，他就怎么办："使馆卫队"是从天津出发的，裕禄放行了；西摩尔军也是从天津出发的，裕禄放行了；6月12日，1700名俄军海军陆战队士兵进驻天津租界（位于天津城外"紫竹林"，也称紫竹林租界），裕禄也放行了。

6月13日，慈禧终于给了裕禄在万不得已的情况下可以动武的明确授权，同时将聂士成军调回天津协助裕禄。聂士成回撤天津的有十营七哨，加上原来驻扎天津的直隶练军三营，总督府亲兵500人，天津的兵力总共有6500多人，而紫竹林租界里的联军人数是2500人。虽然兵力是洋人的3倍，但裕禄总担心洋人会出其不意地攻过来。

接下来发生的事情我们都知道了：6月16日亥时（晚9点至11点），大沽口的七国联军给罗荣光发出最后通牒，要求他自动交出炮台，而罗荣光将情况写成第一份军报派快马飞报裕禄。津沽间的距离只有100里，这份军报应该很快就会送达裕禄手中。我们暂时不管它的去向，先看裕禄这边接着发生的事情。

到了17日卯时（凌晨5点至7点之间），也就是大沽口战斗快要结束、七国联军即将占领炮台之时，紫竹林租界方面突然给裕禄送来一份照会。这份照会是各国领事以领事团团长杜士兰的名义发来的，他们告诉了裕禄与罗荣光军报里同样的事情，只不过是以外交文件的方式告诉裕禄的：大沽口外的七国联军已经给罗荣光守将发出了一份最后通牒，要求罗荣光在17日凌晨2点前交出炮台，否则他们将开炮轰夺！

裕禄看到这份所谓的照会，简直鼻子都气歪了。很显然，洋人玩了很大的花招：给罗荣光的"最后通牒"时间都已经过去了几个小时，才又把这件事情通知他这个最高行政长官。而更可气的是，这份照会上面的落款日期竟然是16日，也就是说是在给罗荣光"最后通牒"的时间之前。洋人的解释是路上耽搁了一点儿时间：反正我们是早点儿送过来的，只是路上耽搁了。

连环计啊连环计。两国之间交战，如果要"师出有名"，不在历史上留下什么把柄，除了军对军，还需要政府对政府，而给罗荣光的"最后通牒"与天津领事给裕禄的照会配套使用，洋人就达到了不宣战而实际开战的目的。在大沽口的罗荣光来不及做完备的备战，在天津的裕禄没时间支援，同时也在"最后通牒"时间之前通知了直隶最高行政长官，完全符合"国际惯例"！

事实上这里面的名堂还不止如此。相信大家还记得：16日子夜，在天津的江苏粮道罗嘉杰给荣禄送去了一份他弄来的"疑似照会"！

也就是说，从6月16日亥时开始至17日卯时，短短20个小时的时间里，分别有三份文件先后送给大沽口炮台、直隶总督衙门和朝廷：一份是"最后通牒"，一份是照会，最后一份是疑似照会，而它们实际上都是"最后通牒"，分别刺激大沽口炮台前线守将、直隶最高行政长官和朝廷开战，解决无法"宣战"的难题！

这就是洋人在"照会事件"中的可疑之处。时间上太巧合了，最需要朝廷开战这个结果的，除了端王集团，还有洋人！多年以来，我们一直认为，搞阴谋诡计似乎是东方人的专利，洋人对这些东西根本学不会。而实际上，这个世界上的利益是会令人疯狂的，正是因为如此才彰显相互制衡的伟大，对于一个国家来说是如此，对于人类来说也是如此。

难怪后来的慈禧在那份战争动员的上谕中要特意强调洋人靠"诈谋"，看来也不能说她是无端地攻击人啊。

此时的裕禄简直出离悲愤，也突然意识到：大事不好，头上的顶戴可能不保。

很显然，洋人有把握，又是发"最后通牒"，又是发"照会"。照这种情形来看，大沽口炮台危矣，十有八九是要被占据了！洋人是很"狡诈"的，但这并不是说他裕禄就没有责任。

早在6月15日之前，因为发现大沽口外的军舰有异动情况，罗荣光就派专人向裕禄报告洋人很可能会进攻大沽口炮台，而裕禄做了什么？他向慈禧报告了这则情报（"闻得各国除已去之兵外，尚有续去之兵"），然后他就什么都没再做了，没有向大沽口方面发一兵一卒帮助守卫大沽口炮台。

接下来，罗荣光在16日晚接到"最后通牒"，同样派专差飞报裕禄，按正常情况它应该是比领事区照会先到的。如果这份军报早就到了，裕禄就没有任何理由不去支援大沽口了。但按照裕禄后来报告给慈禧的说法，他是在接到照会后才接到这封军报的。也就是说，在接到照会之前，他"并不知晓"大沽口之战已经打响了，所以他也没有派援军。

由于军报的接收方是总督府，好吧，我们也只能相信裕禄说的是事实。但现在已经接到照会了，按常理，裕禄仍然需要向大沽口派援军。紫竹林租界里虽然还有2500名八国联军，但天津的兵力是他们的3倍啊，租界联军又没有出动，你不把天津的军队调去支援大沽口，干什么呢？

而接下来的一幕出乎所有人意料：在细细考虑之后，裕禄不仅没有向大沽口派出一名援军，甚至连一名了解情况的侦察兵也没有派出，似乎要将对大沽口的"不闻不问"贯彻到底。

应该说，裕禄这种反常的决定，跟多年来清廷中一种很普遍的军事思想是有关的，那就是重陆防，轻海防。大臣们似乎认为，海疆总是守不住的，只有"马上"的打仗，才是真正的打仗。所以鸦片战争60年以来，大臣们头脑里还没有"走向海洋"的观念，朝廷也还没有"走向海洋"的观念。

在裕禄看来，总督府所在的天津才是重心，而大沽口只是一个要塞，守得住就守，守不住就撤。他的主要任务是"保"天津（"力顾津郡"）。

而在裕禄更深层次的考虑里，对大沽口"不闻不问"，也恰恰才能掩盖他的失责、保住顶戴！竟然有如此不合常理的事情？不着急，我们先来继续了解天津方面的情况。

没有向大沽口派援军，此时的裕禄最紧张的就是租界联军会不会突然进犯天津，他希望将最多的兵力留在天津，这样就可以"威慑"租界联军不敢贸然出击。然而真是怕什么就来什么——租界联军并没有被天津的"重兵"给吓倒，17日上午，在大沽口炮台已经被攻占的消息正式传到租界后，他们立即开始准备主动出击！

6月17日下午2时左右（请大家记住这个时间），抢在清军行动之前，租界联军迅速行动，以英、德、意、奥兵为主，总人数100人左右（有的史料记载为90余人，有的记载为170余人），偷袭了租界对岸的一所著名的军校——天津武备学堂。

联军之所以不放过这所军校，是因为它不是一所普通的军校，校园里还有一座弹药库，储藏着大量的枪支弹药。几天前，为了安全起见，学校已经放假了，但仍然有90名学生勇敢地留下来保卫校园，他们并不知道危险已经临近。

偷袭小分队接近校园，终于被警戒的学生发现了。学生军迅速拿起准备好的武器，跑进教室，拉下窗帘，躲在黑暗处向外射击！联军竟然被打退了。但他们随即推出重型武器——大炮。大炮朝着校园猛轰，在炮火的掩护下，联军重新发起了冲锋，这一次他们终于冲进了校园内，而英勇的学生也毫不畏惧，他们和洋人拼起了刺刀！

进攻竟然又一次被打退了。

联军终于恼怒了，他们原本以为对付一群学生军是很容易的，校园里的弹药库只等着他们去占领，没想到却要大费周章。于是一个歹毒的计划形成了：放火烧。

他们退出校园，包围校舍，然后在四周放火！学生军被困在火中，而校门已经被火力封锁；此时，大火烧到了弹药库，开始猛烈爆炸！等到附近的直隶淮军赶过来时，他们被眼前惨烈的一幕惊呆了：校园被夷为平地，90名学生无一生还。废墟上只能够找到少量的残肢断体，因为大部分人已经在大火和剧烈爆炸中化为了灰烬。

天津武备学堂是当年李鸿章创建的，主要为淮军培养基层指挥官，直隶淮军中的很多人也毕业于这所学校。看到这惨不忍睹的一幕，他们立即找到裕禄，要求立即开战、进攻租界！

此时的裕禄才知道他的如意算盘落空了。他原以为把军队都留在天津，就能"保"天津平安，没想到租界联军却很快给了他致命一击。裕禄其实并不知道的是，即使是出于"保天津"的目的，他也应该在接到"照会"后第一时间派大军增援大沽口！

租界联军之所以敢离开租界主动攻击，正是因为他们得知大沽口炮台已经被占据了，大沽口方面很快就会向他们增援，所以他们才敢以绝对的劣势（这种劣势不仅是兵力对比，还有租界孤悬于天津）去冒险。这和当初"使馆卫队"得知西摩尔大军很快要进城，就主动展开"猎取拳民行动"是一样的道理。

也就是说，在大沽口炮台被攻占之前，天津城绝对安全。而一旦炮台被攻占，天津真正的危机就来了。裕禄更加不会知道，在大沽口炮台被攻占之前，当他十分恐惧租界联军会不会贸然进犯天津时，反而是租界联军更加恐惧他裕禄会不会向他们进攻、会不会把他们歼灭，或者挟持为人质。这正是当时租界里的领事极力反对大沽口联军进攻炮台时所担忧的事情啊。

庸才啊庸才！怯战的裕禄，自然是不会捕捉到这些战机的，他不仅丧失了作战的先机，还丧失了作战的时机。现在，租界联军主动出击了，慈禧早在6月13日就叮嘱过他，一旦洋人从天津阑入北京，定拿他是问！那么还说什么，赶紧战吧！召集各军，进攻租界！

天津城里还有很多的拳民。之前裕禄是坚定的"剿匪"派，现在既然已经和洋人开战了，那么就不要"剿匪"了，联合他们一起去进攻租界啊。裕禄就这样成功地完成了对义和拳由"剿"到"抚"的转变。

此时聂士成也已经率武卫军前军赶来了，他是上过战场的。当然，在六年前的甲午战争中，当时作为盛京将军的裕禄也是上过战场的，不过无论是从战场全局眼光还是临战指挥来说，进攻租界的指挥应该非聂士成莫属，只有他才是真正的军事将领，而裕禄本质上是个官僚，且是个技术娴熟的官僚（后有明证）。但自从决定进攻租界后，裕禄好像突然硬气起来了：他要亲自指挥！

好吧，在裕禄的指挥下，各军先出动炮队在紫竹林三面高地布炮，居高临下，一齐怒轰，而租界里本来炮就少，加上清军使用的是进口的无烟火炮，对方找不到炮位，租界联军被炸得血肉横飞。一天之后，租界联军的伤亡就已经有110多人，他们基本没有还手之力，只好给那些厉害的无烟火炮起了一个更加厉害的外号——"慈禧太后"。他们只有一个愿望：少挨点儿"慈禧太后"的炸，赶紧撤向大沽口。

可是想撤也不是那么容易的。裕禄一直在打炮，昼夜不停，特别是用炮火把租界各个出口封锁得严严实实。几次强冲无果，联军只好又退回租界，这次他们不冲了，改为挖洞——把防炮火的地下室挖得深一点儿，再深一点儿。

战场形势确实大大有利于清军，但聂士成很快发现一个令人惊奇的现象：裕禄大人享受打炮，他一直在打炮。

所谓"一直"，就是裕禄只使用炮兵，而没有让步兵和骑兵发起冲锋！聂士成立即建议裕禄在炮队继续打炮的同时，放手让步队和马队发起冲锋。

聂士成的建议是极为合理的。因为影响租界之战胜败的决定性因素其实除了战斗本身外，还有一群人——大沽口方向的八国联军，他们在攻占炮台后自然是要增援租界的。6月17日当天，大沽口方向的八国联军就开始沿着津沽铁路向租界进发，聂士成派出了武卫军前路统领周鼎臣部在军粮城一带建立防线阻截。

在敌方有外援的情况下，一般有两种选择。一种是进行"围点打援"，这听上去不错，但实际上却行不通。

此时不仅大沽口的美军已经参战（租界里有美国领事，租界联军里也有美军，在租界之战打响后，他们和大清已经处于实际的战争状态，国内的战争法案也已迅速通过），更重要的是，大沽口炮台已经失陷，各国军舰从海上增兵畅通无阻，援军只会越来越多，以天津现有的兵力对比，打不了援，只能尽可能地迟滞他们进入租界的时间。

那么剩下的另一种选择就是听聂士成的建议：应该趁着援军主力到达之前，向租界发起强攻，果断冲进租界，扣留租界里的洋人为人质。如此一来不仅大沽口联军不敢轻举妄动，以后各国从海上增援的部队也不敢轻举妄动，天津可保（这和后来慈禧在北京进攻使馆区试图扣留洋人为人质的想法如出一辙）。

也就是说，只有发动冲锋才能让天津的战局明朗，才能将战斗带入真正的高潮，把优势转化为胜利。

而裕禄"怯战"的老毛病似乎又犯了，他认为租界中洋人死伤还不大，而且他们也有炮，此时还不能发动冲锋，要保存军队的人数、保存实力，免得将来被动挨打。裕禄似乎不太相信自己的军队竟然还能对着洋人冲上去，竟然还有能跟洋人拼刺刀的能力。在聂士成的坚持下，裕禄终于命令军队"冲锋"了，不过冲上去的是拳民，正规军仍然在后方优哉游哉地打炮。

大哥，您只打炮，不冲锋，如何能解决战斗啊？

拳民没有有效武器，"冲锋"很轻易就被租界联军打退，而军粮城一带防线越来越吃紧，聂士成不得不亲自前往军粮城指挥阻截战。一直到6月20日，兵力越来越多的大沽口联军发动了多次进攻，然而始终没有突破聂士成防线。

但是对于租界这边的战斗，聂士成十分焦急，他知道留给裕禄攻进租界的机会将越来越少，此时不强攻，以后可能再也没有机会强攻，战机稍纵即逝。而此时的裕禄仍然没有清醒过来，他在做一件对他无比重要的事——写奏折。

是的，聂士成可以只从战场的角度来考虑问题，但裕禄是天津的最高军政长官，是要向朝廷和慈禧报告的。接下来就要解决那个难题：如何把大沽口以及天津的这一切向慈禧报告。

## 如何汇报战况：裕禄写奏折的艺术

6月17日早晨接到照会之后，裕禄就已经感觉到脑袋上的顶戴可能大事不妙，因为他在大沽口的防务中存在严重的失职。但裕禄虽然指挥战斗的能力一般，对处理这样的"危机"还是很有信心的，因为多年的官场生涯已经使他明白：只要是做官，就难免出事故。但只要能将事故上报给领导（慈禧），就一定有补救的办法。

6月17日，在接到"照会"之后，裕禄立即给慈禧发了第一道奏折——《大沽口炮台紧急情形折》。相信我们还记得裕禄在这道奏折里说了什么、没说什么。他只告诉慈禧：他收到了"杜士兰照会"，大沽口外的联军向罗荣光发最后通牒强索炮台，情形危急！然后他报告了一阵天津的兵力空虚，希望朝廷赶快派兵接应（"并请旨迅速饬董福祥等统带所部，星夜来津接应"）。

至于最关键，也是对慈禧的决策最重要的信息——洋人是否已经开战，炮台还在不在守军的手里，裕禄什么也没说。

裕禄当然不能说。根据租界方面的记录，炮台失陷的消息在17日上午就已经传到了租界（租界联军才因此主动出击），裕禄不可能不知道，即使不知道也应该派个侦察兵了解清楚情况后再迅速续报给慈禧。但裕禄需要的就是对大沽口的"不知情"。其实如果不是这天杀的洋人将一份什么照会送过来，裕禄倒是宁愿一直被"蒙在鼓里"的，最好悄无声息地就把大沽口给丢了，这样他顶多是个"失察"的责任。而洋人却偏偏将他拖下了水，于是裕禄只好先硬着头皮写了这一封奏折。但给朝廷报告重大事故嘛，不能一上来就讲明白的，一讲明白慈禧就不会紧张了，就会立即怪罪到裕禄头上，裕禄需要的是将大沽口的情况一点儿一点儿地"透露"给慈禧。

接下来，6月18日、19日，裕禄再无写给慈禧的奏折，尽管此时的慈禧在皇宫已经是望眼欲穿。

6月20日，在有充分的时间能够混淆事实之后，裕禄才给慈禧写了第二封长长的奏折——《接仗获胜折》。他把第一封奏折之后所有的事情都放在这封奏折里一并说了。而这道奏折堪称"名篇"，不仅"保"裕禄绰绰有余，还是可用于官场逃避问责、诉苦表功的示范性教程，是"学习"欺上瞒下、移花接木、混淆是非之必备读物。请大家来看一下翻译版本：

领导，我不是在6月17日报告了我接到杜士兰外交照会，大沽口外联军发最后通牒给罗荣光，欲占炮台，我请旨要求朝廷派援军吗（你们为何不派）？我刚报告完，旋又（注意）接到罗荣光派快马前来报告他接到了"最后通牒"一事。随后（注意）又接到罗荣光的第二封报告，报告说洋人首先开炮进攻，他正率领守兵竭力抵抗，我感到事态十分严重。洋人既已经在大沽发动战事，天津的防务必然十分要紧，于是我马上（注意）命令天津驻军做好各项军事准备。天津的兵力还是比较少啊（再强调一下），而在天津的拳民已经不下3万人，现在紧急备战，这是一股很好利用的力量，形势所迫，我就不得不先暂时招抚以应急，于是我亲自接见义勇的首领,办理此事（由于此时义和拳还没有被慈禧宣布"合法"，还没有真正成为"义和团"，于是特意将他"私自"联合义和拳的情况做了说明）。

我正在办理此事之时，接到报告，有一部分洋兵从大沽口坐火车北上，试图进犯天津，洋兵率先开炮，我军阻截（洋人果然来犯津了，证明了之前加强天津防卫的必要性，并且说明天津的战斗也是"衅自他开"）。

随后租界里的洋军分路出击，我亲率各军和拳民竭力进攻租界，军民团结一心、英勇奋战,一直激战到19日,我军获胜在望,紫竹林租界指日可下(所谓"获胜在望",这大概指的是"精彩"的炮战)。

我与负责阻截大沽口北上之军的聂士成商量,准备一鼓作气先攻下租界,然后全力接济罗荣光。大沽口距天津一百余里,电报不通,那边的情况如何,还没有确切的消息,只是听说弹药库被炸,情况的危急可想而知。不料又听说西摩尔联军正在撤回天津,看来,我又不得不派出军队前往防御了。

领导,这就是这些天洋人首先开衅,我接仗获胜并正在筹划防守的实际情形。虽然我军民心极固、军气甚扬,但以天津现有兵力,以一敌八,军事万分棘手,请调拨大军,星夜赴津增援。我把这个战时报告发给领导,听候指示,纵有千难万难,奴才唯有妥为联络,竭尽心力办理(一句话总结:我可辛苦了)!

完美,十分完美。大沽口炮台早在17日就已经失陷了,而裕禄在20日这封奏折里,大谈特谈的仍然是他如何保卫天津、如何英勇地领导租界之战,他比上一封奏折"进了一步"的只是告诉慈禧战斗已经打响,但竟然还是没有告诉慈禧炮台已经失陷的事实(裕禄最终是在第二天——21日才报告的)。

"表功"的同时自然也就为大沽口失陷开脱了责任。若只看裕禄的这份奏折,大沽口之战和保卫天津之战这两件原本有明显时间先后顺序的事情,基本上是同时发生的,他完全没有顾及大沽口的失职,被忙忙碌碌、鞠躬尽瘁、呕心沥血地"保卫天津"给掩盖了。看到这份奏折的慈禧还能说什么呢,估计只恨不得能握住裕禄大人的手,眼泪哗哗流:我就啥也不说了。

大家要问了,一封小小的奏折,就有这么大的学问和作用吗?朝廷难道只会"依折办事"?

这是有传统的。咸丰年间,爱犯事的左宗棠被人上奏参劾,面临处罚,于是营救他的人就开始想办法,而这办法不是去收集左宗棠无罪的证据,也不是去了解所参劾之事的事实,更不是去翻翻大清律法,而是请当时的饱学之士（潘祖荫）写了一封更加厉害的奏折。后来左宗棠果然就因为一封奏折被"保"下来了。在这封奏折里有一句"名句"：

天下不可一日无湖南，湖南不可一日无左宗棠。

看来"名句"能救人。至于左宗棠到底按律该不该罚，没人关心。而在大清的督抚衙门、六部衙门，那些专门为领导写奏折的师爷，其实还有另外一个更加形象的称号——刀笔吏。

这只是说这些人文字好、会写文章吗？不是的，在这些故事的背后，还有一个秘密，一个王朝传承千年的秘密。

一位生前默默无闻、死后名扬海内外的海外历史学家黄仁宇，在对历史进行多年的研究后，得出一个我个人认为非常关键的结论：几千年来的王朝都缺乏一种"数字化管理"，帝国的繁荣是经不起科学的、精准的数据的检验的。

裕禄大人这封奏折，虽然前后跨度有整整四天，但关于时间的用语却是"随即""旋""马上"等，相信大家在阅读其他史料时也是深有感触的。更厉害的是即使是军报，数字性方面也不会好到哪里去。我对于历史上几次著名的战役曾经想搞清楚双方的兵力对比，可报告里留下的数据往往是"数万"。

说起来这种情况的出现是有比较深层次的原因的：第一，当然是留下点儿空间，方便大家将来逃避问责，越模糊越好，或者方便军队里吃空饷，这个大家都懂；而第二个原因可能比较搞笑，即方便领导看得懂。

帝国的官员都是学八股出身的，从进入私塾起就只有两件事情：培养写八股的能力和培养对皇上的忠心。于是他们对于"枯燥"的数字是没有概念的，经常脱口而出、随手一写的就是"数千年往事"、"数万里河山"以及"数亿万臣民"。他们没有兴趣看数据，写报告时就不要写，写复杂了他们也看不懂，还要批评这报告写得太差。

这就是说，原来，帝国是没有理科生的啊！

一个现代型的政府，必然有成熟的政务官（官），也有成熟的事务官（吏），前者是思想型人才，后者是技术型人才。有志于成为政务官的人，自然要让他的政治理想和纲领接受老百姓的检验，通过检验他才值得大家尊敬。而在我看来，有志于成为事务官的人更加可贵也更加重要。因为他们才是官员队伍中的大部分，是国家和政府的"基本面"；也能够让那些政治家的"天下为公""为天地立心""为万世开太平"落到实处，转化为真正的数据，经受细化检验。

在京津间失去电报联络之后，慈禧并没有派出几个她信任的人来天津了解情况。不过，如果这个朝廷一品大员、"天下第一督"的裕禄都无法让人信任，慈禧又能信任什么样的人呢？

6月20日，在裕禄写第二封奏折的当天，西摩尔军从杨村开始往天津方向溃退。得知西摩尔大军正在回撤之后，不知裕禄大人是不是"保天津"的心理又一次发作了，他竟然命令正在军粮城防线的聂士成分兵前往阻截西摩尔军！对于裕禄这道命令，聂士成提出了强烈的质疑。

很明显，虽然理论上说一支敌军进入天津确实会对天津的防务构成"威胁"，但战场上的情况是要具体分析的。想想看吧，西摩尔军是退入天津的，后面还有广大拳民在追着打。溃退之师虽不足为惧，但溃军的逃命能力也是很强的。你要真正去打他们，除非事先设有埋伏，否则就会变成耗时耗力的追击战。

而反观天津这边，裕禄在围攻租界但还没有拿下（这是重点），聂士成在军粮城苦苦地阻截大沽口援军。此时分兵正为兵家之大忌，一旦分兵，大沽口援军必然会突破防线、增援租界，接下来租界之围必然也会被突破。

所以，聂士成的观点还是那个：既然已经包围了租界，就要先拖住大沽口援军，集中优势兵力先攻进租界。只要搞定了租界，不管是西摩尔军，还是大沽口联军，一切都会迎刃而解。也就是说，清军目前最需要一场实际上的战果，所谓"伤其九指，不如断其一指"，骂他三月，不如砍他一刀。

裕禄彻底火了：到底你是总督还是我是总督啊？

聂士成无奈了。朝廷向来是以文御武，文臣指挥武将，当然降低了武将"谋反"的可能，可另外的结果就是三分政治、七分军事。裕禄的考虑其实又是他多年的官场生涯的反应：在他的眼里，得知西摩尔大军回撤天津的消息，就意味着天津的地面上从此又要多出一支洋人的部队，这是比较"可怕"的。至于聂士成说他们是溃退之师，那就正好可以让聂士成去灭了他们嘛，刚刚向慈禧报告了租界"获胜在望"，如果能再取得一场战斗的胜利，就又是奇功一件了！

看来在怯战之外，裕禄还有一种贪多求全的心理。而有时候贪多求全，正是一种无法真正面对困难的胆怯心理。

作为一个纯粹的军人，聂士成一直以听令为军人的天职，他不会抗命，也不会阳奉阴违。他只好重新布置军粮城防线，告诉士兵：不论有多困难，一定要想尽一切办法全力阻截大沽口联军，如果无法阻截，就想办法拖住他们。只要再争取几天的时间，估计总督大人总会清醒过来的，总会攻进租界，拿下租界！

做好这些工作后，聂士成率领少部分兵力向西摩尔军方向进发了。裕禄并不知道，正是他的这道命令，即将把天津的战局推向深渊！

## 贻误战机，八国联军完成合兵

果然不出聂士成所料，此时的西摩尔军是一支绝对的疲惫之师、惊恐之师，士兵们已经有很多天没吃一顿饱饭了，很多人衣不蔽体。他们有的坐在船中，有的沿着河岸行军，机械地向天津方向撤退。

当他们撤退到西沽附近时，聂士成率军赶到，双方作战11小时之久。西摩尔军拼命战斗，苦不堪言，但仍然无法突围，而经过接下来的第二次战斗，西摩尔军基本已经被打残（"受创甚重,部分遭击溃,重炮丢失"），聂士成正在率军布置包围圈，准备将他们围攻歼灭！

西摩尔终于绝望了。他知道有聂士成的军队阻截在前，撤回天津也只是一种妄想了，不仅不能再回天津，还得赶紧溃逃，不然后果就是全军覆没！

就在这时，溃逃的士兵报告了一个极好的消息：附近发现一座大型武库（西沽武库，清军在北方最大的武库之一）。令人意外的是，一座如此大型的武器库，竟然只有十几名士兵守卫！

在平时，守卫一座武器库十几名士兵也是够的，估计也没有人敢来这里抢点儿枪炮什么的。但已经进入战争状态了，直隶总督裕禄估计早忘了要加派人手保护一下。

这对西摩尔军来说真是绝处逢生！抱着先去弄点儿武器来的念头，6月22日午夜，西摩尔军夜袭了武库，轻松打跑武库守军，进入武库，然后他们被眼前的景象惊呆了。

武库里有成箱成箱的子弹，数不胜数，还有各种原装进口的武器，德式的、英式的、法式的，克虏伯重炮、无烟火炮、马克沁机枪和连发步枪……琳琅满目，数不胜数，竟然比西摩尔军手中的装备还要先进！这么多的先进武器，都原封不动地堆在武器库里，很多尚未拆封。这就是朝廷多年来的传统了：对非八旗的军队，武器和子弹都是限量供应的，不能给得太多，以防生事嘛。但各支军队每年的军火进口还是照常的，甚至有增无减——这样才能批到军费，也才能在军费上做手脚。

西摩尔军立即全员更换装备，然后他们又发现了另外一件更让他们高兴的事情：武库里还有好几吨的大米！

饿了好几天的西摩尔军终于可以吃一顿饱饭了——米饭加马肉。虽然力气有了，武器弹药拿不完，但西摩尔军却不敢离开武库了。他们决定就以武库为基地建立防线固守，打死也不离开。

而聂士成发现西摩尔军已经进入武库后，立即率军包围了武库，然后发起强攻。聂士成的目的很简单：冲进去！西摩尔当人质分量也够了。

前军左路左营营官（相当于营长）徐照德、中营帮带（相当于副营长）吕光烈、哨官（相当于连长）王玉山，先后阵亡。

西摩尔军的炮弹子弹随便打，火力太猛。聂军虽然一时很难攻进去，但西摩尔军也无法突围，双方形成对峙。

聂士成命令先停止强攻，维持包围圈小规模袭扰武库，然后派人飞速向裕禄请求增援，请求裕禄放弃攻打租界，在武库周边与聂军合兵一处，全力攻破西摩尔军防线。

租界那边的战况果然如聂士成所料：分兵之后军粮城防线全线吃紧，而兵力不断增加的大沽口联军步步推进，即将抵达租界。聂士成正是得知这种情况后向裕禄求援的，他的思路十分清晰。之前他反对分兵去打西摩尔，现在又要求裕禄合兵来打西摩尔，这看似前后矛盾，实质上却都是出自同一个战术：此时困守在西沽武库里的西摩尔军又相当于原来困守在租界里的联军，在西沽先合兵一处，全力攻进去，他们又是人质。

那为什么只能是裕禄前来合兵？反正西摩尔军已经钻进武库，聂士成就不能放弃攻打西摩尔，主动向领导靠拢在租界合兵？这是由地理位置决定的：租界处于西沽和大沽口之间，在租界合兵则会腹背受敌，所以只能麻烦裕禄大人多走两步路，当机立断放弃租界，在西沽合兵。

根据战场上瞬息万变的实际形势，当弃则弃，才能集中优势兵力，先打孤立无援之敌。

不过，我们知道，裕禄大人是没有这种军事素养的。天津之战打响以来，他的"见敌就打，见地就守"的"保天津"思想，使他没有理睬聂士成的求援信。而军粮城防线最终被突破了，大沽口联军成功地开向租界，他们与租界联军成功地合兵！

形势急转直下，困守在西沽武库里的西摩尔派出了随军的清国仆人前往租界送密信。聂军岗哨对洋人很警戒，但对清国人放松了警惕，这个人把密信吞进肚子里后，终于蒙混过关，成功地把西摩尔军就在西沽的消息告诉了租界联军，他也在租界领到了西摩尔未付的那另一半报酬。

自从电报线中断以后，租界里的联军才第一次知道西摩尔原来还活着，就在西沽天天吃马肉啊，赶紧去救他吧！

租界方面立即大军出动，围困武库的聂士成军腹背受敌，渐渐难以抵挡。到了夜晚，西摩尔军命人引爆武库，然后在租界联军的接应下，趁乱突围！

6月26日，西摩尔终于率领他的残兵败将回到了租界。我们应该还记得他出发的日子：6月10日。当时有五辆专列，志得意满，没想到半天的路程被他整整走了16天，回到当初的起点。按照西摩尔后来给英国海军部的报告，他的队伍中总共只有62人战死，但有238人重伤，其他士兵也已经毫无战斗力，并且从此不能再看到马，一看到马就狂吐不已。西摩尔终于以侥幸逃过一劫的方式，完成了这次完全失败的军事行动。

可对于天津地区所有的八国联军来说，他们却已经取得了重大胜利！聂士成原本谋划的合兵计划竟然在洋人这边得到了实现：大沽口联军、租界联军、西摩尔联军，这三支军队在租界完成合兵！他们将是接下来战斗的基础部队，在今后的讲述中，我们称他们为八国联军。

而裕禄灰头土脸地重新收拢起队伍，和回援租界的聂士成再次并肩战斗。裕禄驻守与租界隔河相望的武备学堂原址，而聂士成军则在租界以东的天津东机器局布置防线，试图再一次合围租界。

无烟大炮又一次发挥了强大的威力，虽然租界里八国联军的兵力增加了，但如果找不到炮位，他们就只有挨轰的份儿。于是八国联军拿出了一招——悬赏。

和北京城里的教民逃进使馆区和北堂避难一样，天津的教民也在战前纷纷逃进租界避祸，另外还有一部分苦力来到这里揽生意。在租界被炮轰的时候，他们帮着联军挖地下室、背尸体、挖坟墓、搬炮弹、清扫卫生，要求报酬日结，而教民中有人甚至还剪掉了辫子。现在重赏之下，一对教民父子出发了，他们冒死侦察到了炮位，潜回租界报告给了联军。

几十名教民和苦力冒着炮火，把八国联军的重炮拖到有利的炮位，进行还击，然后步兵发起冲锋！裕禄驻守的武备学堂防线首先被撕裂，而聂士成驻守的东机器局也随即失守。裕禄撤到天津城内布防，而聂士成率军顽强地退守位于海光寺的西机器局阵地,这里是保卫天津城的前沿阵地,步步抵抗!

好消息终于传来了:马玉昆率领的武卫军左军5000名士兵抵达!6月13日,慈禧曾经命马玉昆立即带队从山海关进京,现在,马玉昆终于来到了天津、来到了聂士成身边,这给聂士成带来了极大的鼓舞。八国联军一见这情况,又赶紧退回租界,不再进攻。

双方都在进行同一件事:待援。

# 第十五章
# "东南互保":大臣的算计

## "东南互保"出台背后的隐情

自从北京的局势恶化之后,从5月开始,东南地区的汉人总督们就在做应急准备。刘坤一、张之洞纷纷上折子,请求慈禧立即"剿匪",格杀勿论,否则一旦造成局势无法收拾,与洋人开战,朝廷将大祸临头。

总督们的意思是,既然和洋人的仗是打不赢的,那么就不能打,必须想尽一切办法避战。而他们不知道的是,这正是慈禧核心的指导思想啊。避战,她老人家一直在避;"剿匪",她一直在剿。不过,这些都要为权力安全服务。

6月15日,刘坤一和张之洞二人再次联名上奏。这一次他们是豁出去了,强烈警告朝廷:如果再不速速"剿匪",祸在眉睫!

在这次警告之后,刘、张二人开始为自己也为东南地区打算:既然朝廷无法避战,那么东南地区只好避祸。

这时候,有一个人发电报给他们,他是盛宣怀。

太常寺少卿盛宣怀虽然在官场上的职务不算很高,但他却是李鸿章的绝对心腹,替李鸿章掌管北洋产业(电报、铁路、矿山等),著名的"红顶商人"。所谓"红顶商人",就是说他们的生意是时局的生意,时局好的时候他们利用时局来赚钱,而时局不好、影响赚钱的时候,他们就会挺身而出,去影响政策和政治,保护能够赚钱的机会和环境。而对于盛宣怀来说,在李鸿章因签署《马关条约》而丢官的风头过去之后(大约从1899年起),他最重要的一件事情就是"运作"李鸿章再次成为直隶总督兼北洋大臣。

在别人看来，盛宣怀是李鸿章集团的利益代言人，他是背靠着李鸿章这棵大树，才把生意做得那么大、银子赚得那么多。不过只有盛李二人清楚，他们两人是唇齿相依、相互扶持的关系。简单地说吧，如果李鸿章不再是直隶总督兼北洋大臣，盛宣怀的生意肯定要受重大打击。于是，当李鸿章在仕途上出了问题、丢掉顶戴的时候，为了保护生意和产业，盛宣怀和他的"北洋班底"也必须利用可怕的财富和力量，让李鸿章官复原职。

在大清，有时候财富就是力量。

直隶总督是必须由慈禧亲自任命的，盛宣怀是一个连慈禧的面都没什么机会见到的"商人"，如何能够影响这项人事安排？对于盛宣怀来说，这件事情也很平常。他并不需要去求见慈禧，并不需要等自己的官做到能被慈禧召见后再出手，他只需要去说动慈禧下面的心腹大臣。他也不需要去替李鸿章想什么新的施政纲领，"掌控北洋"就是他最大的资本。大清的经济体制既然是"官督商办、官商结合"的体制，商离不开官，官也离不开商，政治可以影响经济，经济反过来也能够影响政治。

商人的嗅觉是最灵敏的，胆子也是最大的，为了达到目的是不择手段的。盛宣怀是大清电报局的实际控制人，官场上的很多电报其实是盛宣怀第一个看到，借着这个有利条件，盛宣怀一直观察着北京的局势，观察着整个官场。义和拳进京后，他的机会来了。

6月10日，盛宣怀通过电报在第一时间得知了西摩尔大军正向北京进发的消息，他立即给刘坤一和张之洞发电，要他们上折子力荐"李傅相重回北洋"。

而刘坤一和张之洞虽然极力反对朝廷与洋人开战，但让李鸿章"重回北洋"、引起端王集团强烈反弹，这么敏感的问题他们也是不想掺和的，于是两个老狐狸把盛宣怀的请求给轻轻放一边了。

盛宣怀锲而不舍，转而给荣禄上书：中堂，洋兵进京，局势更加危急，看来目前只有让李鸿章大人回京，让他重新坐镇北门，与洋人和谈，才能解决问题啊。

荣禄迅速上奏，6月15日慈禧发布上谕，让李鸿章迅速来京，袁世凯（带兵）迅速来京！这就是荣禄上奏的功劳（同日，荣禄还向慈禧报告有"张翼、杜士兰约定"，促使慈禧下定决心和谈）。

由于电报线已断，天津局势紧张，朝廷外发的所有电报必须先用快马送到袁世凯的山东巡抚衙门，再由袁世凯转发各地，在广州的李鸿章接到这道上谕时已经是6月18日。

李鸿章和他的幕僚紧急商量：我是去，还是不去？

很显然，虽然上谕只要求李鸿章"迅速来京"，并未说明来京原因和目的，不过大家都知道，"李傅相"一出马，那就意味着和谈，看来慈禧已经做好了和谈的准备。李大人此去，看来必受重用，直隶总督的官位为囊中之物矣。

当然也有另外的担忧：朝廷现在是端王集团的天下，他们其实早就在防备李鸿章进京与洋人和谈，要不然拳民在北京也不会公开喊出"杀一龙二虎三百羊"了。李大人此去，即便无政治风险，会不会有生命风险？虽然有盛宣怀的运作、荣禄的上奏，但端王集团权势冲天，会不会到时候连慈禧都无法保李大人？

在乱局之中，这些都是必须要考虑到的。

考虑良久，李鸿章还是认为机会比较大，于是李鸿章在他的两广总督衙门高调地宣布要立即进京（"君父急难，何敢延迟"）。不过此时，又有两封电报到了。

第一封是李经方（李鸿章之子）发来的，他强烈反对父亲进京：父亲大人，召您进京是让您和洋人和谈，但此次和谈的难度比以往几次都要大（不仅端王集团还在把控朝廷，洋人此时也绝不会和谈），和谈不成，您的结果会更坏，所以建议您谨慎行事。

而另外一封电报让李鸿章彻底打消了进京的念头：盛宣怀向他报告大沽口炮台已经失陷！前面我们知道，慈禧是6月20日才接到裕禄报告知道炮台失陷的。也就是说，坐镇广州的李鸿章竟然比坐镇北京的慈禧还要早知道大沽口炮台失陷的消息。而对于李鸿章来说，这个消息是对他北上"和谈"的沉重打击：如果洋人攻不下大沽口炮台，还有和谈的可能；炮台都已经攻下了，洋人更加不会和谈了。

于是李鸿章大人在广州的说法又变了，这一次他强调了北上的路程不安全，而且广东人民也对他极力挽留（"津沪路梗，粤民呼吁攀留"）。于是他连总督府的大门都没有出，只是告诉左右：不要急，等等看！

在整整一个月之后（7月17日），李鸿章最终离开两广总督衙门北上，而这时一切都已经万劫不复。这个故事我们以后再说，我们再来关注一下盛宣怀。

此时的盛宣怀急坏了，他急的倒不是李鸿章复出的希望又一次破灭，他急的是由于裕禄向慈禧报告"洋人尚有续去之兵"，慈禧突然又由"和谈"转向"主战"。这老人家变得可真快啊，北洋产业中最赚钱的航运、铁路、电报等都是经受不住战火的，而且也基本上是离不开洋人的，一旦开战，将遭受致命打击。

"和谈"看来无望了，只能退而求其次：把战事严格限定在京津区域，保住东南区不开战，把损失降到最小。

对于这个异想天开的计划，盛宣怀是有把握的，两江总督刘坤一和湖广总督张之洞不是也有让东南地区"避祸"的想法吗？盛宣怀坐镇上海电报局，为两位总督出主意、做策划，为他们和洋人牵线搭桥。

盛宣怀的主意是：刘张二人可以先和各国驻上海领事签署一项协议，双方承诺一旦将来朝廷和八国开战，洋人的军队不进入两位总督管辖的地方，而各国侨民和商人的生命财产安全由总督们负责保护。这就是所谓"我保洋人商务，洋人保我领土"，大家"互相保护"。

对于"互保"，英国人最积极。自从1842年签署《南京条约》以来，他们在长江流域的财产最多，做生意发财的人也最多。而英国人担心长江流域一旦发生战乱，很可能导致他们最强大的竞争对手——俄国人趁机南下，染指长江流域，所以他们很积极。

美、日基本上站在英国这一边。

俄国人很早就有对长江流域趁火打劫的打算。不过，俄国人一贯是极为狡猾的，他们暗中怂恿德国出面，希望能够破坏"互保"计划，在长江流域也烧起战火。

德国人本来也想行动，不料北京发生克林德被杀事件，这给了德国在北方领衔八国联军作战、让德军军官最终出任八国联军总司令的绝好机会。而出任八国联军总司令，是会给本国带来巨大利益的。当然，这绝对离不开英国的支持。于是英德互相支持的交易达成了，俄国人的盘算落空。

意大利和奥匈帝国一贯跟随德国行动，德国人跟英国人交上了朋友，他们也和英国人交上了朋友。俄国只剩下一个不那么坚定的盟友——法国，孤掌难鸣。于是俄国人不再坚持反对"互保"，八国全部同意。

而"互保"对八国还有一个重大的好处：只要东南区"互保"，就可以腾出手来专心在大清北方进行战争，这对攻陷天津、攻进北京极为有利。于是，"互保"的谈判是1840年鸦片战争以来，大清方面和西方国家谈判速度最快的一次。

6月20日，正当大家很快就要签约时，一件意外的事情发生了。

我们知道，这一天，慈禧给各督抚发了一道战争动员的紧急谕旨，宣布大清与列强进入战争状态，要求各督抚积极备战，"通盘筹画于选将、练兵、筹饷""接济京师不使朝廷坐困""联络一气，共挽危局"。第二天，慈禧在北京向全国发布战争总动员令。

这对于刘坤一和张之洞来说就悲剧了。慈禧已经要求开战，而他们却在这里和洋人握手签约。先不说这已经是"叛国"，自古以来，人臣无外交，挑战中央权威的大员一般都没有好下场，抗旨不遵的下场不是砍脑袋就是砍九族脑袋。之前刘坤一和张之洞乐于躲在幕后，让盛宣怀这个"商人"去跟洋人谈判和运作，但与洋人"互保"协议的签字画押总要刘坤一和张之洞自己签，而这明显是抗旨。怎么办？

各国驻上海领事也在紧盯着刘张二人的态度，只要他们表现出丝毫的犹豫，签协议之事说不定就会泡汤，因为现在大家都很紧张。

关键时刻，又是盛宣怀站了出来，他给两位总督打气：上谕不是要求你们"联络一气，共挽危局"吗？你们联合起来和洋人"互保"，这正是"联络一气，共挽危局"啊！怕什么？

当然，光打打气还是不够的，大家又不是轮胎。"商人"的脑子果然很好使，盛宣怀的主意又来了：他建议刘坤一和张之洞先把慈禧那道给全国军民总动员令在各自的辖区里私自扣下来，并且严格控制在只有他们自己能够看到的范围之内，先把与洋人"互保"的协议签了，然后再把它公开。这样生米煮成熟饭，也就自然没有"抗旨"的嫌疑了。

计划是不错，但这道总动员令是明发上谕，按规定，总督接到谕旨后要立即宣告，不然就是私扣圣旨的杀头大罪。想来想去，刘张二人想起了李鸿章大人：你李大人总不能老深居幕后啊，不能让所有的风险都由我们来承担，在这个节骨眼上，你老兄也应该发句话啊。

盛宣怀又及时给李鸿章送上他的主意：大人，其实您只要说这份诏书是假的，不是太后的本来意思就可以了。大家又不是不遵守太后的旨意，只是不遵守这份"矫诏"嘛，将来还有谁敢追究责任？

这话简直说到李鸿章的心里去了，他对此深表赞同。6月25日，李鸿章当即向盛宣怀复电，一锤定音——"二十五诏（即6月21日的诏书），粤断不奉，所谓矫诏也！"

有了李大人这样的表态，刘张二人也就大胆干了。6月26日，两江和湖广总督衙门与各国驻上海领事团的《互保章程》终于签署，江苏、江西、安徽以及湖北、湖南进入"和平"状态。而在两天后（28日），慈禧的总动员令才在清国南方地区的中心——上海公布。很多人是在这一天才知道朝廷已经与洋人开战了，不过《互保章程》已经"事先"签署，大家倒也不必惊慌。

接下来就是"互保"的连锁反应。

在上海的浙江商人很多，而且多是有钱有业的富商，他们有意见了：既然两江和湖广可以和洋人"互保"，为何浙江就不能"互保"？于是浙江巡抚刘树棠代表浙江加入"互保"阵营。

浙江一加入，福建又成了关键。因为浙江是属于闽浙总督管的，闽浙总督许应骙虽然很想加入，但他又不想让朝廷认为他是和刘坤一、张之洞抱团的（这是朝廷大忌，总督抱团的严重性甚于与洋人"互保"）。于是福建方面仿照"互保章程"，最终与上海领事团单独签署《福建互保协定》。

湖南、湖北已经加入，与它们相邻的四川又成了关键。四川总督奎俊原本是很想加入的，不过由于四川历来是"教案"大省，战前洋人和传教士害怕被报复，早已经纷纷离开了四川，以至于成都和重庆最后只剩下几个洋人，再签一份协议就没有意义。四川最终就没有签。

而两广也没有签。"互保"是与洋人的"互保"，而李鸿章大人就是洋人中的金字招牌，洋人绝对相信李鸿章，而李鸿章也相信洋人，有李鸿章这块招牌在，签不签字都无所谓。当然，对于李鸿章来说能不签就不签，老大一般是要深居幕后的——两广实施的是没有签字的"互保"。

就这样，"互保"的阵营已经扩展至大清整个东南地区，史称"东南互保"。

接下来最重要的，就是如何保障执行。

原本在正常修建的上海吴淞口炮台停工了，上海等地的清军原本正常的出操、阅操全部停止，因为不能让洋人认为有暗中备战的嫌疑。开战之后，慈禧原本要求各省停止向外国还款（各种条约欠下的借款），将该还的钱全部上交朝廷用作军饷，这一招狠，但也让总督们很难办。最后还是在李鸿章的带头下，大家拖了半个月，由李刘张三位总督联名上奏反对，此事也就不了了之。

东南地区仍然有个别针对洋人的教案，但各地的处理也是十分迅速和坚决的。

在著名的浙江衢州教案中，浙江巡抚刘树棠因负有领导责任被革职永不叙用，而他就是在浙江"互保"协议上签字的人。三位省级领导（按察使、道台、总兵）被发配极边充军永不释回，具体主管的都司（正四品武官）、巡捕被杀头。而在另外一个著名的湖南衡州教案中，副省级的衡永郴桂道被发配、衡州知府被革职。

而洋人对"互保"的执行似乎就没那么上心了,这主要是个别国家想额外捞点儿好处。在厦门的一间日本佛堂起火,日军就要进驻厦门,破坏"互保",而事实证明这并不是清国人烧的,大清的反教人士会烧教堂但绝不会烧佛堂,很可能是消防措施没搞好或者干脆是日本人自己放的火。他们不过是在甲午战争后得到台湾的基础上,想进一步染指福建,后来在事实和其他国家的压力面前,日本人才没敢出兵。

而英国人在"互保"大局已定的情况下,对他们最重要的利益中心——上海,还是不怎么放心,他们从香港调遣了近3000名印度兵进驻上海。既然老大有这一步,其他国家也纷纷派遣各自的海军陆战队在上海登陆。所以,虽然签署了"互保"协议,但上海仍然是有洋兵的。

对于洋人们来说,"东南互保"本来就只是拿来救急的合同,后来当八国在北方的战局已占绝对优势时,他们对"互保"就没那么热情了。再后来战争结束,总督们都想再和洋人"续约",以便让洋人的军队再也不能进入领土,不过各国政府也不傻,他们断然拒绝。

很显然,"东南互保"虽然是一群总督在前台唱戏,但它的主要策划人和主要推进者都是盛宣怀。无论是签协议还是保障执行,盛宣怀都起了"居中调停"的作用。其实在盛宣怀的计划里,"东南互保"还只是退而求其次的方案,盛宣怀原本的计划是"全国互保"——和谈。只是在慈禧已经开战的情况下,新的和谈与过去的和谈有点儿不同了。

当慈禧开战之后,盛宣怀曾向李鸿章、刘坤一、张之洞等人建议:分三步做。第一步,各省响应慈禧战争动员的号召,但以"矫诏"为出发点,组建"勤王之师"。刘坤一和张之洞等人坐镇东南、稳定后方,由山东巡抚袁世凯统率"勤王之师"进京"清君侧"(清除端王集团)、"护两宫"(其实就是把皇权抓到手里);第二步,由李鸿章迅速北上,以朝廷的名义直接与各国政府和谈,实现停战和稳定。

这第三步,才是盛宣怀策划的关键核心。若是到了那时,李鸿章就不再是什么两广总督、直隶总督了,而是取慈禧而代之,参照洋人的国体、政体，成为有史以来第一位"总统"！

大手笔，绝对的大手笔，不愧为一个经天纬地、投入产出比无比丰厚的"商业计划书"，只可惜真正愿意当"风险投资人"的只有盛宣怀。刘坤一、张之洞和袁世凯都认为这个方案太冒险：北洋舰队和淮军覆灭前，李鸿章或许还有希望，现在还有多少人会接受一个签了《马关条约》的"总统"？于是刘张袁只是暗中约定：如果将来洋人攻陷北京而慈禧太后和光绪帝遭遇不测，他们再行动，并推选李鸿章当"总统"。于是盛宣怀的"互保"也就只有东南区的"互保"，没有全大清的"互保"了。而其他各种势力促使李鸿章当"总统"的故事，我们还将在以后专门讲述。

这就是"东南互保"的主要过程。在我看来，如果站在"大清国"的立场，它既谈不上"爱国"，也谈不上"叛国"。"大清国"在这里是缺场的，汉党集团在另起炉灶，而端王集团通过义和拳之口高喊出来的"爱国"，只不过是政治野心和权谋。从本质上说，"东南互保"是汉党集团对疯狂的满党集团的一次强有力的反击，但这种反击不是为了帮助朝廷渡过难关，而是维护自己的利益，区别只是满党挟义和拳以自重，而汉党是挟洋人和洋务运动以来的经济实力以自重。满汉两党内部都已经结成了更加牢不可破的利益集团，要撼动他们的利益，简直比要了他们的命还难。"东南互保"正是朝廷世袭权贵和经济新贵党争达到顶峰的产物，也将是朝廷权威走下坡路的分水岭！

在两大利益集团因面临战争而争斗得最为激烈的时刻，慈禧终于再也无法以"大清"来维系他们了。虽然满党一门心思"向后转"，但其实一切都已经回不去了；而汉党虽然会竭力阻止"向后转"，但他们也不是真正"往前看"（1898年扼杀戊戌变法就是明证）。从甲午战争、戊戌变法到庚子事变，大清国走向的是另外一条歧路：它既不是新的体制，也不是旧的体制，而是一种非新非旧的体制。国家名器已失、法度已废、权杖不再，这是"不旧"的表现；而它的体制又与近代文明严重不适应，也就谈不上"新"。在这不新不旧之间，大清该何去何从？

皇宫里的慈禧就比较郁闷了。她硬着头皮开战，东南却已经"互保"

了。总督们自然不会派军前来京津接济，援军就是一个很大的问题。当然，刘张二人毕竟和李鸿章不同，他们没有李鸿章那么"牛"，又是在"互保"协议的白纸黑字上签了字的，如果将来慈禧追究，恐怕也逃不了干系。他们不能将慈禧的战争动员令违抗到底，他们自己不派兵，却"借"了一些兵（500名士兵）给朝中的另外一个大臣，鼓动他积极带兵北上，他就是因义和拳问题而被撤职的前山东巡抚——李秉衡。

李秉衡带兵北上的故事我们很快就会知道。现在，慈禧不能指望东南的总督们派援军，但还有一个人是可以指望的。说起来他也是汉党阵营里的人，但他也是武卫军右军的统领——袁世凯。

## 袁世凯的算计

其实在东南地区的总督们运作"互保"的时候，袁世凯比他们中的任何一个人都急。

因为他在山东面对的局势要比东南难处理一百倍。

东南地区基本上没有拳民，而山东正是义和拳的起源地。如果不把拳民打压下去，即使与洋人签再多的"互保"也是没有用的，最终还是要引发骚乱和战争。而随着朝廷的开战，义和拳又"合法"了，也就是说袁世凯以前打击义和拳的那些政策统统失效了，原本清静下来的山东又有义和拳死灰复燃的迹象，怎么办？

作为袁世凯本人，他是武卫军右军统领，在武卫军的前、后、中、左军都已经派上用场，唯独剩下他的右军的情况下，慈禧明令他带兵驰援，他又有什么理由不北上？

袁世凯确实是有两把刷子的，跟东南地区的总督们事到临头才被动反应不同，老袁很早就在考虑自己的出路。自从1900年2月宣布山东局势稳定，不再实行"日报制"以后，他其实一直没有放松警惕，一直在盯着朝廷，因为他知道山东是义和拳的发源地，一旦时机合适，是会有反扑的，而自己仕途上的危险期并没有过去。史料记载，这一时期，袁世凯经常与他的领导荣禄保持密信联络。

到了5月，袁世凯敏锐地注意到直隶的义和拳越来越失控，为了避免将来波及山东，袁世凯立即给荣禄写信：领导，我从小站带了近1万名新军过来，山东本省还有原来的驻军1万多名，我请求把他们都编入我的新军队中，作为右军的"先锋队"，扩大咱武卫军的队伍，如何？

袁世凯提出要求时总是会站在对方的角度去想，荣禄又同意了。就这样，袁世凯吞并了山东原有驻军，手下的军队已经达到2万人——请注意是"手下"，山东原有驻军自然也是山东巡抚袁世凯的手下，但此手下已非彼手下矣。

6月，义和拳进北京，正在北京打砸抢烧，袁世凯又"敏锐地"意识到慈禧很可能要命自己带兵进京。军队是自己"手下"的，无论是"剿匪"还是"灭洋"，袁世凯都不愿去折损兵力。于是袁世凯又提前向荣禄大人打招呼：据我得到的情报，英、德两国对山东虎视眈眈，他们的军舰也可能开到胶州湾，进攻山东。如果太后命我带兵进京，您一定要在太后面前帮我说明这个情况啊。

这就是6月15日，慈禧命令"袁世凯迅速来京"时，还要加上一句"如胶澳地方紧要，该抚不克分身，著拣派得力将领统带来京"的缘由。三天后（6月18日），慈禧的上谕改了，不仅袁世凯不用来，他手下也不用带兵来（"惟山东海防紧要，胶澳事件亦恐不克分身，该抚著毋庸北上，并毋庸派令将弁带队来京"）。慈禧这道上谕的发出，相信荣禄大人私底下起了关键作用。

接到这份新的上谕，袁世凯简直长出一口气：终于逃过一"劫"，不容易啊。不过，多年的官场"敏锐意识"也使他清楚"危险"并没有过去，还必须想个根本之法！

此时盛宣怀大人正在积极运作"互保"，山东虽然不在东南区，但袁世凯手中有精锐重兵，盛宣怀自然不能忘记老袁这个官场实力派。于是盛宣怀把消息也透露给了他。袁世凯大喜过望，立即与盛宣怀保持密电联系，抓住这根救命稻草："公请随时教我！"

6月25日，裕禄、聂士成在天津苦战，慈禧再次发布上谕，令袁世凯派军星夜赴津，增援裕禄和聂士成。

这道明确的军令，要是在平时，借袁世凯一百个胆子他也是不敢违抗的。但此时袁世凯已经明确知道东南区的"互保"即将签约，李鸿章还发电报说慈禧的战争动员令是"矫诏"，有了这些定心丸，袁世凯也有底气了，他当机立断：决定山东也要"互保"，"不派一兵一卒北上"（怕影响"互保"）。虽然就官场级别来说，袁世凯不像刘坤一、张之洞和李鸿章是多年的总督，官场的参天大树，他刚刚当上山东巡抚，军事实力突出而政治根基未稳，绝对不能有任何闪失，慈禧的命令也不敢不从，但有了这三位大佬集体撑腰，还怕啥？

当然，袁世凯还是袁世凯，他的特色就是胆大心细脸皮厚，虽然明明是抗旨不遵，但他要给慈禧一个面子。袁世凯开始不停地写奏折，反正想各种原因拖延，什么"东省防务日紧，兵力难分"；什么军队染病了，无法行军；什么从山东到天津的路上到处是义和拳，军队路过都要受盘查，难保不生事端。最后，居然连"他不该贪功"这个理由都搬出来了（"臣职在守土，存亡与共，如贪赴援他省之名，而忘本境设防之实，臣实有所不敢"，引自廖一中等：《袁世凯奏议》）。

但袁世凯也小看慈禧了，在危难面前，她老人家是不讲面子的，东南地区的协议已签，与洋人的"互保"成定局，慈禧的救命稻草就只剩袁世凯了。7月1日，慈禧再发上谕，7月3日，慈禧又发上谕，催来催去，居然有要撕破脸面的意思。

袁世凯再不"表示表示"，实在是说不过去了。

其实袁世凯最担心的倒不是派些兵北上损兵折将，而是从此与洋人结怨、把右军整体拖入战争的危险。既然慈禧不顾体面一催再催，他也只有明从暗抗、只说不做了。

袁世凯高调地宣布山东将"组军北上"。当然小站新军的精锐他是不会动的，只是从"先锋队"里挑选了6营共3000人。7月7日，这3000人奉袁世凯之命"北上"了，不过不要以为他们是"驰援前线"的，袁世凯的命令就是要"北上"，但不要与洋人交战。7月19日，在出发12天之后，该部到达沧州，平均每天行军约40里，离到天津还有240里。而此时的天津是一个什么状况、还在不在大清的手里，我们以后就会了解。

不过，虽然在事实上和洋人"互保"了，但袁世凯一直没有在"互保"协议上签字。对于签这个字，袁世凯不得不慎重。

他的官场实力无法跟李、刘、张三人相比，他们都是总督，只有他是新晋巡抚，所以这个字才不能签。万一将来慈禧追究，按照官场上官小倒大霉的原则，他不仅要被开刀，还会成为那些总督的替罪羊，这一点袁世凯不得不防。

所以在"互保"问题上，袁世凯的做法既和两江、湖广总督不同，也和闽浙总督不同：他先是动用新军将山东本省所有的洋人全部护送到当时的通商口岸——烟台，派兵保护，然后让烟台地方官府出面和各国驻烟台领事签了一个类似"互保"的条约。

看来，袁世凯是在山东设了一个"特别区"啊，既保护了洋人，其实又在一定程度上限制和戒备了洋人。这才是真正更好的"互保"。比起后来日本人在福建、英国人在上海违背"互保"协议的状况，山东的洋人始终比较老实，而袁世凯自己又没有出面，规避了朝廷问责的政治风险。如此高屋建瓴之手段，剑走偏锋之奇招，实在是高啊。

如果说盛宣怀的上海电报局是"东南互保"的中心，那么袁世凯的山东巡抚衙门就是"东南互保"的另外一个中心。由于各地与朝廷的往来电报只能通过他的巡抚衙门电报房中转，袁世凯一直注意地方官中是否有攻击"东南互保"的电文奏折，一经发现，及时截住。比如广西巡抚黄槐森的电奏就被袁世凯截住了，袁世凯及时通知李鸿章，李鸿章及时把黄槐森大骂了一通。虽然他不在东南地区，但"东南互保"也不能少了他老袁啊。

而袁世凯的工作并没有完，接下来他要对付义和拳和教民。

在慈禧宣布"合法"之后，山东地区原本沉寂下去的义和拳组织自然又开始蠢蠢欲动了,他们已经准备大闹一场,出一口几个月前被"袁鼋蛋"打压的恶气。而令袁世凯觉得比较难办的是,之前他对义和拳进行清剿主要依靠的是地方官府的力量,而现在即使他能和慈禧顶着干,地方官府也不会听他的命令去"剿匪"。

袁世凯手中有一支绝对听他命令的队伍——新军。

他先派人在各州县张贴给义和拳的告示:朝廷已经承认你们合法了,让你们杀洋人,那么你们都应该奉命"北上助战"。真正的"义和团"都已经去了京津,山东境内已经没有了,留在山东的都是"伪团"、乱匪,杀无赦!

袁世凯就是以这个连慈禧都无法反驳的理由,在山东开始了对拳民大规模的清剿。山东各地到处血流成河、人头满地,山东的拳民别说出来闹事,逃命还来不及。杀到最后,彪悍的新军甚至越过边界,进入直隶去杀!袁世凯就派人在直东边界石壁上大书"山东地界"几个大字,在直隶横行无忌的"义和团"硬是不敢回山东!

就是从这时候起,袁世凯有了一个令人闻之色变的外号——人屠。他这一时期到底屠杀了多少拳民,这在历史上是有争论的。根据9月袁世凯给张之洞的电报,"先后诛戮四千人",这个数字应该比较接近事实吧。

对付完拳民,袁世凯接着就对付教民。为什么还要对付教民呢?提出这个问题的人就是不了解袁世凯了。在袁世凯看来,教民并不等于洋人,教民说到底也是清国的百姓。只要是清国的百姓,只要是在山东境内的清国的百姓,都必须服从他袁世凯的领导!洋人不好对付,本国的百姓还不好对付?

于是在袁世凯的密令下,新军大规模地屠杀拳民的同时,也不失时机地去恐吓一下教民:现在朝廷都宣布"义和团"合法了,我们不能再保护你们,你们还不退教,等着被杀啊?于是大批的教民乖乖地退教了,重拳下来,山东地区不仅拳民的数量急剧减少,连教民的数量也急剧减少。当然,"良民"的数量是成倍增加。

难怪就连李鸿章后来对山东的局势也赞叹不已——"幽蓟云扰,而齐鲁风澄",袁世凯作为一个"空降型"的领导,竟然在短短几个月里将先后换过四任巡抚的山东"收服",又将慈禧三番五次的调军命令轻易化解,保存了武卫军中唯一剩下的精锐军队。大家不得不对他刮目相看,西方各国也纷纷赞赏和肯定,其仕途从此有了洋人的支持。但大家都知道:此人才不限一省,志恐怕也不在一省!

### 八国派遣援军的秘密

好吧,通过前面的讲述,我们已经知道天津待援的聂士成会面临一种什么样的状况了。其实晚清22省中,除两广和新疆、云贵这四个边远省份外,其余省,包括参加"东南互保"的多数省份都是"奉命"派出了援军的,太后的旨意不敢不遵嘛。不过像李秉衡那样带500人北上也是派兵,像袁世凯军队走走停停也算是派兵,这14省派出的80余营(旗)"援军"4万多人,最终到达前线的是1万多人,而到达天津参加最关键的天津保卫战的"援军"基本没有。

与此同时,八国政府正在从各自的国家利益出发,将军队派往大沽口。战争打到这个程度,谁都清楚:必须扩大战争,只有扩大战争,才能扩大战果!

从本土派兵最方便的是俄国,其次是日本,一个可以从陆上直接进入,一个是隔海相望。但奇怪的是,这两个邻国对派兵一开始都是不怎么积极的。

俄国在大清并没有传教利益(东正教只在东北有几座小教堂,但不参与传教),如果说其他国家还有"保护传教"这一条理由的话,俄国人纯粹就是来捞好处的。正是因为如此,俄国对天津的战事表现得很低调,他们最终总共只派遣了6627人到达天津,却"声东击西",明攻北京,暗取东北!

在天津之战的同时,有接近20万的俄军开进清国东北!他们自然要在这里烧杀掳掠、攫取利益。这是八国联军京津之战之外的另外一场惨烈战斗，我们将在以后的时间里了解这个故事。

日本同样是八国中没有传教的，说起来他们信奉的佛教还是从中华帝国传过去的，佛教能够在日本正本清源、发扬光大，一定程度上还要感谢唐朝那个著名的伟大"传教士"——鉴真和尚。但日本人也有另外的盘算。

日本最感兴趣的也是肥沃的东北大地，但日本人暂时还不是俄国人的对手，需要时间来积蓄实力，而一旦八国与大清开战，俄国肯定就会对东北趁火打劫，把东北先给抢了去，所以一开始日本甚至不希望八国与大清发生战争。日本驻北京公使馆的政策是安抚住各方，低调隐忍，"使馆卫队"中日本是出兵最少的，就连杉山彬被杀后都没事儿。

不过日本逐渐明白，各国追求利益的野心是很难阻挡的。是啊，其他国家会觉得，六年前你们刚刚跟大清打了一仗，现在轮到我们来打了，你就不同意了，难道只能让你一个国家去抢掠大清？没办法，正是日本人"打开了世界的眼"，让别的国家都眼红了。

而日本又不敢太得罪这些欧洲强国。此时日本的国策正是"脱亚入欧"，六年前他们悍然进攻曾经的偶像"中华帝国"，这是"脱亚"的标志；而现在，加入八国联军，是日本历史上第一次加入欧洲阵营，这又是"入欧"的标志。在重新面对现实和权衡利弊后，日本确定了战略——"必须下最大的决心和充分的小心"。所谓"最大的决心"就是派最多的兵出去，"充分的小心"就是要处处冲在最前面，以亡命徒似的打法"震撼"欧洲人，但要扮猪吃老虎，不要张扬、不要高调，甚至要处处注意在清国的军纪，不要抢太多东西，要成为联军中军纪相对较好的部队，以赢得欧洲人的好感（后来日军做到了）。

而日本人一向是精打细算的，虽然要派最多的兵，但如果能有别的国家帮忙出军费该有多好啊。这并不是异想天开，因为有一个国家正需要出钱。

它就是英国。

英国是老大，按照道理，它需要派出最多的兵力，领衔各国作战。

但此时的老大却很为难。英国还在南非殖民地进行和布尔人的第二次战争，在那里投入了40万军队，无暇兼顾清国。

于是，日本人的办法来了：大哥，在大清的领导权不能让你们在远东最大的竞争对手俄国人给夺去啊，我们有个好办法。你们出钱，我们帮着你们出兵，怎样？

于是，在英国付给日本100万英镑的军费后，日本将打过甲午战争的精锐第五师团2.2万人全部派出！不算俄国在东北的20万大军，日本就是八国中派兵参战最多的国家，竟然占八国联军最终参战总兵力4.7万人的一半。此时的第五师团师团长是山口素臣，而东乡平八郎已经升为常备舰队司令，亲自率领舰队护送第五师团到大沽口登陆。1900年之战，其实就是大清与它的两个邻国打的——与日本在京津、与俄国在东北。

接下来就是德国。新兴的世界强国德国原本在大清只有少量军队，一部分在青岛，而在天津的兵力只有大约100人。克林德的死讯传到柏林后，德皇威廉二世无比愤怒，他命令立即组建德国远征军，将德国开赴清国的总兵力增加至2.37万人。远征军从德国本土和海外殖民地出发，绕过大半个地球前往清国，德国就此成为向京津地区派兵最多的国家（参战最多的是日本），这也是"一战"以前德国最大规模的一次海上军事行动！

在出征前的阅兵式上，威廉二世检阅了军队，对着士兵咆哮："你们应该对不公正进行报复。像清国人这样，悍然置千年固有的国际法于不顾，以令人发指的方式嘲弄外国使节和客人的神圣不可侵犯性，这样的事件，在世界史上还没有过先例……你们如果遇到敌人，要以1000年前入侵欧洲的匈奴国王阿提拉为榜样，绝不宽恕，不留活口，让清国人即使在1000年以后，也不敢对德国人侧目而视！"《科隆日报》也发表了社论："所有的西方文明国家，现在必须武装起来报仇雪恨！一定要像消灭食人生番一样消灭清国人，将北京夷为平地！"

不过，实在是离得有点儿远，一直到两个多月后（9月27日），瓦德西才抵达天津。在瓦德西的大军到来之前，德军能够参战的就只有现有兵力——100人。

法国不用从本土动兵，十几年前他们已经把大清的藩属国安南（越南）变成了自己的殖民地，法国在当地征用了1500人的越南兵前往天津。

美国也是可以就近派兵的。在两年前（1898年）的美西战争中，美国从西班牙手中夺得了菲律宾，于是美国派出在菲律宾的第十四步兵团和第五炮兵团，再加上从本土派出的陆军第六步兵团以及一个营的海军陆战队，总兵力3100人。美军的参战多少也是"被迫"的（和"门户开放"政策相抵触），美军是继日军之后第二支强调要"注意军纪"的军队，他们也是后来军纪相对较好的军队之一。

意大利和奥匈帝国的兵力少到可以忽略不计——他们加起来还不足100人，总算能凑个数。

只剩下老大英国了，虽然雇用了日本兵，但老大也不可能一个兵不派，而英国本土是没兵了。通过七拼八凑，英国人最终派出的是一支真正的杂牌军。

首先还是老办法，从南亚殖民地国家——印度和孟加拉国征用雇佣兵，这是可以以假乱真的。印度有一种长得很像欧洲人的锡克族人，他们身材高大、高鼻梁、白皮肤，唯一不像欧洲人的就是锡克教的一个传统——蓄发蓄须，然后用红头巾包住。这些人一直被英国雇用到香港和上海租界做巡警，英国就从这些人中挑选精壮者，加上孟加拉国雇佣军，终于凑齐了2000人。

而另外一部分雇佣军来自英国在大清的其中一个租界——威海。

1899年，为了管理好威海租界，英国招募了一支全部由清国人组成的军队，他们主要来自威海、山东其他地方以及直隶，总共400多人。现在就让这支清国的雇佣军在头上包上红头巾，打扮成"印度阿三"的模样，以英军"第一军团"的名义参加对大清的战斗。各地雇佣军再加上少量的英国本土军队，英国最终派出的兵力在3000人左右。

好吧，现在我们发现了，这支所谓的"八国联军"，其实是一支真正的杂牌军，里面竟然还有清国人！不过，杂牌军也是需要总司令的。第一批八国联军"使馆卫队"是分散进京，没有总司令；第二批八国联军总司令是英国的西摩尔，第三批八国联军总司令是俄国的勃兰特。现在，即将进攻天津的八国联军总司令，如果依据参战兵力的话，自然是要由日本人来担任，日本人也对此渴望已久。不过很遗憾，其他国家都认为总司令只能由一个欧洲人担任，日本也就只好忍了。

英国人本来是很有希望再次担任总司令的，不过西摩尔实在是影响太坏了，他带兵差点儿把大家带到有去无回，要再选一个英国人当总司令，大家只有一个词——NO（不）！

英国人不当，俄国人也就不再当了。让勃兰特出任一回总司令本来就是为了抗衡一下西摩尔，俄国更大的利益在东北，京津这边要低调。

不怎么想参战的美国人就更加不想当，法国人本来是想当的，但他们一直和俄国勾勾搭搭，被英、美、日视为利益相反的国家，加上俄国人又不是真心希望自己的盟友出头，想当也当不上。

意大利和奥匈帝国出兵都只有几十个人，由他们的人当总司令，那真的是开国际玩笑。

这样就推出了一个气急败坏的国家——德国。德国虽然也只有100个兵，但他们还有大批的远征军没有到来，更何况克林德是唯一一位被杀的公使，这是大家无法反对德国人出任八国联军总司令的理由。就这样，八国联军把总司令的位置留给了那位还未到来的瓦德西，他还不知道什么时候才到，大家就不等他了，先开始进攻天津。

7月7日，作为主力的日军第五师团大部已经在大沽口登陆，八国联军能够参战的总兵力已经接近1.5万人，正好与天津地区所有清军的数量对等，他们开始准备总攻天津。在北京得知消息的慈禧于第二天颁布上谕，紧急任命李鸿章为直隶总督兼北洋大臣与各国"和谈"（在李鸿章到任之前，仍由裕禄行使职权）。很显然，慈禧此举是临时抱佛脚，想以此保住天津，然而即使此时李鸿章就在天津，他也挡不住已经磨刀霍霍的八国数万大军。

7月9日凌晨,八国联军的总攻开始了。他们进攻的首要目标就是天津主城门南门前的第一道防线——天津西机器局。驻守在这里的,正是没有等来援军的聂士成。

# 第十六章
# 聂士成：最后一位传统名将之死

## 聂士成和拳民的恩怨

聂士成和袁世凯是完全不同的两类人。袁世凯是军事加政治，真正厉害的军政人物，而聂士成更像是一个纯粹的军人，他奉行"军人以服从命令为天职"，他只考虑战场、士兵和战斗。然而，他的悲剧似乎也从此开始。

5月底，义和拳逼近丰台时，慈禧急需一支八旗军以外战斗力强的军队去"剿匪"，她第一个想到的就是聂士成。慈禧调他去"剿匪"，聂士成率军就去了，然后慈禧让他保护好津芦铁路，聂士成就奉命去保护铁路，剿杀破坏铁路的拳民几百人，于是聂士成背上了"帮洋人打清国人"的骂名。京津间的拳民和百姓称呼他为"鬼子聂"，甚至有谣传：他是收了洋鬼子的钱才对义和拳痛下杀手！

端王集团也把所有的明枪暗箭对准了聂士成，他们奈何不了奕劻、奈何不了荣禄、奈何不了李鸿章，但对付聂士成这样的军事将领是不在话下的，也必欲置之于死地而后快，刚毅甚至直接来过聂士成军中，"警告"聂士成要小心！他们还给裕禄下过暗令：要设法除掉聂士成。好在裕禄很明白他需要这样一员大将帮助他守天津，聂士成这才逃过一劫。

从这时候起，聂士成就感觉自己处境不太妙。但是，"剿匪"是慈禧的军令，要违抗军令，这对聂士成来说是不可想象的。四顾茫然之中，聂士成只好多次发电给荣禄，希望能够得到这位直接领导的帮助。

6月7日，在落垡完成清剿破坏铁路的义和拳行动后，聂士成立即给荣禄发电——"现因落堡村民从乱,柴草均无从购买"。短短一句电文,道出了聂士成对他自己军队的担心:一支朝廷的军队,却得不到百姓们的支持,反而引起了他们的仇视!

荣禄接电报后没有任何回复,他怎么回复呢?正是因为他不愿意冒着得罪端王集团的风险出头,慈禧不得已才把他的这位手下将领推到前台!

荣禄也曾经委婉地提醒过聂士成:你军队的军服是西式的,"不为人所喜",还是换过来为好。荣禄还委婉地暗示聂士成要注意朝廷政治风向、注意端王集团。而聂士成是不会理解这看似平常的一句话背后的"深刻含义"的,他没有那么敏锐的"政治嗅觉"。对于聂士成来说,他不会懂得一件衣服的颜色和式样竟然还有什么别的含义,他只知道听令、研究战略战术、刻苦练军("事必求实,练必求勤,将必无贪心,兵必无空额,日演两操以习阵法,岁演行军以熟地势"——聂士成)!

6月10日,在奉裕禄之命将西摩尔军放行之后,聂士成又一次感到忐忑不安,他立即给荣禄发电。在这一封电报里,聂士成直接向荣禄挑明:他不想剿杀拳民,最好还是回到他原来的驻地,干他的老本行——回天津去抵御外敌("本军逼处洋兵拳匪之间,尤犯兵家之忌,一身不足惜,为大局何?再四筹思,唯有率军队移驻天津,恭候朝命,乞代奏")。

荣禄接电报后还是没有答复,当然,"代奏"的事还是办了的。就这样,6月13日,慈禧颁布"著裕禄迅将聂士成一军,全数调回天津附近铁路地方,扼要驻扎"的上谕,聂士成率军离开津芦铁路,开到天津,参加天津的战斗。

6月21日,慈禧发布战争总动员令,就在同一天,军机处的廷寄也到达了天津:

> 聂士成著即革职留任,仍著严督所部各营,速将紫竹林洋人剿办,并速恢复大沽口炮台,以赎前愆。如再因循致误戎机,定将该提督按照军法从事,决不宽贷!

聂士成并不知道，慈禧收编义和拳时，拳民们提出了接受收编的唯一条件——杀聂士成。而端王集团更是请求慈禧"杀聂"，慈禧无奈，只好发布这道上谕。

大沽口炮台失陷明明是裕禄的责任，也是慈禧自己的责任，租界之战打成这个样子，明明是裕禄指挥无方。可是慈禧是没有错的。裕禄是官二代，是满人，是代表朝廷脸面的高官，详细战况又是由裕禄写奏折向朝廷报告的，裕禄也是没有错的，慈禧的板子只能打到聂士成身上。

裕禄估计是内心有愧，他特意发电安慰聂士成：将军英勇！

聂士成无言，他默默地摘去顶戴，回电："士成在一日，天津有一日；天津如失守，士成不见大帅。"（引自杨慕时：《庚子剿办拳匪电文录》）

而部分拳民仍然没有放过聂士成，现在聂士成革职留任，正是他们"报仇"的大好时机。在与聂军相遇时，聂军必须让路，拳民们甚至要杀聂士成。

而许多不明就里的人仍然在不断地骂他"鬼子聂""聂等死""聂找死"，就这样，.聂士成前方杀敌，后方挨骂。

聂士成终于明白了，他的错误竟然是不该听军令！他事事听令，最后却身陷困境，可是，这是他作为一个军人的意义。六年前的甲午战争中，他率军在摩天岭取得了清军对日军的唯一一场胜利，终甲午一战，被阻截后退的日军始终没有再踏进摩天岭一步，但是大清朝对自己人的苛刻，似乎总是会超过对待敌人！

## 英雄末路：聂士成之死

7月9日凌晨5时，八国联军分两路先攻西机器局的前沿阵地——八里台。正面的是以俄英军为主的近6000名联军，日军第五师团500名精锐绕到了后路，进行包抄。而聂军在八里台的总兵力是5500人，其中还有1000多人是伤员，真正能够参战的人员只有4000人。八国联军分两路攻的意图很明显：先用远距离的炮火消耗聂士成军，然后再寻找机会包抄。

这是对付强军的战术。

果然，战斗打响之后，八国联军并不像往常那样一上来就发动冲锋、长驱直入，而是先进行远距离炮战，动用猛烈炮火。后路包抄的日军也一反常态地没有死冲，而是配合发炮步步推进。6年前在摩天岭的惨败，第五师团还是心有余悸的。

这种打法对聂士成军是最致命的。天津保卫战以来，从租界之战开始，聂士成军已经经过了多日激战，士兵疲累、伤员增加，而八国联军却大多是刚刚增援而来的生力军，士气和战斗力尤猛，军火充足。这个损招估计是日军想出来的。

联军依靠炮火逐步缩小了包围圈，聂军独力难支！前方将士请求增援。

"没增援。"聂士成苦笑。

不仅没有从南方来的增援部队，就算是从天津城内来的都没有。在裕禄的总指挥下，天津城内的各支军队其实从来没有作为一个整体作战过，都是分散驻守，各打各的。而八国联军一旦进攻受挫，就会立刻派军支援，直至形成局部优势。

包围圈越来越小，炮火也越来越猛烈。"突围吧！"聂士成命令部将。看到部将们领命而去，聂士成穿戴整齐，披上了黄马褂，骑上了战马。

跟随聂士成多年的步兵管带宋占标突然明白了眼前的一切，他哭喊着拦在马前，不让聂士成冲向敌阵。

"你不懂。"聂士成苦笑，打马向四面都是炮火的八里台桥冲去。宋占标追赶上，一把拽住马，拼死不放！

"此吾致命之所也，逾此一步非丈夫矣！"聂士成大喝。

他挥刀向宋占标的手腕砍去。宋占标只得放手，聂士成的战马箭一般冲向战火中。

"你不懂。"聂士成到底是指什么？是不懂曾经的英雄背负罪名和骂名的内心绝望，不懂毅然以死而证清白的决心，还是不懂大清还有一种比战场残酷百倍的东西——党争？

八里台桥上，敌军的炮火对准了黄马褂这个鲜明的目标。聂士成的战马中弹倒下，再换一匹。一块弹片划过他的小腹，肠子流出。

宋占标等人哭喊着冲上来，恳请聂士成下火线，聂士成回答：

"吾未瞑目，必尽吾职！"

敌阵里的一名德军指挥官曾经在聂士成军中担任过教练，他发现了聂士成，赶忙命令士兵停火，用中文向聂士成喊话：只要放下武器投降，即可免一死！

听到这话，聂士成突然拽住马头，直立身体，圆睁双目，用尽全身气力回敬了一个字，然后冲锋向前，用手中的枪射杀敌阵炮兵！

对面枪炮齐鸣，枪林弹雨中，聂士成的两腿被打断，脸上左右两腮被打穿，颈部被打穿，脑门被打穿，胸部被打穿，血水横流，肠胃溃地。聂士成倒于马下，却是面露微笑！

在6年前的平壤之战中，聂士成的战友左宝贵身披黄马褂，战死沙场。

6年前的夜晚，在平壤的营帐中，聂士成和左宝贵把酒言战，商讨对付日军的办法。"我等须以持久之战对之"，何等睿智，何等豪气干云，何等快意人生！

一切似乎又回到了6年前的那个夜晚。6年时间只不过是短短的一瞬，却也会让人觉得无比漫长。眼前的景象就像那年那夜漫天的星光，将军卸甲，岁岁年年！

宋占标号叫着冲向联军，中炮牺牲。

八国联军用红毯裹住了聂士成的遗体，将遗体送还。然而，附近仍然要"报仇"的某些拳民准备夺走聂士成的遗体辱尸，被八国联军开火击散。裕禄在天津城里向军机处上报聂士成战死，要求给予抚恤，端王集团坚决不肯。最终慈禧以两宫名义下诏"准予恤典"，但上谕中仍有一句："聂士成误国丧身，实堪痛恨！"

聂士成就这样"戴罪阵亡"了，连死后都不得安宁，但这是大清最后一位淮军将领之死,是最后一位传统名将之死。聂士成自幼父死家贫,在母亲的严格教育下长大,喜好习武,好行侠仗义。初入河南籍将领袁甲三(袁世凯的叔爷爷)的平捻团练,后入李鸿章淮军。在淮军后期的腐化堕落中,唯有聂士成坚守原则,他曾与各营营官立誓相约,刻苦训练,英勇抗敌,并对朝廷忠心耿耿。

自聂之后,那些马背为生、热血尚武、能征善战而又始终忠诚不二的中华传统名将,再无一人!

在聂士成牺牲两年后,1902年(光绪二十八年),聂士成突然成了朝廷的英雄,受到各种追捧和表彰,袁世凯领衔北洋各军统领上奏,要求为聂士成"追恤加恩"。朝廷颁布上谕,追赠聂士成为太子少保,照提督阵亡例赐恤,赏正四品骑都尉兼一等云骑尉世职,其后代世袭罔替!聂士成的三个儿子均由朝廷录用;其83岁的老母由原部将杨慕时奉养;准于立功省份直隶、牺牲地方天津八里台及原籍安徽合肥,为聂士成建立专祠,谥"忠节"。朝廷到处号召各级官员和武将学习聂士成的忠节。

1905年(光绪三十一年),袁世凯下令将八里台桥改名为"聂公桥",桥旁修建一座两米多高的石碑,上书七字——"聂忠节公殉难处"。

## 日军首次对中国使用毒气

攻占八里台和西机器局之后,7月11日,八国联军继续进攻。聂士成已经阵亡了,日军第五师团再也没有什么好怕的了,他们迅速成为八国联军的主力——并且接下来一直是主力,攻向马玉昆驻守的陈家沟至天津火车站一带的防线。

这是天津城墙前的最后一道防线。

日军正准备发起冲锋,英军指挥官来到日军阵营中,说:"别急,给你们两炮。"

给你们两炮不是打他们两炮的意思,而是给他们两门炮——英军运来的这两门4英寸口径的大炮是刚刚从南非的战场运到大沽口的。不远万里到来，一定有缘由。

日军好奇地朝陈家沟阵地发射了这个神秘武器，紧接着，人类历史上恐怖的一幕出现了。

只见一股股从未见过的黄绿色烟雾飘过，闻到的人头晕眼花，随即倒地立死。陈家沟附近上百名士兵、600匹战马，以及附近村庄里的部分百姓纷纷倒地而亡。

以前人们一般认为，毒气弹是"一战"中德军对英法联军首次使用，而实际上，早在1900年，天津就成为继南非之后第二个遭受毒气弹攻击的战场。

这几发炮弹打过来时，马玉昆的士兵还是像往常一样躲到掩体后面。没想到躲得过炸，却躲不过毒。大家从来没有见过如此厉害的炮弹，更加不知道如何应付，于是惊慌失措，丢弃防线，慌忙撤向天津城内。

日军就这样轻而易举地突破了天津城墙前的最后一道防线。不过令他们更兴奋的是拥有如此致命的杀伤性武器，这两门毒炮引起了日军极大的兴趣。1931年的"九一八事变"后，日军将他们专门研发毒气弹和细菌弹的机构搬到了哈尔滨，并成立了专门的部队——代号731。

天津城已经门户大开。7月13日，八国联军对天津城发起总攻。

## 日军攻陷天津

天津城内，裕禄和退守的马玉昆集结了1万人的军队。这么多人守城，再加上高大坚固的天津城墙，应该是能守住些日子的。

而裕禄的预料再一次错了，因为他面对的是日军。

问：世界上哪支军队最喜欢在凌晨发起进攻？

答：日军。

7月13日凌晨，日军向天津南门发起总攻，其他七国军队分布在两翼或后路进行策应。在炮兵的掩护下，日军步兵排成长队，猫着身子拼命往前冲，而城墙上清军守军火力十分猛烈，机枪手和炮手躲在垛口后面，对着没有掩体的日军，居高临下练习打靶。而神奇的是，日军虽然一次次进攻受阻,但他们一次次轮番发动冲锋,不需要休息,不需要清点伤亡人数,也不需要吃饭,直把一旁的欧洲人看得目瞪口呆。

傍晚,日军伤亡人数已经达到了惊人的四五百人,这是开战以来八国联军的最高伤亡纪录,伤兵源源不断地从阵地上被人背下来,又用平底船运回租界。在船上,这些伤兵全都沉默不语,没有一个人出声。更恐怖的是有些截肢锯骨的手术就是在船上进行的,然而,即使是做手术的人,也没有一个号叫或者出声。巨大的疼痛竟然被生生忍住,气氛十分阴森。

而在南门前线,其他日军士兵仍然在轮番冲锋。

在一旁的英国人和美国人终于要崩溃了:兄弟,这哪里是打仗,简直是白白送命啊。美军指挥官一边嘀咕"自内战以来就没有看过这么可怕的战斗了",一边跑到日军指挥部,要求撤退。

日军指挥官福岛安正冷冷地回答:"我军继续进攻!"

没办法,大家只好佩服这帮战争机器,没等美军指挥官回过神来,新一批发起冲锋的日军士兵又冲出去了。此时天色已黑,日军正是在夜色的掩护下,冒着城墙上的子弹和炮火一点点地往前推进、推进,每前进一毫米都是他们的胜利!

午夜时分,日军终于冲到了城门底下。不过他们还没来得及欢呼庆祝,就又发现一个问题:城门过于坚固,别说子弹,就连炮弹都炸不开。

城门炸不开,就无法进入城内,这是一个现实的问题。

提着满桶炸药的工兵上场,另外一些工兵开始吭哧吭哧埋头在城门底下挖土埋炸药。原来他们是要在城门下面挖个坑,然后把炸药放进去炸开城门。

"还真当我们不存在啊!"城墙上的守军把所有的步枪、机枪和炮火集中对准城门下,子弹竟然形成了密不透风的弹雨!接下来就发生了神奇的一幕。

远处的日军点燃了导火索,导火索竟然被子弹打断!

一名日军冒死冲过去,重新接上导火索,还是被打断;第三次接上点燃，仍然被打断！

导火索都被打断了，看来炸不开城门了，而炸不开城门就无法进入城内。

一名日本工兵不声不响地站出来，他不顾一切地冲向城门下方。就在大家不知道他要干什么之时，他划燃火柴，扔向炸药！巨大的爆炸声立即响起，这名士兵瞬间被炸得消失了，然而城门也被炸开了，日军潮水般地冲向城内！

外城失守，然而清军并没有放弃。他们退至内城，再次组织坚守，寸土不让，顽强阻击。更多的义和团团民也赶过来加入战斗，他们穿着红衣服，捡起地上的武器，躲在城垛后面向外射击。

看上去日军又得进行艰苦的攻城战，不过这次大家都猜错了。

日军推出了他们的新式武器——两门毒气炮。毒气弹在内城遍地爆炸，恐怖的黄绿色烟雾又出现了！坚守内城的清军一个个惊恐万分，但还来不及反应就开始倒下。他们依靠墙面支撑着身体，停止了呼吸，仍然紧握步枪，圆睁双目！

幸存的清军开始失控。他们无法理解这恐怖的"绿烟"，只好抓住团民，质问他们："你们不是能刀枪不入吗？"清军用枪口逼着团民冲向烟雾、冲向敌军，要求兑现"刀枪不入"的神话！

可怜的团民们，挥舞着刀剑冲向日军，却被日军的枪炮疯狂扫射。后面的团民赶紧跪在地上，请神下山，但是这一切都是徒劳的，更多的人中弹，惊慌失措的团民又开始往后退。狂怒的清军在他们背后开枪。大面积的溃乱发生了，裕禄和马玉昆率领残兵从天津北门撤向北仓，然而仍然有少量的清兵和团民坚守不退。他们是天津当地人，生在天津、长在天津，别的地方，他们不想再去了，他们不愿意随着大部队逃往北仓，就在这里与侵略军共亡吧！他们捡起了地上的枪，擦干脸上的血，慢慢地走到每一条街巷里面，爬到房顶、埋伏、持枪、上膛，等待着敌军！

日军特意等待了3个小时，等烟雾散尽后才进入内城，跟在他们身后的是其他七国军队。埋伏在巷子里和房顶上的清军和团民发起最后的攻击了，子弹从各个方向射向敌军，毫无准备的八国联军一时人仰马翻，纷纷倒地，而面对联军大部队，少量的清军和团民竟然发起了冲锋！他们冲到联军队伍中间，巷战！手刃！肉搏！步步抵抗，用最后一丝力气与敌人同归于尽！

"团民虽抵御不退，但苦无军火""他们大多穿红衣服，躲在城巷后面，伺机向外射击""我曾经见到过世界各地的战斗，但从来没有见到过像对付这些未经训练过的清国人更为艰苦的战斗了"，时为英军海军陆战队士兵的吉普斯（G. Gipps）等在天津战后纷纷留下这样的记录。他们从来没有想到进入一座空城竟然还会如此麻烦，从来没有想到在清军的大部队撤走之后，还会遇到如此顽强的抵抗！

八国联军士兵彻底疯狂，他们又拿出了他们的那一招——烧。他们看见房子就点燃，每前进几十步就用大炮将前方夷为平地，再用机枪扫射。整个内城一片惨烈，负隅顽抗的一个个清兵和团民头部被子弹打穿，胸腹被刺刀刺穿；死者的尸体仍然往外冒着血，他们被推运到白河里丢弃，白河为之堵塞！而在某个街巷的角落，重伤的人奄奄一息，但他们没有一句求饶，因为求饶也没有用，西方国家在天津的人道主义机构拒绝提供帮助，平日宣扬生命平等的教会组织也不见了踪影，这些人血尽而死。等他们一断气，野狗就会扑过来，吃着尸体，剩下的任凭虫咬蛆吃，在烈日下腐烂。

天津城的南门上，一个清军俘虏正盯着我的面孔，可怕而高大的身影，他的旁边是生锈的长矛和三叉戟，他的衣服成了碎片，双手反绑，胸口中央几英寸深的伤口正向外汩汩冒血，他没有一句求饶或痛苦的呻吟，无言端坐在那里。南门外，两个清国人的头用辫子挂在城墙上，那是两个义和团民，他们下面是抢满了东西而跑出城门的外国人。这种情景我一辈子都不会忘记。（引自时任英军随军记者萨维奇·兰德尔的记录）

7月14日，京东重要的屏障、建于1404年（明永乐年间）的天津古城沦陷。

义和团两大首领张德成和曹福田均在城破后出逃。张德成后来在流亡中因与当地村民发生过节而被杀，自命为"天下第一团"首领的曹福田在逃亡近一年后溜回家乡。此时战争已经结束，义和团在朝廷那里又变成了"非法"，曹福田被捉住送官、斩杀。

而更多的团民似乎是在一夜之间消失了，他们中的很多人，就是来自阻截西摩尔军的战场。在天津保卫战中，虽然作战的主力是清军，但他们始终协助作战，驻守二线据点，甚至亲自参与前线进攻。天津城的部分防守任务也交给了他们，而现在，天津城已破，他们似乎失去了存在的意义。天津谣传朝廷不再信任他们，要杀他们出气，很多人戴着红头巾，蹲在路边无声地哭泣。很多人来到白河边，看见一艘船跳上去就走了，从此远走他乡、杳无音信。此时天津地区下了几场雨，又可以回去种庄稼了，更多的人扯掉头上的红头巾，回到自己的村庄，回到自己原来的家中。官方正史记载这一现象时用了一个词——雨后归农。

## 天津周边的战斗

"英勇"的日军终于以占八国联军总伤亡（750人左右）2/3以上的表现，征服了其他国家。由于没有联军总司令，日本便挤入俄英两强阵营，成为天津城的"管理委员会"中的一员。"管理委员会"决定先在天津休整20天，再向北京进发！

八国联军似乎忘了当初他们的口号是"解救"公使。现在，既然已经攻破京东重要的屏障，为何不赶快去"解救"公使，却在天津休整起来，一切的谜底即将在以后的故事中揭晓。

8月初，八国联军留下1万日军守天津，2万兵力向北京进发。本来其他国家军队的指挥官认为，要成功攻进北京至少要有5万兵力，但日军告诉他们：2万足矣。八国联军分为左右两路，日、英、美为左路，日军1万人，英军3000人，美军2000人；右路军是俄军4000人，法军800人，德意奥总计200人，共计5000人。

很显然，日军又是绝对的主力。在6年前的甲午战争中，日军曾制订了攻进北京的详细计划，被认为"时机不对"的伊藤博文阻止；现在，他们的心情有点儿急不可待了。

退守的裕禄和马玉昆已经在北仓组建了京津间的第一道防线，北仓防线横跨京杭大运河，分为主防线和次防线。主防线首先是地雷区，埋着密密麻麻的地雷。地雷区之后是又高又深的战壕，战壕后面才是一字排开的大炮方阵，大炮方阵后面还有临时修建起来的前后十多里长的土墙，土墙上分布着密密麻麻的射击孔，后面埋伏着步兵，并在各要隘再埋设地雷。炮队加上步队，总兵力1.4万人！

次防线就在后路和侧翼，这里也分布有若干大炮点，把守在这里的是2000人的预备队，主要由北仓附近的乡勇、团民和猎户组成。

这个浩大的工程是趁着八国联军在天津休整期间，由裕禄和马玉昆组织团民和民工队伍修建起来的，带有明显的德式色彩，密不透风，飞进一只鸟来都是比较困难的。面对如此精密的工事，八国联军的麻烦很大，不说别的，就是那些地雷也够他们喝上一壶的了——人一踩上去，它就得炸啊。

但日军有他们的独特武器——情报。

早在裕禄和马玉昆在北仓修建工事时，日军要求及时收集情报的建议就送到了联军指挥部。于是，几十名教民混进了团民和民工队伍，他们几乎把所有的地雷点、炮位和战壕点摸了个遍，然后报告给了联军，他们甚至画好了地图。

现在，这张地图就是最佳探雷工具，八国联军指挥部重新布置了战术：由原来的两路改为三路，从右路的俄军中抽调一部分哥萨克骑兵，在正面发起冲锋，但这只是利用他们去制造声势，目的是把清军的炮火吸引到正面，然后再由左右两路大军同时发动偷袭！

从战术上看，这是典型的一点两面的打法，属于谨慎派的。在指挥部看来，虽然有了地图，但清军的工事极其精坚，不得不小心。

大家说这番话的时候，忘了一群人——日本人。日军第五师团师团长山口素臣对这群欧美人的小心谨慎轻蔑不已。清军的"牢固工事"可怕吗？他们真是没见过六年前的甲午战争。

回到军营，山口素臣向大家嘲笑了一番其他各国军队的胆小。然后宣布：日军打头阵，提前发动进攻！

8月5日，冒着小雨，在我们熟悉的凌晨2点，1万名日军出动了。他们没有吹号、没有训话，也没有任何一个人发出很重的呼吸声和脚步声，就像一群鬼魅一样安静，又像一群机器人那样整齐划一，向北仓防线摸近。1小时后，日军到达主防线前，每个士兵的手上都拿着那张标注地雷布点、战壕位置和炮位的情报图——也就是说，情报图被日军又手绘了1万份。山口素臣下令：小心绕开地雷，绕过战壕！全军又如鬼魅一般悄无声息地绕过地雷区和战壕，摸到了大炮阵地前！

山口素臣下令：全军注意炮位，冲锋！原来他们根本不需要什么哥萨克骑兵去"佯攻"，偷袭和出其不意本来就是他们的拿手好戏！

裕禄和马玉昆苦心修建的战壕和地雷失去了作用，本来以逸待劳的大炮也没了什么作用，双方又开始了面对面的冲锋战和反冲锋战！而这又是日军最拿手的，反正他们也不要命。裕禄和马玉昆听闻日军已经摸进了阵地，大惊失色，亲自督战。然而，无论清军如何反击，日军总是保持着进攻的态势，他们的冲锋从不停歇！

双方苦战12个小时，天黑了，熟悉的一幕也出现了：久战不胜的清军信心终于开始动摇，有人开始逃离战场，接着就是大面积的溃逃！裕禄和马玉昆也挤在清兵当中，狼狈逃出。

日军仅仅以伤亡300人的代价，攻下北仓！其他七国的军队呢？他们的行动要比日军迟缓很多，基本就没帮上什么忙，只是来看了一场热闹而已。

而日军并没有停下来，他们是战争机器，是不需要休整的，于是他们趁着夜色，又马不停蹄地攻向30多里以外的第二道防线——杨村防线。

杨村防线由刚刚从山海关赶来不久的宋庆负责驻守，这里自然没有北仓这样浩大的工事了，主要依靠津芦铁路路基作为天然掩体，阻截八国联军。

其他的七国军队见日军已经冲向杨村了，只好又上气不接下气地跟在后面。

在北仓之战中，日军的提前行动已经让其他七国军队大为不满。日军首攻北仓，头功自然也是属于他们，战利品也要分得多一点儿。不过其他七军最不满的倒不是这一点，而是他们也发现了清军极为坚固的防线也能如此轻易被击溃，这给了这些欧美人很大的刺激，他们也决定抢功！八国军队都冒着大雨，争先恐后地向杨村进军。

他们又分成了两路，大家都知道日军太爱单独行动又神出鬼没，就连平时关系很好的英军、美军也不愿意和日军在一路。就这样，日军成了单独的一路，而其他七国军队乱哄哄地挤在另一路。

这30多里长的路程，正印证了那句话：乐极生悲。

俄军中的哥萨克骑兵冲得最快，很快将其他各军落下了一截，而落在队伍最后的不出所料是英军，也就是雇用而来的印度兵和孟加拉兵。拿钱来打仗的嘛，自然是将危险留给别人，安全留给自己。而他们的精神却是最紧张的，时刻都在担心清军和义和团会不会从黑暗中冲出来，结果自己的性命。

黑暗中，队伍最后的孟加拉骑兵不知道是精神紧张还是眼神不好，他们竟然把队伍前方正低头往前冲的哥萨克骑兵当成了清军，赶紧几发炮弹打过去，却没有击中目标。被溅得一脸是泥的哥萨克骑兵恼怒地冲回来，告诉他们：自己人，不要乱打炮！

孟加拉兵哇啦哇啦地说了半天，哥萨克兵还以为是嘲笑他们满脸是泥，狂怒不已，抽出战刀要把孟加拉兵砍成肉酱。

一旁的美军只好出来当了个和事佬，强调"团结要紧"，"We are a team（我们是一支团队），we are a team"。以冲动著称的哥萨克兵总算是止住怒火了，队伍继续向前。

接近杨村时，美军开始在侧翼行动，而早已杯弓蛇影的孟加拉兵竟然又以为侧翼出现了清军，于是又是几发炮弹打过去。这次美军再没有心情说"team"（团队）了，因为这一次，孟加拉兵竟然打中了！

美军当场被炸死8个！而他们还来不及发火，另一侧的炮弹又打过来了！这又是怎么回事呢？

原来，发炮的是在另一侧翼行动的法军。法军本来已经跑出去很远了，听到炮声，还以为遭到了清军的包抄，于是赶紧调转炮口向这边的美军发炮！唉，又死了几个。

倒霉透顶的美国人只好打出信号弹，证明自己的身份。刚刚强调了team，也不好发作，只好自认倒霉。

8月6日，进攻杨村的战斗打响了。在七国军队的这一路，他们也是分头行动的，俄军攻左路，英军居中，美军攻右路。右路的美军刚刚被炮击，一股气没地方撒，他们迅速突破铁路路基防线，冲进铁路后面的村庄里。这个时候，倒霉的事情又降临了。

就在美军冲进村子后不久，英军和俄军也先后爬上了铁路。不过他们并不知道美军已经冲进去了，都以为自己是第一个呢。他们赶紧在路基上架起大炮朝里面轰，准备先把村庄夷为平地再冲进去。于是，已经冲进村子的美军只好又被"自己人"给炸了，他们一个个被炸得抱头鼠窜，而这次由于炮火太猛烈，战场上全是硝烟，连打信号弹都无济于事。

美军在战前是强调"team"的，但一再被打也不得不怒了。于是美军也架起大炮，朝对面的英军和俄军猛轰！英军和俄军一看对面"果然有埋伏"，于是炸得更加猛烈了。

大家就这样你一炮我一炮互相打起来。美军不是对面英俄军的对手，对方毕竟占据铁路路基高地，炮也要多得多，但现在的问题不是美军想停止就能够停止的了，英军和俄军忘乎所以地开炮，美军看来就要在友军的炮口下全军覆没了。没办法，他们只好锲而不舍地派出通信兵冲过去报信，有几个人刚刚冲出去就被炮火炸了回来，有一个人为躲炮跑得中暑倒在路边,昏迷了几天才醒过来。好在终于有人报信成功了,英军、俄军这才发现是炸错了。赶紧停吧!

这一轮炮战,倒霉的美军又有20多人死在炮火之下。这不仅是他们参战以来最大的一次伤亡,也是美军在整个1900年之战中最大的一次伤亡,有苦说不出啊。

而霉运还没有完,正当美军和英军、俄军互相拉着手慰问时,后面的炮火又响了!原来这是一直躲在后方磨磨蹭蹭的孟加拉兵,他们看战斗已经打得差不多了,知道本军铁定胜利,于是"勇敢地"发起冲锋,他们一边打炮一边冲到大家旁边,大声喝道:"清军哪里去了?""早跑啦!"美国人没有好气地回答,孟加拉人装作恍然大悟的样子,大喝一声,又向前冲了好几百米,这才停下来。

估计大家把他们撕了的心都有。

这就是杨村之战中八国联军的"误伤事件"。虽然杨村防线比北仓更加不堪一击,这里没有北仓那样坚固的工事,而从北仓溃退下来的清军严重地影响了他们的士气,宋庆大人又见到了他在6年前见过的那一幕:清军不战而逃。但是八国联军的内讧和内乱也是极不光彩的,这个事件在八国联军众多行军日志和回忆录中都只有躲躲闪闪和语焉不详的记录。他们和他们标榜的"来自欧洲的文明军队"相去甚远,事实上不过是一支杂牌军。不过通过此事件他们总算达成了一个共识:必须设立一个统一指挥的总司令,他们都在等待瓦德西的到来。

随着杨村之战的结束,天津及其周边地区的战斗结束了。虽然在1900年我们熟知的一句话是"八国联军进北京",但是,为了抵抗八国联军进京,发生在天津及其周边的战斗,才是1900年之战的主要战斗,这里才是主战场。

战斗从6月17日罗荣光在炮台发起抵抗开始,持续时间近两个月。特别是在天津陷落之前,清军和协助的义和团民连续作战一个月。八国联军总共伤亡约2000人,这是甲午战争以来一场创纪录的持续时间最长、作战最激烈、歼敌人数最多的战役,甲午战争中任何一场战役都无法与之相比。可以说，自从1840年以来，这也是十分罕见的。它显示着一条颠扑不破的真理：这个国度每到危亡的关键时刻，总会有很多原本不声不响的国人站出来！

而当八国联军进驻杨村之时，有一个人朝自己举起了枪。

## 裕禄的结局

在杨村，裕禄没有跟随宋庆和马玉昆往北京方向逃跑，也没有跟随手下的士兵溃散。他住在路边的一座破庙里，身边只有一个跟随多年的仆人。他哪儿也不想去，哪儿也不能去了。

自古疆臣有守土之责，他是直隶总督，而前面就是通州，就是北京地界，他还能逃往哪里？

慈禧早就发过上谕，如果洋兵进入北京，定唯裕禄、聂士成、罗荣光等是问！聂士成和罗荣光都已经死了，甚至都曾给他当过替罪羊。那么在他没有替罪羊之时，朝廷只怕只能拿他当替罪羊了。

是时候来为自己做一个了断了。

别了吧，大清；别了吧，朝廷。疆臣不再守疆，因为山河已碎，满目疮痍！

裕禄选择了自杀。当时清军的状况十分混乱，关于裕禄自杀的情景并没有更多的记载，《清史稿》中仅有寥寥七个字——"在杨村兵败自尽"。而我们能够找到的野史《奴才小传》记载：裕禄拔出手枪，先对准自己的左胸开了一枪，却没有打中心脏，倒在地上痛苦地满地打滚；他想再补一枪，但是已经没有力气了。他的仆人背起他想逃命，但没走多久，却发现裕禄早已经断气，于是只好找来几块木板裹住裕禄的尸体，草草埋葬在路边。

裕禄就这样成了找不到埋葬之地的人，他大概是大清开国257年以来，为数不多的找不到葬身之地的直隶总督。

2014年初，冒着凛冽的寒风，我曾前往杨村附近多次寻找，但仍然一无所获。

我原计划用大篇幅的文章来总结裕禄在天津之战中的错误和过失，总结他骨子里的怯战、在军事部署和兵力分配上的极大失误、指挥能力的低下、平时的不作为和战时的顾此失彼，并把他作为晚清庸碌官员的代表大加抨击。然而，就在前往寻找裕禄墓地的过程中，我似乎突然明白了裕禄、明白了他当年的处境。我突然更加强烈地感觉我讲述的不再是一个"直隶总督裕禄"的符号，而是一个实实在在的人。我似乎看到了在6月17日早晨接到照会时那个惊慌胆怯、看着自己的顶戴官服茫然不知所措的老人，因为顶戴并非系于他一身，而是系于他一家！无论怎么做，慈禧到最后都是对的，朝廷到最后都是对的，而他却是一点儿都错不得！

我深深地相信，那个早晨无论换成是谁，包括我们自己，做出的也很可能是与裕禄同样的反应，甚至会不及裕禄。

有多少人，终其一生，只能在历史上留下几个字，更多的人连淡淡的一笔都无法留下。其实也只有尽可能地深入某一个具体人物的具体人生，我们才能从历史中发现更多。裕禄之错，是他的错，但更是环境之错、体制之错。从某种意义上来说，庸碌误国的裕禄和有心无力的谭嗣同、怀才不遇的聂士成以及悲从中来的罗荣光面临同样的困境，和丁汝昌、邓世昌他们面临的问题也是一样的，在一个急剧下坠的年代里，他们不幸降生，然后极为不幸地用自己的小悲剧，去构建了历史的大悲剧。

见自己，见天地，见众生。

8月11日，就在裕禄在杨村兵败自杀后不久，有一个人在通州也步了他的后尘，他就是李秉衡。

## 第十七章
# 四千发炮弹攻不下使馆：荣禄的秘密

## 李秉衡组建通州防线

自从1897年因为义和拳的问题在山东巡抚的职位上被撤职之后，李秉衡休养了一阵，于1900年复出，被朝廷起用为"巡阅长江水师"。这不是职，而是差，是朝廷对军队开展的巡视工作。李秉衡也就成了传说中的"钦差大人"，虽然无职，但他是代表皇帝的，在级别上比总督巡抚还要高。

对由曾国藩的湘军水师改制而来的长江水师，慈禧和朝廷一直是比较忌讳的，放心不下啊。而作为曾经的帝党新锐，李秉衡跟李鸿章是死对头（甲午战争中没少给李鸿章苦头吃）。李鸿章说到底也是出身于湘军系，自然跟长江水师的关系比较密切，虽然后来李鸿章自己有了北洋舰队，但对长江水师还是一直"关照有加"。事实上，如果不是李鸿章等人一直力保，这支前湘军队伍慈禧早就裁撤了。那么，现在派出死对头李秉衡去巡阅，实在是再合适不过，而巡阅的范围，正是两江总督刘坤一和湖广总督张之洞的地盘。

李秉衡果然很猛，他巡阅后的第一件事，就是把长江水师的最高直接领导——提督黄少春给弹劾了。应该说钦差大人弹劾一个提督并不值得大惊小怪的，问题就出在黄少春是刘坤一的心腹，李秉衡在刘坤一的地盘上办差，竟然一上门就给了总督大人一个"重礼"，这是过去少有的。在刘坤一的力保之下，黄少春最终涉险过关。不过，李秉衡在两江就显得比较扎眼了。

6月中旬，刘坤一和张之洞开始运作"东南互保"。这是东南区的一件大事，出不得半点儿差错，而有李秉衡这尊明显不合作的"大神"在东南区，大家更觉得扎眼。于是乎，李秉衡是非走不可了。也就是说，尽管李秉衡是慈禧派下来巡阅水师的，但刘坤一和张之洞要把他给"送"回去。

也正因他是慈禧派下来的，赶是不能赶的，唯一的办法只能是"巧送"。

刘坤一拜会李秉衡，小心翼翼地问："李大人您辛苦了。现在中外开衅，我们都要响应号召派军北上，大人您是名臣（注意这句话），建功立业非大人莫属，我们愿意提供一支队伍，大人您能否先期带队北上，去解朝廷之危？"

李秉衡被说得动心了。

李秉衡何尝不知道刘坤一和张之洞他们的小九九，如果在平时，他是绝对不会"上当"的。但是，他也有自己的想法。他是曾经的帝党新锐，而现在帝党势力已经烟消云散，除了康有为一伙在海外闹的"保皇派"，基本只剩下他这个光杆司令，没人再去抱光绪的大腿。李秉衡更加不会去，他现在只想恢复他的"官声"，为自己出一口气。他是因为义和拳问题被撤职的，这是他"一生为官的痛处"；而现在，绕了一圈，朝廷解决这个问题不还是离不开他李秉衡吗？所以李秉衡早就想带兵北上了，但是他无职无兵，不料刘坤一自己送上门来"借兵"，真是何乐而不为也！

7月26日，李秉衡带领刘坤一"借"他的500名兵士抵京，此时正是八国联军已经攻下天津城，在天津休整准备攻向北京之时。北京城里早已是人心惶惶、风声鹤唳，王公大臣想到自己的豪宅马车马上就要毁于战火，十分焦急。听说李秉衡大人带队前来"护都救驾"，大家似乎都发现了救星，他们对李秉衡夹道欢迎，把最多的赞美、最盛情的款待都给了李秉衡，并称李秉衡将是前无古人的大英雄！

而沉浸在"英雄"之名中的李秉衡也飘飘然了，他向慈禧上奏：当前之计，我方战事不利，但朝廷应该先杀人立威（"不诛一二统兵大臣，不足振我国之势，而外人决不能除"）。

对于慈禧来说，她现在是能抓住一个算一个，别说李秉衡还带了500人来，就是他赤手空拳来，她也是蛮开心的，因为她好久没见到新面孔了。她立即令李秉衡帮办武卫军军务，作为荣禄的副手总揽保卫京城事宜。她也认为必须给这位生猛的大臣壮壮势，拿几个人头来祭旗，于是她记住了李秉衡的这句话：越是在危急时刻，越是要狠，不要怕杀人。

对于要杀之人，李秉衡没有点名，但慈禧和他都清楚谁是最合适的人选。慈禧想起了御前会议上那些令她讨厌的大臣，对，就是他们了。而太常寺卿袁昶和礼部侍郎许景澄跟东南督抚的关系最为密切（他们都是张之洞的门生，长期以来也是张之洞在朝廷的坐探），首先拿他们开刀吧。东南地区的督抚不派兵，就杀他们在朝廷的亲信，让他们也尝尝敲山震虎的滋味，而杀这两个人相信李秉衡也是会比较满意的。

7月29日，在李秉衡抵京后第三天，袁昶、许景澄首先被正法；8月11日，兵部汉尚书徐用仪、内阁学士联元、户部满尚书立山也被处斩。这五位朝廷高官是历史上继"戊戌六君子"之后的"庚子五大臣"，他们死于"反战"——表面上死于"反战"。

李秉衡就这样以官场同僚的鲜血给自己壮了"势"，也达到了出气的目的，让他在感觉上更加像一位"英雄"了——李大人啊，人我也给你杀了，接下来就看你的了，你不要让我失望啊。

8月5日，北仓和杨村防线吃紧，李秉衡将前往坐镇通州防线。这是京津间的第三道防线，也是北京城墙之前的最后一道防线；一旦通州失守，八国联军便可以沿平坦的京通大道一直抵达朝阳门。为了多要些兵，李秉衡找到了荣禄。

荣禄明确地拒绝了李秉衡：我哪有兵，连保护北京都不够！李秉衡又要求荣禄给他一些枪炮子弹，荣禄干脆利落地表示：没有。

作为私下里的"反战派"，荣禄对李秉衡有说不出的厌恶。其实厌恶归厌恶，荣禄更加清楚慈禧现在"宠"着李秉衡，但对他也只是抱着用一用的态度，聊胜于无嘛，其实并没有抱多大的希望。心里有了这个底，荣禄大人连装也懒得装了，他收起以往那份高深莫测却很少得罪人的面孔，直接浇了李秉衡一头的冷水。

李秉衡只好带着他的500名"亲兵"悲壮地走向战场，他立下了"宁为国而捐躯，勿临死而缩手"的重誓。而等到了通州，李秉衡才发现，自己把一切想得太理想化了。朝廷原本为组建通州防线理论上召集了1.5万名守军，不过他们都是"理论上"的，都还只存在于给慈禧的奏报中。这些军队大部分是各地派来的"北上之师"，其中连袁世凯派来的那3000人也算上了。他们原本就是消极怠战的，现在听说是李大人亲自上前线，就更加磨蹭观望了——怕惹恼了他被一道奏折给参了嘛。8月7日，李秉衡在前线召开军事会议，这些"北上"的将领没有一个按时到达！

前线士兵的士气是如此之低迷，当李秉衡前去视察时，他们一个个无精打采、爱理不理，原因是他们已经很久没有领到饷银了。连吃饭都是问题，这仗怎么打？

"朝廷不是已经拨付饷银了吗？"李秉衡表示很愤怒。

这答案自然是不需要明说的：它们被各级军官截留了。其实这里面的秘密谁都明白，但李大人似乎就是迟迟不想面对，他也想管一管，不过已经没有多少时间了。八国联军逼近通州，为了解决士兵的粮草问题，李秉衡只好先从百姓家中购买了点儿粮食，却发现通州附近所有的村镇早就被从北仓、杨村来的溃军抢光！

8月8日，李秉衡率军抵达通州与杨村之间的河西务，然后从河西务节节败退至通州马头、张家湾。8月11日晨，八国联军攻向通州，在李秉衡大喊"不要跑，为国效命"的呼声中，已经逃得差不多的士兵一哄而散、四处逃命。日军工兵用炸药炸开了通州城门，八国联军呼啸而入。

已经成为光杆司令的李秉衡绝望了。他是无法逃跑的，他就是来守通州的，并且还在出行前立下了誓言。绝望的李秉衡留下一份给慈禧的遗折,将各军指挥不力、步调不一、闻战即逃的情况报告给了慈禧——"就连日目击,军队数万充塞道途,见敌辄溃,实未一战,巨镇如河西务、张家湾,俱焚掠无遗,小村亦然。臣自少至老,屡经兵火,实所未见。兵将如此,岂旦夕之故哉",然后服毒自杀。

此时的李秉衡一定明白了那么多王公大臣一遍遍呼唤他为"英雄",却谁也不愿意来前线当"英雄"的原因。当李秉衡在通州战事不利的消息传到北京城时,大伙迅速忘记了李秉衡这个人。新的"救星"是李鸿章李大人,大家再次盼星星盼月亮,只盼着议和大臣李大人能够早点儿到北京!

平时的李秉衡不贪财、不受贿、体恤百姓,很亲民,一身正气。表面看来,他是传统意义上的"清官"与"好官"。然而事情并没有如此简单。这个人在甲午战争中与李鸿章作对的情况我们熟悉了,他"不屑与之为伍",厌恶李鸿章的"唯利是图"与"卖国",看不惯李鸿章等人做官做到没有一点儿"读书人的操守"。但李秉衡并不知道,在李鸿章那边,他也是受到极端厌恶的。李鸿章等人并非不想"求名",他们早期也是求名的,只不过在"经世致用"的过程中,他们早就幡然醒悟了,他们知道一味"求名"是虚幻的,"求实"才能名利双收。李秉衡大人豪情壮志,但他那500名"亲兵",还不是刘坤一借给他的吗?

李秉衡就是那种有点儿理想化的官僚,他们宁愿关在自己的小圈子里,守着那份能够感动自己的情怀,拒绝接受外面的事物,也没有能力正视现实,因而在官场孑然孤立。他们厌恶"求利型"官员的"流氓手段",办事不讲程序,却不知道他们自己办起事来,往往比其他官员更加不注重程序,一意孤行。因为很奇怪,朝廷中的"名"也是要以破坏程序为代价来获得的。他们为自己的"名"不惜拿一切去赌,国家、百姓、所有的一切都可以成为代价,连他们自己的生命都可以成为代价;他们经常发表一些名言,受人追捧,但他们所追求的"名",与权臣死保权力、贪官猛捞银子,其实并没有什么两样,因为这样的"名"或许有益于自己,却未必有益于百姓。他们的做事方式或许是他们自己认为最好的,却不一定是最有利于大局的，而这一点他们是不在乎的。他们沉浸在自我的悲壮里，来造成一种最不负责任的后果，包括害了他们自己。

误国之"忠臣"，误国之"名臣"！

荣禄没有给李秉衡派兵，并不是他真的挤不出兵。从6月21日起，武卫军中军一直在荣禄的率领下"围攻"使馆区，加上协助进攻的部分董福祥军，进攻的兵力有一万多。而他们却在将近两个月的时间里没有攻下一个只有区区几百人的"卫队"守卫的使馆区，这确实是不可思议的。其中，隐藏着荣禄最核心的秘密。

## 荣禄大军为何攻不下使馆区

6月21日，慈禧发布战争总动员令的同时，命令武卫军中军进攻使馆区，并由荣禄亲自指挥。面对使馆区这个烫手的山芋，慈禧是绝对不能让荣禄再请"病假"了。慈禧无人可用，只好将荣禄大人推到一线。

而荣禄大人就面临真正的难题了：荣禄一直都是私下里的"反战派"，他是不愿意与洋人开战的；更加严重的是，此时如果真正放手让中军进攻，一旦结果掉使馆区里那些公使的性命，将来洋人清算，他荣禄岂不是在劫难逃？

但问题是如果他不放手让中军进攻，暗中监视的端王集团肯定不会放过他。慈禧一开战，端王集团的权势和声势就已经达到了顶峰。他们连带领团民闯入皇宫，企图谋杀光绪的事情都做出来了，还怕拿不下一个要跟他们作对的荣禄？更何况，即使荣禄自己不下令让中军放手去攻，端王等人肯定也是要插手的。毕竟进攻使馆是太后亲自下的令嘛，王爷插插手也天经地义。

果然不出所料，端王以"太后上谕"的名义调天津总兵张怀芝率开花炮队进京，炮轰使馆区。张怀芝自然觉得这是一个"立功"的大好时机，于是他也没多想就在使馆区外布炮。这时候荣禄大人也来到现场了，他亲自巡视、亲自视察，并且还告诉张怀芝，城墙上居高临下，方便俯攻；

如果要炮轰使馆,将军是可以将大炮布置在那里的。

视察完毕,荣禄离开了。张怀芝便带领大家把开花炮抬上城墙,将炮口对准使馆区,想到就要炸平所有的使馆,一举歼灭使馆区里所有的洋人,士兵们都很兴奋,跃跃欲试,大家等着张怀芝一声令下,就要万炮齐发了。

"等一等!"张怀芝突然感觉哪里不对劲,然后他才突然发现:奉太后之命进攻使馆区的是荣禄,而荣禄虽然来"视察"了前线,却自始至终没有对他下达过炮轰使馆的命令。如果自己一声令下,炮兵开炮,使馆区被夷为平地,不说将来遭到洋人清算的是自己,即使是在朝廷这边,自己也可能是替罪羊:谁叫你当初擅自开炮的啊?

张怀芝顿时惊出了一身冷汗!于是他赶紧命令炮兵暂停发炮,自己一路小跑,跑到荣禄府上请示到底要不要发炮,请荣禄给他一道手谕。

荣禄很客气地接待了张怀芝:"张将军,来来来,看座,看茶。"做完这些,荣禄就微闭双目,无论张怀芝如何请示、如何请求,荣禄就是不开口,就像是入定的高僧。

不过张怀芝也不傻,他一边喝茶一边说:"大人您今天要不给我一明确指示,我就睡您这儿了。"("中堂今日不发令,怀芝终不肯退")

荣禄怕的就是这种人啊,看来是一物降一物,高深莫测的碰上了泼皮无赖。见装睡对付不了张怀芝,此时的荣禄睁开双眼,徐徐说道:

"横竖炮声一出,里边总是听得见的。"

张怀芝明白了,荣禄大人要的只是"炮声一出",只是皇城"里边"能够听见炮声。于是,神奇的一幕出现了:使馆区外百炮齐发,炮声隆隆,但使馆区内基本无恙,因为那些炮都是朝天炮,相当于放礼花——"很奇怪"(引自[美]萨拉·康格:《北京信札》)。

如此一来,除了不能出去遛弯,公使们的生活还是蛮滋润的,其实和以往也并没有多少区别。月光之下,法国公使一边享受着牛排,一边咕咕哝哝:"Nous sommes perdus(我们完了)!"公使们喝着事先储存的香槟,吃着牛排和鱼子酱,晴天打打板球,雨天去划划船。而夫人们以弹钢琴、唱歌剧、在遮阳伞下野餐来打发时光。在使馆区中央的钟楼底座,甚至形成了一面诗墙,各种格言、打油诗贴在上面。

只有跟洋人真的有仇的董福祥是真心进攻的。不过,正是因为他真的要攻,荣禄给董军的枪炮是有限的。董福祥向荣禄申请给董军开花炮,荣禄说没有,以土炮对付之。

也就是说,荣禄已经成功地将"进攻使馆"转换为"隔离使馆",这叫围而佯攻,或者叫实围虚打。但"围攻使馆"毕竟是慈禧亲自下达的命令,荣禄大人难道就不怕慈禧追究吗?

对于这一点,荣禄也是很有自信的。

之所以能够成为慈禧最信任的心腹,荣禄靠的就是"善于揣摩上意"。请注意,"善于揣摩上意"和"揣摩上意"是有很大区别的,最大的区别就是前者能够不留痕迹,一切自然而然,不仅能让领导放心,还能让领导舒心,而后者会死得很惨,比如著名的杨修先生。

经过多年的历练,荣禄不仅对慈禧的思想意识把握准确,连慈禧的潜意识都把握得很准确!别的大臣在"紧跟慈禧",对慈禧的上谕不折不扣地执行,而荣禄大人还要思考的问题是:慈禧为什么发这样的上谕?上谕背后的真实目的是什么?这就需要对慈禧的真实想法和下一步行动做出正确的预判!总之,对于慈禧想做而一时不能做的,荣禄可以先替她做了再说;而慈禧不想做又一时不得不做的,荣禄会有限度地去做,以便不将慈禧推向火坑,给领导留个转圜的余地。

"围攻使馆",就是慈禧不想做又一时不得不做的事情。

虽说她的战争动员令慷慨激昂,誓死抵抗到底,但荣禄很清楚,那是慈禧拿给别人看的、去鼓动"天下军民"的;要说真正与洋人拼个鱼死网破,她可从来没有那样的想法。不管通过什么样的方式,比如和谈,比如签条约,比如其他什么办法,只要能保证洋人不再对她的权力安全构成威胁,与洋人的战争就会结束。慈禧也并不是想要几炮轰掉那些公使,"进攻使馆"只是在已经开战的大背景下不得不做出的决定。慈禧对公使们还是那个老想法——做人质。

根据萨拉·康格等人的记录，我们来看看"围攻"使馆区将近两个月的时间里到底发生了什么。

6月21日至25日：使馆区遭到猛烈的炮击，巨大的炮响整日整夜持续。"但奇怪的是，那些炮都打得很高，炮声隆隆，但没什么威力，只能打落使馆里的旗杆，他们也没有连续开炮，一旦炮打中建筑物，就停止炮击。"

这个就不需要解释了。慈禧的命令刚刚下达，端王集团也都在盯着荣禄，荣禄大人只好先响两炮。

6月25日至7月13日：只有漫无目标地零星开火。但是7月13日，清军对使馆防区发动空前猛烈的全线进攻，攻破了使馆前沿总共九道防线里的七道防线，几乎将法、德使馆全部占领。但"奇怪的是第二天，攻势明显减弱，真令人费解"。

7月13日正是八国联军总攻天津城的日子，荣禄第一次真正猛攻使馆。这不是对八国联军进攻天津城的报复，而是仍然执行慈禧"人质牌"的计划，企图挟持使馆里的公使和其他洋人去救天津。因而，等到第二天天津城已经被占领，荣禄大军的行动反而停止了，并没有更加猛烈的"报复"。

而在7月14日，总理衙门给使馆区送去了荣禄大军"围攻"以来的第一封信，说的是现在使馆被围攻，外面也到处有义和团民，使馆区"很不安全"，请公使们离开使馆区这个危险地带，暂时去总理衙门"避祸"，朝廷将派大军严格保护他们的安全。

这一招我们很熟悉，慈禧她老人家之前也用过：哼哼，只要先把你们骗出使馆区，那还不是"人质"？

自然，公使们也并没有上当。

7月16日以后：晚上的"打月亮"行动仍然继续。而在白天，在荣禄的安排下，一批新鲜的蔬菜、西瓜和其他水果，还有十几大车的面粉和冰冻着的食品被送进使馆区。公使们简直受宠若惊，还以为这又是慈禧和荣禄在搞什么花招，一开始甚至以为有毒而不敢食之。

此时天津已经沦陷，慈禧当然希望向洋人"示好"，目的只有一个：希望八国联军见好就收，留在天津算了，不要进攻北京。于是趁着武卫军中军的围困和警戒有所放松之际，使馆区派出密使将信送到了天津，告知使馆区里的一切，八国联军才放心大胆地在天津停留了20天。而在这20天里他们做了什么，我们接下来就知道了。

其实按照荣禄的计划，送点儿西瓜、青菜什么的还是小儿科，他原本打算在使馆区围墙周边建一个菜市场，派一批小贩进去，卖点儿鸡蛋、牛肉、黄瓜什么的。只不过后来考虑到这个行动对端王集团刺激太大，不得不放弃。此时的荣禄也不像刚开战时那样顾忌端王集团了，因为随着战争形势的变坏，端王集团的权势也大大受影响了，朝廷的政治环境已经不再有利于他们。王公大臣们只有这样的想法：谁叫你们惹来与洋人的"战祸"，让我们在京城的安宁生活也受影响啊。

"菜市场"虽然最终没有建起来，但"黑市"却是形成了。成天包围着使馆区但又不真正进攻的武卫军中军士兵百无聊赖，他们和"使馆卫队"的洋兵搭讪，准确地来说是做点儿小生意。有的把鸡蛋藏在袖子里带过来卖给他们，有的是想办法给他们去弄洋烟，后来干脆是"卫队"的士兵先出钱，想要什么请中军的士兵"代购"，生意很火。

荣禄对这一切是睁一只眼闭一只眼的，除了慈禧希望向洋人"示好"，他个人更加希望中军士兵和使馆区搞好关系。因为和慈禧一样，荣禄从来不相信这场战争朝廷会取得胜利，一旦将来战败，肯定要议和；一旦议和，洋人肯定要追究"开战元凶"。而他不仅亲自率领中军"围攻使馆"，还是八国联军主要战斗对象武卫军的统帅，这是绝对会上洋人"黑名单"的，所以必须先给自己留条后路啊。

8月10日，武卫军发动了最后一次猛烈攻击。而这一天也正在八国联军攻进通州之前，为了"保"北京，荣禄做了最后一次挟持"人质"的努力，仍然失败。

在这近两个月的围攻时间里，使馆区共有66名洋人死亡，看上去伤亡也不小了，但了解一下清军发射的弹药就能说明问题了。清军总共发射了4000枚以上的炮弹，以及100万发以上的子弹！也就是说，在使馆四面被围、清军可以居高临下进攻的情况下，平均每发射60发炮弹再加上1.5万发子弹才能造成洋人方面一人死亡。既需要装作"围攻"的样子不断打炮，又要保持如此之低的命中率，荣禄大人也实在不容易啊。事实证明中军的炮弹基本上都是"打向月亮"，只有两种时候，荣禄动了真格。

一是当"使馆卫队"试图发起反攻，想冲出包围圈时。这就没得商量了，出来一个杀一个，格杀勿论，那66人中的很大一部分其实就是这么被击毙身亡的。荣禄大人需要保证整个"围攻"期间，使馆区内没有任何人走出他的包围圈（给天津送信的密使走的是另外一条通道），当然，荣禄大人的军队也没有攻进使馆。

另外就是试图实施慈禧"人质"想法的时候。这种时候中军是有限度地进攻。

而除了这两种时候，平时的那些朝天炮其实也并不是那么好打的，它首先必须打在使馆区范围之内，但如果流弹落到各国使馆，同样可能误伤洋人，给他们造成更大的伤亡。也就是说，即使是"打月亮"，也需要有角度地去打。

中军打出的那些大炮，其实大部分都落在了同一个方向，一个很少有洋人的地方——肃王府。

在6月义和拳进北京时，北京城里5000名左右的教民紧急避难，其中大约3000名教民去了北京最大的教堂——北堂，而有2000人左右在使馆区外打地铺，希望能够得到使馆的保护。

一开始，使馆区方面想赶走他们，但是后来，他们改变了主意。因为使馆区里也需要很多的苦力，于是这2000人最终被允许进入使馆区。

肃亲王善耆的家正好位于使馆区四面围墙之内（英国公使馆对面）。当时在使馆方面的逼迫下，善耆乖乖地搬了家，于是肃王府就成了2000名教民的"避难之地"。使馆区外武卫军中军的炮火就集中于此。

在"围攻使馆"将近两个月的时间里，这2000名左右的清国教民承受了围墙外自己国家的军队——武卫军中军大部分的炮火,他们的死亡人数应该远远超过洋人(具体数字在史料上没有记录),而除了要躲避炮火,这些教民还要忍受其他的死亡威胁——饥饿和惊恐。

粮食被洋人拿走了,教民们挖壕沟、灌沙袋、修工事、灭火、背尸体、搬运枪支大炮,每天必须干各种繁重的体力活,才能领到一小块食物。当公使们享受西式美餐的时候,教民们常常饿得两眼发晕。马肉归洋人,马皮就被教民捡起来吃掉。臭水沟里的死尸引来了乌鸦,被他们捉来吃掉。教民们吃遍肃王府里的树皮、树根和树叶,最后开始吃泥土。

在使馆区外的围困有所放松之际,"使馆卫队"的士兵们就很喜欢在夜晚来肃王府游荡。他们当然不是来送粮食的,也不是来王府的花园呼吸一下新鲜空气的,而是来搜寻教民中是否有容易上钩的女子。一些女教民被侵害的事件就在夜色下发生并被掩盖了。

教民们也许从来不会想到,跟他们有同样信仰的洋人,也同样不会保护他们!

这就是"使馆之围"的真相。虽然就连当时的洋人也对"清国一万御林军围攻近两月,竟然连一座小小的使馆都攻不下来"表示十分吃惊,但我们知道,这只不过又说明了那个在大清早已见怪不怪的现象——清国的军事问题,往往是三分政治、七分军事,这次只不过是"政治"的成分占得多了点儿,让人无法从军事的角度理解。正如慈禧后来说的:"我若是真正由他们(指端王集团)尽意的闹,难道一个使馆有打不下来的道理?"(吴永:《庚子西狩丛谈》)

那么,既然慈禧一直有打"人质牌"的想法,荣禄指挥武卫军中军也尝试过好几次,为什么一万大军在近两个月的时间里都没有成功?

这就是真正的军事问题了,答案相信大家已经发现了:没有特种兵。

对于挟持人质这种高技术含量的活,并不是兵力越多越好的,它要求的是质量。既不能造成对方的伤亡,又要成功地限制对方的自由,这只有经过专门训练的特种兵才能做到。而武卫军中军虽然有一万大军,但他们总不能带着一个大炮去"挟持"人质吧?

使馆区就这样"炮口余生"了。洋人们虽然损失了66名弟兄，但这绝对是他们最好的结果了，因为他们原本有可能全军覆没的，而北京城的义和团民却得到了另外的结局。

## 北京城内十万义和团民的结局

在武卫军中军"围攻"使馆的同时，端王的虎神营和北京城里的一万多义和团团民联合攻打北堂。北堂里只有原先从使馆区抽调来的43名洋兵守卫，此外就是几百名传教士、神父和洋人，另外还有近3000名逃难到此的清国教民。

北堂是一个规模宏大的建筑群，除了主教堂，附属建筑有孤儿院、修女院、教会医院、学校、印刷厂，甚至还有博物馆。这些建筑都无比坚固，洋兵和教民就将所有的楼房、塔楼围墙都修上了掩体和枪眼。

和荣禄在使馆区明攻暗保不同，这里是真正的进攻。不过，虎神营的那些八旗士兵是要团民先上的，而团民虽然人很多，却没有什么有效进攻的武器。每当他们靠近教堂时，就会被里面的士兵开枪打死；他们放火，会被里面的教民扑灭；他们挖地道炸墙，由于教堂非常坚固，始终炸而不倒。

然后，虎神营的士兵和团民联军打着打着，他们自己先打起来了。

前面我们说过，所谓的"义和团"从来就不是一个整体，内部也是有派别争斗的，有的很懂端王的意思，懂得"灭洋"只是手段，是端王集团实现废立的枪头，但也不排除某些"灭洋"热心过度的人"入戏太深"，他们一心一意地"灭洋"，就灭到了端王集团的身上。

导火索从八旗军将领庆恒开始。庆恒在神机营、虎神营、武卫军中军中都身兼数职，是个在八旗子弟中呼风唤雨的人物，他有不少结拜兄弟就是虎神营将领，甚至跟端王本人的关系都极好。而庆恒实际上是个"暗通洋人"的人，他倒不是出卖军事情报，主要是跟洋人倒卖点儿货物，发点儿洋财，毕竟庆恒朋友多，花销也大嘛。

而庆恒的秘密却被一部分团民发现了，他们十分愤怒，在捉住庆恒后先是公开殴打，然后将庆恒一家灭口。团民的这个举动可捅了娄子了，虎神营很多的将领当即就要找义和团去拼命，据说连端王都雷霆大怒，要亲自去跟义和团打群架。虽然最后被劝住了，但从此以后，虎神营的将领开始在北堂报复团民。在进攻北堂时，他们故意将团民引至绝地，甚至先令团民进攻，然后故意在后面发炮"误伤"。

进入北京的这部分团民本来就是打砸抢烧的流民群体，仗着端王等大臣要"依靠"他们，牛气冲天、横行无忌，最后竟然反过来要挟。他们要杀的人，连端王本人死保都无效（"王所遵者皇上，我们所遵者玉帝，如定须赦宥，团民等即散去矣"）。而八旗军将士是多年的地头蛇，虽然端王等大臣要向团民"示好"，但这些人是不会忍气吞声的，都不是善茬，双方就在北堂这边经常打打群架，互相暗下杀手，等等。"联合攻打"北堂很快就变成了一场内斗，不知道的还以为这是两支敌对队伍。

双方火并，慈禧简直是乐观其成的。既然团民让端王集团的人也很恼火，那么就方便她出手了。而慈禧打击义和团的名义就是：没有在庄亲王府登记注册或者"注册不实"的团民——"伪团"。7月14日天津失陷，为了向洋人示好以求八国联军留在天津，在荣禄向使馆区送水果、青菜的同时，慈禧颁布上谕：以"伪团"名义在北京公开处死团民5名！

这是宣布义和团"合法"以来，慈禧再次把屠刀对准团民，不过这次谁都是没有脾气的，她老人家杀的是"伪团"啊，这就像在朝廷的军队里处死奸细一样，是可以光明正大的。

而后来，慈禧和朝廷渐渐可以大规模清理团民时，"伪团"的名义就不太好用了，毕竟也没有那么多人是"伪"的嘛。但这好办，给他们冠以一项罪名——白莲教教徒。义和团进入北京时，曾公开宣称他们不是白莲教，但朝廷说你是，你就是，甚至有的团民在被杀之前，惊问：什么是白莲教？

7月22日，慈禧干脆在廷寄中叮嘱各省督抚：在与洋人作战时，要让团民打前锋，朝廷的军队在后方（"各该省如有战事，仍应令拳民作为前驱，我则不必明张旗帜，方于后来筹办机宜可无窒碍"）。

看来天津沦陷之后，天津团民中流传的"朝廷不再信任我们，要杀我们出气"的传言，也并非毫无根据。

7月31日，慈禧再次发布上谕，开始以"赴前敌助战"为名，调团民出京，而一旦出京，那就是"令其为前驱""少有退缩，迎以大炮，一炮休矣，升天矣，实露半抚半剿之法"（石涛山人：《石涛山人见闻志》）。

自从与洋人开战之后，如何调团民出京就是慈禧最重要的事了，因为团民也是对她权力安全的极大威胁。慈禧一直没有找到好的时机，然而没有时机不等于不做这事，现在，慈禧终于等到这一天了，看来搞阴谋诡计也是需要时机的啊。

从这时候起，北京城里团民的数量开始明显减少。8月10日，八国联军进攻通州之前，"十万团民"只剩下了5万，并且仍然每天都在锐减。

又有和八旗军的内乱，又自身难保，那么攻打北堂的效果也就可想而知了。和使馆区一样，在将近两个月的时间里，他们从来没有攻进过北堂！

而北堂内的情况也十分惨烈。43名洋兵基本已经全军覆没，弹药用尽，教堂里只剩下最后一头没杀的骡子和400磅大米，但这是洋人的食物。教民只能吃遍北堂各建筑物间的树叶和草根，或者吃用少量谷物、切碎的麦秆和其他材料混合起来制成的难以下咽的粗糙面包，300名教民和75名孤儿在饥饿和疾病中死去。很显然，北堂已经再也无法坚持下去了，但他们盼来了救星。通州的八国联军即将进攻北京！

## 八国联军进攻北京前夕

8月12日，八国联军进入通州，他们看到的是一座"繁华都会"。通州城有七八米高的城墙，有城门、有鼓楼、有十字街道，街道延绵数公里，人口接近十万，可以与欧洲大城市相媲美。

然而，它仅仅是守卫北京的门户。

在八国联军面前的，是"巨城"——北京。北京是多个王朝的都城，它第一眼看上去并不那么光彩夺目，因为它把一切都掩藏在平常淡定之中。对于攻进北京，八国联军的每一个士兵都跃跃欲试。

8月13日，联军指挥部在通州制订了进攻北京的计划：以通州城为大本营，德、法、意、奥四国部队因兵力太少而留守通州。以日军为主，日、俄、美、英四支部队共1.5万人攻城，分四路：日军主攻京通大道上首当其冲的朝阳门；其次的俄军主攻东直门；然后是美军攻东便门，英军攻广渠门（当时俗称"沙窝门"）。

为了避免又出现某支军队提前出发的情况，四军指挥官达成了一致意见：在8月14日（据慈禧逃出皇宫的时间推断）上午同时出发，谁都不许抢先行动！

北京城内，荣禄的武卫军中军、董福祥的武卫军后军以及禁旅八旗从外城城门到皇宫进行了层层部署，总兵力共计6万多人。城门的守卫主要依靠董福祥，重点守护面向通州的朝阳门、东直门、东便门和广渠门四门；八旗军主要守护内城，同时作为机动部队随时准备增援董福祥军。当然，皇宫和皇城的守护也是重点；能够召集来的团民也召集到前线了，不过，他们的人数已经是每个时辰都在减少！

慈禧无比紧张。1860年英法联军进京，跟着咸丰帝出逃的往事历历在目；现在八国联军大军压境，北京能否守得住？她能否躲过再逃跑的命运？成败在此一举！

8月13日午夜，战斗首先在东便门打响！

## 第十八章
## 北京的沦陷

### 英军从"下水道"爬进内城

8月13日午夜,俄军开始从通州悄悄向北京进发了。此时并没有到四支军队发起进攻的预定时间,但为了抢到"首入北京"的头功,俄军已经提前出动了。这次他们竟然抢在了日军之前,看来关键时候,还是俄国人更狡猾啊。

经过侦察,俄军发现董福祥军重点守卫的是京通大道正面的朝阳门和东直门。这两道城门都守卫森严,进攻的胜算比较小,而朝阳门以南的东便门防卫较为松弛。更重要的是,这里岗哨里的清军竟然在睡觉!看来他们认为八国联军只会攻朝阳门和东直门。

俄军指挥官当即决定:不进攻原本分到的东直门,而进攻原本属于美军的东便门!

十几名俄军敢死队悄悄地摸到东便门岗哨前。手起刀落,几名哨兵就在梦中做了刀下之鬼,而被惊醒的其他哨兵一哄而散,在雨夜中消失。

虽然解决了岗哨,但怎么进入东便门又成了难题。城门高大坚厚,爬是爬不上去的,撞也无法撞开,看来唯一的办法就是打炮了。于是俄军后退几十米,用大炮对准城门门闩的位置:"开炮!"

攻向北京的第一发炮弹就这样打响了。

城墙上的炮火立即还击,但是俄军的炮火集中在城门,足足轰了20多分钟,门闩终于断裂。正当俄军准备冲进去时,城墙上的董福祥军猛烈开火射击，一部分士兵甚至从城墙上冲下来，与俄军肉搏！东便门惨烈的城门争夺战开始了，接到军报的董福祥立即调遣其他城门的部分守军增援，俄军不得不向后撤退，城门失而复得。

俄军重新组织，发起更加猛烈的冲锋！凶悍的哥萨克骑兵挥舞着战刀号叫着，冒着弹雨冲向守军。清军眼看渐渐不支，城门又面临失守的危险！

危急关头，董福祥亲自赶到。他立于城头，抽出战刀，发令：退者立斩！于是，俄军的冲锋再次被打退。最后，双方又都改为用大炮对轰。董福祥始终立于城墙上，指挥士兵阻截俄军前进，东便门就这样形成了拉锯战。

正在这时候，另外一处的城门争夺战也打响了，他们是进攻朝阳门的日军。

其实日军也提前出发了，不过这次他们万万没有想到俄国人竟然比他们还早。山口素臣亲自率队，拉出了日军全部54门大炮，向着朝阳门开进！

朝阳门上的守军抬出机枪俯射，而日军又用上了他们常用的那招——组织敢死队，冲！

对着机枪你们也敢冲啊！朝阳门守军猛烈开火扫射，日军倒下去一片，但是他们又接着发起冲锋，似乎根本无视子弹的存在。

强冲实在不行，山口素臣又拿出了日军的另一板斧——炸。工兵们又抬着装满炸药的大桶往城门下死冲，不过这次不比天津，朝阳门上的是董军主力，他们的火力十分猛烈，日本工兵根本无法靠近。

经过强攻之后，行动相对较慢的炮兵终于到达阵前了。其实山口素臣就是在等炮兵的到达，但他又不想浪费炮兵到达之前的这段时间，于是只好让敢死队去冲一冲了。山口素臣命令所有强攻士兵后撤，用54门大炮同时向朝阳门和东直门发炮！

在日军猛烈的炮火下，朝阳门和东直门告急，而东便门又在和俄军战斗，董福祥只好急调广渠门等地的守军前往增援。而此时，美军已经来到了广渠门下。

美军不喜欢冒险，"提前上班"这种事他们一般不会干，他们睡到了正常时间，突然发现俄军、日军已经开始作战了，于是急忙出发。等来到战前分配到的东便门下时，发现这里早已经是俄军在进攻了。没办法，他们只好占了英军原本的进攻目标——东便门附近的广渠门。

美军既不像俄军那样上来就是几炮，也不像日本人那样上来就死冲，死冲不了又打几炮。在美军看来，打仗不是死冲和打炮就可以了，而要注意观察战场形势。他们先尝试了一下冲锋，发现城墙上的守军虽然兵力较少（部分守军已经去增援朝阳门和东直门了），但由于居高临下的火力依然很猛，强冲必定伤亡很大。

于是，美军全部退回来，然后开始思考。

指挥官们命令士兵就地围坐一圈，召开临时会议，讨论下一步该怎么办。

问："我们的作战目的是什么？"

答："当然是进城！"

问："那么，实现目的的首要条件是什么？"

答："当然是先压制或消除城墙上清军的火力威胁，消除对方居高临下的优势。"

问："那么，在无法强冲的情况下，我们如何才能实现这两点？"

"长……长官，您该不是要让我们去爬墙吧？"

"恭喜你，答对了！"

前面我们说过，北京的城墙是当时世界上最高大、最坚厚的城墙之一，爬是爬不上去的。但这个世界上的很多事情都不是绝对的，而是会有例外的，就看你相不相信、善不善于观察。

通过观察，美军发现大概是由于年久失修的缘故，广渠门有一段城墙的墙面并不是整齐光滑的，而是在砖块之间有很多的缝隙，形成了许多小洞和突出点。而更巧的是，这段城墙正好处于两段城墙连接处有角度的地方，正好是城墙上清军交叉火力的死角，上面还无人防守！

也就是说：一群训练有素的士兵，正好可以攀爬而上！

机不可失！

一部分美军重新发起冲锋，以佯攻掩护另外一些士兵溜到墙根下。然后他们开始手把手地往上爬，爬呀爬，终于爬上去了！他们用绳子将步枪吊了上去，大功告成！

已经爬上广渠门城墙的美军猫着腰，从背后接近清军，开始扫射！城墙上的守军还在认认真真地射击下面佯攻的美军，他们做梦也想不到：美军竟然会从天而降，出现在自己的背后！而就在他们发愣的过程中，美军已经射杀了多人。清军士兵终于清醒过来，他们扔下枪就跑！

城墙上的美军打开了城门——广渠门就这样被美军轻而易举地攻破了。美军轻轻松松地进入外城，而跟在他们身后一起进入外城的，还有英军。

英军是四支队伍中出发最晚的队伍。等他们到达原本分配到的广渠门前时，正好看到了美军开城门的这一幕，于是他们没放一枪，就跟在美军屁股后面进来了。

进入外城的美军在街道上转悠了半天，也没有发现什么地方可以通往内城，还是得攻城门。而英军却是有备而来，他们甩掉美军，先直取天坛，第一个占领了皇家园林，然后径直朝使馆区方向扑去。

使馆区在内城，看来英军至少还得攻下一座城门，不过他们并不需要这么做。

因为他们知道一条进入内城的通道——下水道。

在元大都时代，都水监郭守敬从西北的昌平向东南的通州开挖了一条接漕船的人工河流——御河（也就是今天的通惠河）。它从西边的玉泉山开始，经颐和园里的昆明湖、积水潭、中南海，从崇文门城墙下穿墙而过直达通州，与京杭大运河相连。南方的粮船可以一直开到积水潭，积水潭旁边修建有许多大型皇家粮仓（所以如今积水潭旁边很多的地方都是以"仓"命名的），后来积水潭水域面积逐渐缩小，形成了今天的什刹海，也叫后海。而御河也年久失修，渐渐荒废，穿过内城崇文门城墙的这段河道塞满了淤泥、垃圾和粪便，成了名副其实的下水道，里面还竖起了一道铁栅栏。如果有人砸开铁栅栏，想爬进去也是可以的，就是条件不怎么样。

这种隐蔽荒凉之地，一般的京城百姓也不会清楚的，英军又是怎么知道的呢？

在"使馆之围"时，趁着当时使馆区外武卫军中军的警戒有所松懈之际，窦纳乐派出了一位信使，将一张标注皇宫、天坛和使馆区位置的北京地图秘密送往当时还在天津的英军处，以方便将来进攻北京时英军能够在第一时间找到使馆。窦纳乐也不太清楚是否有这条下水道，但他派出去的这个人，却是一个清国人，而且就是京城本地人，他从下水道里爬了出去，成功地将窦纳乐的密信送给英军，并且把有下水道可以通往使馆区这个秘密顺便告诉了英军。

英国人一直保藏着这张地图和下水道的秘密，从来没有告诉过其他各国军队（也是很狡猾的）。所以当进入外城的美军很快找不到北时，英军按照地图直奔天坛，先占领了这块"宝地"。现在，他们就要开爬了。

爬下水道这样的事情自然是要交给付过钱的人去做的，那就只好麻烦来自孟加拉和印度的大哥们了。而这次他们倒没有退缩，只要不让他们上前线冲锋，爬个下水道算什么啊？在百姓们的围观之下，孟加拉兵和印度兵捏着鼻子，"扑通扑通"跳入水中，砸开栅栏，向前爬去。

8月14日下午，最迟出发的英军以零伤亡第一个冲进了内城，第一个到达使馆区。活得好好的公使们戴着礼帽、拿着文明杖接待了他们，而站在他们面前的英军士兵们却一个个满身是泥，不停往下滴臭水。这到底是谁来"解救"谁啊。

看到英军进来了，康格立即命令使馆工作人员站在内城城墙上向美军打出旗语（莫尔斯电码），告诉他们还有下水道这一捷径，于是美军也跟在英军屁股后面爬进来了。他们成为继英军之后第二支到达使馆区的队伍，只有一人在攻打广渠门城门时阵亡。

第三名是俄军,他们动手最早,却偷鸡不成反蚀把米,伤亡100多人,然后才进入内城。

最后一名是日军,他们太认真了,对周边发生的事情一无所知,最后他们差不多把整个朝阳门轰塌了,才在8月14日深夜进入使馆区。日军的伤亡接近300人,又是四支军队的第一名,每一个日本兵的脸上都写满兴奋,因为他们终于实现了丰臣秀吉、山县有朋等人的梦想:持枪站在中华帝国国都的土地上!

北京沦陷了,溃败的原因已经不用总结了。虽然清军的总兵力占据绝对优势,但慈禧并没有把全部的兵力都派到外城前线,甚至没有把重兵派到前线。对于她来说,还是保护皇宫要紧、保护自己要紧,也要防止有人叛乱。董福祥军处处需要增援,顾此失彼——清军从来没有作为一个整体参战,即使保卫北京时也是如此。

使馆区附近已经见不到几个清军,他们在携带金银细软跑路,跑时还不忘记抢劫一下市民。街道一片混乱,火光冲天,市民们高喊"躲兵匪"。至于那五万"团民大军",他们也已跑得无影无踪。美军跟大家打了个招呼后,还没等把身上的泥巴衣服换掉,就在美国公使馆人员的指引下,趁乱迅速离开使馆区,先把正阳门轰掉了两层楼,之后直奔大清门,他们的目标是皇宫。

## 攻向皇宫!

大清门是天安门城楼前的第一道城门,而这里已经没有守军,攻城门就变得简单了:炮兵用粉笔在城门门闩处画了一个圆圈,然后用大炮对准圆圈猛轰。一颗颗炮弹飞向紧闭的红漆大门,十几分钟之后,门闩终于开始断裂。破城锤用上,门闩终于完全断开,美军涌入。

8月15日凌晨,美军踏过今天的天安门广场地区,踏上金水桥,庄严的天安门又挡住了去路。美军炮兵又用粉笔画圆圈,又架起大炮轰击,又用破城锤锤门,厚厚的天安门城门无声抵御着美军的轰击,一时难以轰开。美军已经来不及等待，此时日军也已经出动了，正在从皇宫的东面进攻，美军就从日军那里借来云梯，爬上了天安门城楼！

前面就是进入皇宫前的最后一道门——午门。美军每一个士兵都吞下了口水，挽起了袖子，只等再用大炮将午门轰开，就要进去猛抢一场，他们早就听说皇宫里有搬不尽的财宝！

而正在这时候，身后突然飞来几发炮弹，美军一个个被炸得东倒西歪。

清军不是已经都逃走了吗？这炮弹是哪里来的？

原来，通州的德军和法军已经拍马赶到了。这两支军队原本是奉命留守通州的，但进入皇宫的诱惑实在太大了，听闻北京已经被攻占之后，他们马不停蹄地赶往皇宫。几个教民直接将法军带到内城正阳门城墙下，而其他的一些教民和百姓搬来了梯子，于是法军爬上城墙，在城墙上架起大炮，先朝着皇宫打出本军的几发炮弹再说。

倒霉的美军又一次遭受"自己人"的轰炸：唉，为什么被误炸的总是我们啊？

皇宫的南边已经打起来了，而继日军从东面攻向皇宫之后，俄军也迅速朝皇宫的北面开去，他们也在用炮火开路。各支军队谁也不甘心落后一步，谁也不愿意单独撤退，这样下去，皇宫将毁于炮火，谁也抢不成。

大家毕竟是组团来的，为了抢几块金子，伤了自己人就不好了。还是美国人比较讲"team"（团队），他们首先停下炮火。各军指挥官又凑到一起临时开了个会，大家决定：所有的军队都暂停发炮，任何一支军队都不能单独占领皇宫，都必须先停下来，至于如何进入皇宫以后再商量。

正是这个暂时停火的决定，给了慈禧一个逃跑的时机。八国联军攻进北京时，慈禧连续5次紧急召开御前会议，商讨是留是走的办法。而前来开会的人越来越少，他们都在私底下去转移财产和家人，然后转移自己。最后一次御前会议，来的只有3个人：军机大臣王文韶、刚毅、赵舒翘，连荣禄都不见了踪影。虽然慈禧命荣禄替她坐镇北京，但荣禄是绝不敢"坐镇"的，他是武卫军总统，八国联军绝不会放过他。荣禄已经逃向了保定，跟在荣禄后面跑的是承恩公崇绮。

看来经过几十年的官场"锤炼"，荣禄真的已经没有一点儿"侍卫世家"的秉性了。他确实比端王集团的大臣相对"开明"，但他骨子里也是一个八旗子弟。所谓八旗子弟，就是敌军进城各自逃啊。

对于赵舒翘能够前来，慈禧很意外，也很感动。很显然，现在需要讨论的问题只剩下一个——逃往哪里。

东边是不能去的，洋人就是从东面的通州打过来的；北边也不能去，北面的东北地区有俄国兵。

南边也不能去，那是汉党的大本营。他们既然敢抗命不派援军，难道还不能来一次"挟天子以令诸侯"？

只剩下西边了。慈禧知道赵舒翘是陕西西安府人，她很早以前就想逃往那里了；现在看到赵舒翘前来，慈禧简直有一种看到救星后感激涕零的感觉。就让赵舒翘陪同自己往西安方向逃吧，当然，对外要称是去西边打兔子的（"西狩"）。

接下来还有两个问题：带什么人走？带什么物走？

物品肯定是无法多带的，逃跑路上最金贵的是吃的东西，但皇宫里的金银珠宝恰恰比馒头面粉还多，这些财宝无法带走，只能分别处理。慈禧命人按照昂贵程度和她珍爱的程度，将皇宫里的奇珍异宝分几个等级：最昂贵和最珍爱的那一批，统统藏在宫墙的一个空心夹层里，以便将来回宫了再取出来；差一点儿的打包，统统扔到宫中的水井里，将来也要记得去捞啊。而更多的以及特别大件搬不动的和来不及打包的，那就只能听天由命了。

接下来就是还要带什么人了。除了赵舒翘随驾，端王集团的载漪、刚毅等人必须要带走，其实他们也无路可去，只能跟着自己逃。而还有一个人是必须一起带走的，那就是光绪皇帝。

按照光绪自己的意思，他是不想走的，他请求由他留下来"善后"，被慈禧冷冷地拒绝。光绪以为这是他的机会，而慈禧比他更清楚，在剧变之时，光绪一定要控制在自己手中，不让别人有扶植他复辟的机会，更加不能让他落入八国联军手中，无论他是生是死。

光绪的请求没用了。这时候，有一个人勇敢地走向了慈禧，她是珍妃。

### 慈禧挟光绪出逃前，命人处死珍妃

宫里大乱之际，珍妃从囚禁之所跑出来了。光绪看到的机会，她也看到了，就跟两年前请求慈禧原谅光绪一样，现在的这个机会仍然无比渺茫。两年前，她的请求换来了慈禧对她的囚禁，而这一次再撞到枪口上，结局也许更加严重，谁也不知道慈禧会怎样拿她开刀。

但她要一试。

两年了，自从戊戌变法之后，她已经被囚禁在这个宫里两年了。白天黑夜，春夏秋冬，她面对冷冷的墙壁度过。她十分想念以前的时光，不仅是入宫后的时光，还有年少时在广州长大的时光，那个时候好像总是那么无忧无虑，不知道痛苦是什么，亦不明白真正的快乐，只知道日子就像一场美梦一样。

而这一切破碎得太快。后来她明白了，如果要拥有，就尽量早地拥有，因为失去的日子会比想象中到来得更快，而如果要失去，也该尽量早地道别，因为在失去的时候，会连好好道别的机会都来不及拥有。

这个时候，珍妃心里或许是这样想的：皇上，在刚刚被囚禁的那段时间，我的每一个时辰都是数着数度过的。我害怕你把我遗忘，我更期待你能早点儿救我出去，但是后来，不知道是多少天过去了，我的心里再没有这样的念头。因为我习惯了，如果满怀希望却总是收获失望，我宁愿不要这个希望，但是，当我听见宫外大乱，听太监们说是洋人打进了北京，太后即将带着你出逃时，我不知道是什么让我想也没想，就来到了这里。也许我知道这是我能够为你做的，很多事情相爱的人不替你去做，就再不会有人去替你做。

"太后，您可以去西狩，请留下皇上。"珍妃跪在慈禧面前。

"你死到临头，还敢胡说！"皇上都没有死争，你这个女人却死谏，慈禧勃然大怒。

"我没有应死之罪！"珍妃倔强地回答。

"不管你有罪没罪，也得死！"

"我要见皇上一面，皇上没让我死！"珍妃仍然很倔强。

"皇上也救不了你了！"慈禧吼道，"来人——"

太监们围上来，他们抓住了珍妃，将珍妃推到一口水井边，扔进井里，在井口封上石头。皇宫里唯一一口没有丢满珠宝的水井，丢入的是珍妃。年仅24岁的他他拉氏珍妃丧命于此，这又是她求情换来的代价。

她永远不会忘记入宫后的第一个春天，和光绪皇帝一起去颐和园，在长廊上依偎着听完那场雨后，他们一起来到了桃林。桃花盛开了，光绪皇帝很想为她摘一朵桃花，但是那枝好看的桃花太高了，无论他怎样踮脚，总是差那么一点点。她望着他咯咯地笑了，光绪皇帝对她说："这个园林都是朕的，将来朕要为你修一个更大的园子，朕要让你要什么有什么！"当时珍妃真想告诉他:可你连为我摘一枝桃花都做不到啊。但是，这并不妨碍她爱他，她爱的不是一个雄则傲视天下、柔则慰藉佳人的帝王，而是枕边的一个普通男人。女人的爱，就是这样不讲理由。

在走向死亡的时刻，珍妃也许心中这样想：皇上，我原本是打算和你天长地久地厮守下去的，我原本打算某一天我能什么都不在乎，躲在你的盔甲里永远脆弱下去，但现在看来，一切都不可能了。不是我们没有来得及，而是这个世界上，凉薄的同义词，原本就是缘分。我的心里没有一点儿怨恨，也不会有后悔，因为我所求已不多了，我们能够原本远隔千里而相遇，已然很好；我们能够在这个尔虞我诈、危机四伏的宫里没有成为仇家，已然很好。我会觉得我比太后、比皇后更加幸运，我会带着这种微笑离你而去的，无论现实多伤人，绝不会在心里带着伤！爱新觉罗·载湉，永远地再见了！你不要脆弱，你要永远有盔甲，因为你是男人，我有得挑，你没得选。

太监过来报告已经将珍妃"处理"完毕，慈禧马上化好妆，一秒变农家老太婆，在众人的簇拥下，先从没有洋兵进攻的皇宫西门西华门出逃，然后往北出内城德胜门，一路向西。这一路风餐露宿、饥肠辘辘，经直隶怀来、宣化，山西大同、太原，最终落脚西安府。

几乎在慈禧离开的同时，一个日本人来到北面的神武门前。

宫外的"午门停火协议"刚刚达成，但为了争取到"首入皇宫"的荣耀和利益，日军又开始动脑筋了：达成的协议只是停火，并不是说我们不可以去喊话劝降啊。

随军翻译官川岛浪速出动，他特意绕到北面的神武门前，透过宫门门缝，用流利的汉语朝里面喊话，告诉里面的人，只要主动打开宫门，皇宫就可以免受炮火，和平保存下来。否则联军炮火一开，皇宫就会被夷为平地，里面的人也无法活命！

宫里早就乱成一团，留在这里的只是一群不知道去哪里的太监、宫女和侍卫，他们中很多人已经用三尺白绫结束了自己的生命，大殿的横梁上到处挂满尸体。没有勇气自杀的人不知如何是好，手足无措，听到宫外的喊话，大家只好商量该怎么办。

侍卫们考虑良久，感到大势已去：开门！

当然，要放"洋鬼子"进来，南北的正门、午门和神武门都是不能开的，只能开东西旁门。西华门是宫中庆典活动的通道，不能开；而东华门是宾天皇帝灵柩的出入门，本来就是一座"鬼门"。就开东华门吧！这已经是为守卫这座皇宫的尊严所能做的最后的事情。

侍卫和宫女、太监来到东华门前。"嘎吱"的声音响起，厚厚的东华门终于被打开，神秘、庄严的皇宫暴露在八国联军面前。

日军又立了一大功，但对于这座皇宫，八国联军还真不好处置。公开去抢吧，明显有违劝降的协议，难免会受到一些舆论的谴责；更重要的是皇宫里珍宝实在太多，难保不会发生火并。于是，大家想出了一个办法：由美军和俄军把守宫门，允许各军军官们先去"参观"，过过眼瘾。

惊奇的一幕出现了：在热得冒汗的大夏天，来皇宫"参观"的军官们个个都穿着大衣，夫人们戴着大斗篷。当然，这么穿戴是有理由的。等他们出来的时候，衣服和斗篷里塞满了各种便于"顺"走的金银器皿、翡翠珠宝、古玩字画等，只恨不能披条麻袋来啊。

皇宫就这样遭受了顺手牵羊的盗抢，但正因为不是公开的抢劫，它也在万幸中大部分得到了保存。

而有一件事情是八国联军必须要做的。

他们知道，长久以来，在大清的老百姓中，流传着一个神话：皇宫是天子住的地方，宫门和宫内都有神灵护佑，"洋鬼子"的军队是无法进去的，一进去就要遭受雷劈。所以，虽然不能放任军队公开去抢劫，但必须打破这一神话，让军队通过皇宫。

8月28日，八国联军在天安门前举行了一场阅兵式。八支军队在金水桥前集结，然后依次列队通过天安门、午门、神武门，由南向北穿过皇宫，一旁的军乐手吹吹打打，好不热闹，似乎就是要宣告全世界：哥通过了皇宫，啥事都没有。

来自英国威海租界、全部由清国人组成的英军"第一军团"作为单独方阵，最后一个通过天安门前。在从天津到北京的所有战斗中，"第一军团"是英军真正的作战主力，在总攻天津城的战斗中，他们是"参加最后攻城战并占领天津城的英军的唯一代表"。他们"守纪律，听从指挥，勇敢，吃苦耐劳，射击水平很高，吃饭不挑食物"。在1900年之战中，他们总共有23人阵亡，后来英国政府特意在威海为阵亡者竖碑纪念，其余生还的人，还挑选出代表，在1902年被邀请到英国参加国王爱德华七世的加冕礼。直到1906年，这个军团才完全解散。

而日军由于"保全皇宫"有功，在留守京城的人们中受到了很大的"尊敬"，大家似乎已经忘记了6年前甲午战争中的旅顺大屠杀。肃亲王善耆了解到是川岛浪速向神武门内喊话才保全了祖宗留下来的这座大宅子，于是他对川岛浪速肃然起敬，与川岛浪速结拜成兄弟，并将自己的第十四女过继给川岛浪速做义女。从此，川岛浪速就多了一个间谍培养对象。他将这位"义女"培养成日本间谍史上最著名的美女间谍之一——川岛芳子。

而对于八国联军来说,对皇宫不公开抢劫,不代表不对其他地方进行公开抢劫,就在八国联军进攻天津和北京的同时,一场人类文明史上空前的大劫难上演了。

# 第十九章
# 八国联军在京津的暴行

## 疯狂的洗劫

在天津，八国联军将天津城墙拆除，建于明永乐年间、有500年历史的天津古城墙从此不复存在，天津也成了大清第一座拆除城墙的城市。自天津之后，汉口、上海、广州、长沙等城市纷纷仿效，一场几千年来前所未有的拆墙运动正式开始。几千年以来，各城都只有拼命加修城墙、加高城墙的，天津拉开了千年的大变局。

八国联军不仅要拆城墙，他们重点要拆的是更重要的军事设施，从山海关、大沽到天津的大片军营以及20多座炮台，全部被炸掉拆除。拆这些设施比较费力，八国后来向大清索要了17.7万美元的"破坏费"。

除了城墙和炮台，八国联军最为恐惧的是团民（清军已经跑了）。于是，他们在天津及其周边开始了"清剿"活动。天津独流、新河、塘沽的街道几乎全部被烧毁，多年以后这些地区还流传着一句顺口溜："塘沽一扫光，新河半拉子庄。"说的就是当时的情况。

百姓们不能再穿红衣服了，八国联军只要发现穿红衣服的人一律杀掉，连天津城里有一对正在办结婚喜事的新郎新娘都被枪杀。而人们在街上不能彼此作揖，这本来是一种中华传统习俗，但神经过敏的八国联军把它当作义和团练功的一种仪式，凡是见到街上有作揖的人，立刻出动士兵"围捕"；即使能证明自己的清白，也要交一笔罚款才能走。所以1900年的天津流传着一句顺口溜："大年初一别作揖，一碰碰见法兰西，洋钱罚了两块一，你说点儿低不点儿低。"

在消除了安全方面的威胁之后，八国联军立即开始了一项梦寐以求的工作——抢劫。当然，抢劫主要集中在财富之地北京。

除了皇宫，能公开去哄抢的地方有很多。首先是"三海"，这里有自乾隆年间以来数以千计的珍宝、金石碑册和书画。英军和法军抢北海；德军抢中海，包括紫光阁等各处；日俄军合抢南海。天坛已经被英军事先占领，那里的财宝和文物自然就是他们的了。俄军抢先一步来到了颐和园，将颐和园里的物品用马车队浩浩荡荡地拉了3天，光是从马车上颠落下来的财物，就让跟在后面的人们捡到手软。

除了这些皇家园林，其次就是社稷坛以及皇家寺庙，各种各样的祭件、佛像被搬走了。更厉害的是法军，他们还在清西陵抢了一把。

再次是政府衙门，北京各衙门损失库银6000万两以上，日军抢走了一半，他们比其他各军都聪明，第一个到达户部库房，搬走了约300万两的现银以及无数绫罗绸缎。搬完银子，又去皇仓运米，最后运走约32万石大米。其他部门中，如翰林院4.6万册古籍——包括《永乐大典》607册被毁，古观象台上10件精美的青铜天文仪器被法军和德军一件件拆下运走（后归还），就连光禄寺（主要管理宫廷筵席的机构）里吃饭用的金银碗筷都不知道被哪支军队给拿走了。

接下来被抢的是王公大臣的宅子，法军从被杀的户部满尚书立山家搜出价值300万两白银以上的文物古董，运走；1891年去世的前军机大臣宝鋆的家里，被日军从水井里捞出了30万两现银，运走；首席军机大臣、礼亲王世铎家里被搜出200万两现银，还有数不清的古玩珍宝，运走，最后用大车拉了7天。

再下面是钱庄、当铺、各色商号等有值钱家伙的地方。在大栅栏大火中遭受打击不久的"四恒"钱庄再次被抢光。而北京城里其他近300家钱庄也难逃被抢劫的命运，不得不关门破产。北京的钱庄业遭受空前打击，清国的金融中心开始由北京移往上海。

最后寻常百姓家也是难逃厄运的，他们遭受的财产损失无法统计。英属军中的印度兵抢红了眼，他们连洋人"保护"的教民也没有放过，见女教民头上一小银簪亦抢之（［英］普特南·威尔：《庚子使馆被围记》）。

在内城西四到东四，前门到虎坊桥，形成了一个文物大卖场。很多人瞬间变成了文物贩子，出手兑现；卖的人太多，就形成了买方市场。史料记载，这里的文物不是论件卖，而是论筐卖，一册《永乐大典》还不到一吊钱。如果你扔下一两银子，就能换来一筐文物，连筐都归你了。更多的文物后来出现在大英博物馆、法兰西博物馆以及美国纽约大都会美术馆内。

参与抢劫的除了八国联军官兵，还有公使、公使秘书及使馆其他工作人员、传教士、商人、外媒驻北京记者，以及在传教士"上帝助自助者"的口号鼓舞下也加入抢劫队伍的部分清国教民。

1901年9月，康格的秘书回美国时，他所携带的"个人收藏"塞满了几个火车皮，其中的一部分捐给了美国政府，他因此成功地跃升为美国驻古巴公使，就连使馆区内北京饭店的老板瑞士人沙莫也发了大财。很多的洋人都住在北京饭店里，这里成了第二个文物交易市场，沙莫自然也要趁机再大发一笔。1903年，在美国加利福尼亚州，一座三层复式海景别墅出现了，别墅主人沙莫在客厅里摆放着的是大清皇帝乾隆使用过的屏风，卧室里挂着的是慈禧曾经使用的头饰。

天津的情况也好不了多少，各支军队从这里就开始表现"不一样的抢劫风格"。平时很沉默、不爱与人交朋友的日军在大洗劫中也是特立独行，他们都是集体出动，为了装作"军纪好"一般不去抢百姓家，但专抢有钱的官府衙门，他们在天津盐道衙门不声不响地搬走了几百万鹰洋和纹银。而除了现银，古董是日军的另一大所爱，天津城各衙门里一半的古茶杯、瓷碗、陶器、古画等，估计都是被日军"低调"地搬走了。

美军最爱的是现钱，他们对古董文物的兴趣不是特别大，抢来的古董文物只要一找到买家，就立刻转手兑现。大概是凭着对现银特别的嗅觉，在日军刚刚洗劫过的天津盐道衙门，美军让40名清国俘虏挖了4天，竟然又从地库里挖出几百万两纹银来，真不知道他们是如何找到的。

俄军最爱珠宝，不管在哪里，一见到珠宝肯定是要冲上去的。而他们还特别爱摔东西，似乎从中能得到特别的快感，尤其爱摔钟表和瓷器，只要是有俄国大兵经过的地方，一定是满地的碎片。

法军喜爱的是女性首饰，只要看见卖女性头饰、发卡、雕花之类用品的商号，法军一定会直奔进去抢上一番，以便将来回国送给情人。而食物也是他们的所爱，在天津，法军洗劫了天津城里几乎所有的火腿店，抢来的火腿在军营里堆成了一座山。

英军中印度兵和孟加拉兵抢东西时也要受欺负，好的东西都被其他军队抢走了，于是他们只好在农家后院里狂追鸡鸭。后来听说清国人有用财宝陪葬的习惯，于是，天津郊区几乎所有的新坟都被刨了一遍，棺材被劈，尸体被丢在一旁，各种陪葬品被洗劫一空。

就这样，天津古城遭受了和北京一样被彻底洗劫的命运。而在八国联军动手之前，天津城里原有的那些洋人代办、洋商等趁着城破大乱，跑到造币厂、总督衙门、珠宝店等财富集中地，将元宝、纹银和金条打包搬走，趁着黑夜逃遁。他们才是在天津抢得最多的人！

## 令人发指的大屠杀和强奸

8月12日攻下通州后，八国联军开始屠城，通州所有的人家不是被杀就是四散逃命，十万人口的大邑几成空城。在通州失陷整整两个月后，一个法国军人来到通州，他发现这座城市仍然如一座鬼城。走进一个早已人去楼空的富裕人家的院落，院子里只有一只水桶，里面是一段被削去了皮的女子大腿，而她的头滚落在一旁的椅子下面，只剩下了白牙。头的旁边，是一个小孩的玩具。然后从通州到北京30多里的路程中，他竟然"没有看到一个清国人的身影"，很多地方变成了无人村（引自[法]毕耶尔·洛谛:《庚子外记》）。

而在8月14日攻破北京后，八国联军随即开始了大屠杀。为了报复，越是在内城，他们杀得越狠，街上看见清国人就开枪。日军开枪的时候，故意不打心脏，就是要看着中枪者痛苦倒地死去。如果抓到的人是团民，必定是先刑后杀。用酷刑这一方面日军比较擅长，他们发明的酷刑有跪角铁、轧杠子、先鞭打后背再敷盐、用纸卷辣椒面熏鼻子、用长钉刺眼睛、倒埋等。许多人想逃走，但已经来不及了，内外城城门紧闭，护城河里塞满了试图逃走的人的尸体。

在屠杀的同时，搜索女人的行动开始了。在通州，就有"573名中上层妇女"因不堪忍受或者害怕遭到八国联军士兵污辱而纷纷跳井自杀，各处的水井和水缸中塞满了女子的尸体。而在八国联军攻进北京之后，长得漂亮的妇女被集中到胡同或者大院内，胡同两端和大院门口派兵把守，她们成为专供军官奸污发泄的"官妓"，而士兵也是不会放过作恶机会的，"每至夜间，必闯入人家，奸淫妇女。"（陈守谦：《沈观察燕晋弭兵记》）

裕禄遭到了惨无人道的报复，他的七个女儿全部被抓到天坛轮奸，然后被迫沦为"官妓"；承恩公崇绮一家的女眷十多人被轮奸，疯狂的士兵们甚至连老太太都没放过；文华殿大学士倭仁的妻子受尽凌辱虐待而死，当时她已经90岁了。而印度兵和孟加拉兵把抓来的妇女扒去衣服，猥亵戏辱，不停地问："你身上为什么这么白？我身上为什么这么黑？"轮奸完后，他们割下女人的乳房，挑在刺刀上便走。

在八国联军的奸掠焚杀中，整个北京城的景象恍如隔世。全城见不到一点儿红色，不仅洋货铺纷纷恢复招牌，就连原来的国货店也纷纷改名：有向德国人致敬叫"德兴""德昌"的，也有叫"日昌""英盛"的……康格甚至还得到了一块匾和一把"万民伞"。

有路子的市民，请洋人和洋兵吃吃饭、泡泡澡、游游园子、听听戏，请他们写各式"保护单"贴在家门口，比如英文"大美国顺民""大英国顺民""大日本顺民"，寺庙门口贴的是"上帝基督顺民"。没有什么关系的，就想办法弄来一顶西洋的帽子或者靴子，挂在门口。一户人家实在不懂英语，在门上用汉字写着："俺不懂洋文，平心恭敬"，后来被人在旁边用英文加上一句"屋内有威士忌和烟草"，于是他家的门被踹开的次数就可想而知了，后来这人只好又在旁边加上一句："严禁抢劫！

予等已尽取之！"

北京城里已经没有一个官府衙门在运转。其实这也并不奇怪，连皇宫里都停工了，很多大臣也早已逃出了北京，即使开工，估计也找不到人来做事。然而并不是所有的大臣都逃跑了，还有另外的一批大臣，他们没有逃，也没有躲，而是安静地留在家里，他们做出了一个相同的、令人吃惊的选择。

1899年秋，一位古董商人携带他从河南安阳收购的一些龟甲和兽骨来到京城。这些东西在安阳当地被称作"龙骨"，百姓们从地里挖出来后，发现可以用作药材，一直把它们捣碎了吃掉。而古董商人发觉这些"龙骨"实在有些特别，因为它们上面似乎刻着许多看不懂的符号，于是他找到了朝中的大臣王懿荣，向他求教。

王懿荣对这些东西也十分感兴趣，在昏暗的书房里，他一头钻进故纸堆中，遍翻各种史料典籍。经过反复推敲、鉴别、验证，终于解开了"龙骨"上神秘符号的秘密。原来那些安阳人吃掉的，竟然是3000多年的历史！这些神秘符号代表的，是汉字的源流，是能够证明"商"这个朝代在历史中确实存在过的实物，更是中华文明源远流长的确证！

1899年的灵光一现，使甲骨文横空出世，一片甲骨惊天下！

王懿荣是当时著名的金石学家，有"好古成魔"的称号。在发现甲骨文之前，他撰写的金石方面的著作已经有30多部，甲骨文的发现虽然带有极大的偶然性，却也和他潜心金石、刻苦钻研无法分开。

而好古的王懿荣在现实中的仕途却一直不怎么如意：36岁中进士之后，他曾三进翰林院、三入国子监；1895年甲午战争期间，王懿荣回山东老家办团练，然而成效并不大。

1900年6月17日，在第二次御前会议之后，慈禧想起了王懿荣，任命他为京师团练大臣，继续办团练。此时北京已经到处都是"义和团"，简直没人会把办团练当作一件正经事。而王懿荣尽管无钱无人，仍然每天都到宣武门外琉璃厂的团练局，多方奔走，想为朝廷再增添一支抵抗洋人的队伍。

8月14日，北京城破，这天是王懿荣最后一次来到团练局上班。15日清晨，在得知太后和皇上已经逃出北京后，他在家中投井自杀——"吾身渥受国恩，又膺备卫之责，今城破，义不可苟生。"

在王懿荣的身后，更多的人殉国：

怡亲王爱新觉罗·溥静一家百余口自焚；

多罗克勤郡王爱新觉罗·晋祺一家数十口服毒自杀；

承恩公崇绮一家百余口自焚，70多岁的崇绮本来已经逃到保定，听到这个消息后自杀；

大学士徐桐一家16口同时上吊自杀；

……

这就是另外的这些大臣的故事，他们没有逃跑，而是自杀殉国。据有关史料统计，仅仅在八国联军攻破北京城后，自杀的王爷、大小官员以及他们的家属将近1800人！在1900年之战中，大清或战死，或自杀的官员有很多，但主动投降的文臣和武将确实不多。

然而，虽然他们的行为确实是令人尊敬的，但我说的是关于另外一种主题的故事。

他们中的很多人，特别是那些我没有在这里一一写出名字的普通小官，也许都是如王懿荣那样才华横溢的人，他们有的精于音律，有的工于绘画，大多有一门特殊的技艺。但是，他们也都如王懿荣那样，把一生大部分的时间和精力投身于他们并不喜欢更不擅长的官场事业中，他们的才华被湮没了、才气被磨去了。如果他们能够果断地放弃仕途，专心致志地投身于他们真正喜欢并且擅长的事情中，我们有足够的理由相信他们会找到更加好的谋生手段，有更加充实的生活。

很遗憾，他们没有。为什么千百年来，所有的人，不管性情如何、禀赋如何，都要一头扎进四书五经、八股文，然后开始漫漫赶考之路？

因为"万般皆下品，唯有读书高"，当时"读书"并不是真正获得知识、收获智慧、加深技艺、陶冶情操的途径，只是为了科考，而科考又是当时做官的途径，所以不如说是"唯有做官高"。

"学成文武艺，货与帝王家"，只有做官，只有做大官，才是真正的成功，才能光宗耀祖、衣锦还乡。

相信大家已经发现了，这里说的是关于另外一种的"选择"——个人的选择。只有做好个人的选择，才能在关键时候做好对国家、对民族的选择；只有人人自立，国家才能独立；只有个人强大，国家才能强大。

让我们再一次向王懿荣和这些自杀殉国的官员致敬吧！虽然他们并没有挡住八国联军的脚步，但他们的这种气节也在激励着另外一群人，一群能够真正阻截八国联军的人，这些人已经来到了新的战场。

## 对八国联军的最后痛击即将开始

10月17日，在北京失陷整整两个月后，八国联军总司令瓦德西才姗姗来迟地抵达北京，他把慈禧的寝宫作为自己的住处。作为一位还没有经历任何战斗就上任的总司令，瓦德西自然也想在各军面前表现下自己，他更要执行威廉二世对清国人"绝不宽恕，不留活口"的指示。瓦德西命令八国联军兵分几路，开始对大清的"惩罚性郊游"。

这一场新的屠杀以北京为中心，北到张家口，东到山海关，南下保定、正定，八国联军"游"到哪里，就杀到哪里。以德军为主的分路军清剿北京良乡，一次性杀死250名没来得及逃跑的平民，良乡县令磕头求饶，才救下另外400名待杀的平民；德日联军分路军清剿北京南苑，大营村被夷为平地；意大利分兵清剿天津杨村，杨村周边村庄被扫平；英、法、德、意四国联军南下占领保定，在裕禄死后成为新直隶总督的廷雍被杀，他是八国联军所杀的朝廷最高级别的官员。

已经逃向陕西的慈禧发出了命令，要求京津周边各地在军事上均不再以"守土"为第一要义，而是以保护逃亡的小朝廷为第一要义。除了派兵扼守通往山西、陕西的要塞外，其余地方都放弃抵抗，任八国联军横行。然而，瓦德西是不会放过这个逃亡小朝廷的，他决定让八国联军追着慈禧打下去。他是代表德国获得了八国联军总指挥权的，战争打得越深入、越长久，对德国就越有利！

进攻陕西，必须先取山西。1900年11月，在德军大部队作为后援的情况下，法军先遣队开向直隶、山西交界处的东天门至娘子关一线。这里历来为进出山西的兵家必争之地，特别是娘子关，它是华北平原上突然隆起的高地，天然分开山西、直隶两省。过了娘子关往西，是山西；再往西，晋中平原上再无险峻高山阻隔，可以一路直取西安！

在清军东天门至娘子关防线，湘军旧将刘光才统领湘军"劲"字营、江宁忠毅军、山西本地的晋威军、湖北武功营、从甘肃赶来增援的绿营和回回营，以及从北京撤退的原西山健锐营、神机营等禁旅八旗残部，在东天门至娘子关一带，倚险要山势组建百里长的防线，修筑关卡、炮台、长墙掩体、地洞，埋设地雷等，严阵以待来犯之敌。

瓦德西原本以为法军先遣队会轻松地拿下东天门和娘子关，没想到法国人灰溜溜地跑回来了。

为什么原本不堪一击的清军似乎在一夜之间就变成了另外一支军队？瓦德西困惑了，他只有让法军不断挑衅、增兵！

从1900年11月至1901年4月，八国联军进攻达6个月之久，却仍然没能彻底突破娘子关防线。

瓦德西震惊了，他从来没有想过连首都都已经沦陷了的清国人还能够再战。瓦德西印象中的清国人就是"东亚病夫"（Sick Man of East Asia），这也是甲午战争后英文报纸对清国人的报道（1896年《字林西报》）。在朝廷大把花银子进口的情况下，清军拥有世界上最先进的武器和装备，比如"定远"舰、十三连发枪、克虏伯钢炮，但是他们仍然败了，这不是"病夫"是什么？

瓦德西由此意识到另外一种可能：大清是落后的，但落后的不是他们的武器、装备和财富，清国人也并不是真正的"病夫"，他们只是有一个远远落后于世界文明进程，也远远落后于它的子民的大清朝廷，这才变得腐败成风、军队不堪一击。如果是这样的话，那么西方国家现在入侵大清越深，将来付出的代价将越沉重。因为所有的清国人，不管他们是朝廷的正规军还是具有"抗洋"精神的义和团，他们需要的只是一个好的政府、一种有效的组织！

"50年以后，就将有更多的'团民'排成密集队形，穿戴全副盔甲，听候中国政府的号召，中国将贯彻她的民族计划！"时任大清总税务司的英国人罗伯特·赫德（Robert Hart）说。

瓦德西必须确认这一点，他本来就是德军陆军总参谋长，不能将伟大的德意志帝国带到沟里啊。

在北京，瓦德西命令手下士兵把守城门，从经过城门的18岁至60岁清国男人中随机抽取，按照德国陆军新兵入伍的条件进行体格检查和各项测试，结果发现清国人的合格率并不低于德国人——传说中的"东亚病夫"并没有生病！

瓦德西赶紧一头是汗地给德皇威廉二世写信。

接到报告的威廉二世也震惊了，他一直是"黄祸论"的鼓吹者，但威廉二世认为西方世界应该"畏惧"的并不是清国人的"强"，而是他们的"弱"和"多"。正是因为他们如此弱小又人数众多，才会"危害世界"，而瓦德西的报告彻底颠覆了这位德国皇帝对清国人的印象。

确认，必须赶紧确认！出于德国人的严谨，威廉二世派出了由十几名德国各领域专家组成的"联合调查团"，不远万里地来到清国，又做起调查和测验。最后这一批人得出的结论和瓦德西一样，而且还给威廉二世补上了一条："他们（清国人）的勤苦耐劳，更是在欧洲人之上。"

从长期来看的亏本买卖是不能做的，瓦德西明白了，威廉二世也明白了，以德国领衔的这场战争最好的结果就是见好就收，与清国朝廷和谈，并且最好不要占领大清的领土。否则即使朝廷不去反抗，大清的百姓最后也一定会以各种各样的形式和方法奋起反抗！瓦德西的猜想并没有错，"生病"的不是清国人，而是统治他们的政府，是大清朝廷；正因如此，在这个朝廷彻底失去对大清国的掌控力之前，要尽量保留它的统治，保留慈禧的统治，以最小的代价，去获取西方国家最大的利益。

1901年5月23日，德皇威廉二世给瓦德西发电：召回大部分德国远征军，只留下一个旅的兵力，但要"将战后赔款的索取，务必提到最高限度"。

领衔的德国不再着急上火要灭亡大清朝廷了，也不愿意打破各国在大清现有的平衡而继续"瓜分"清国了；对于另外几个国家来说，这是求之不得的。首先是俄国，八国联军攻进北京时，他们已经在东北完成了趁火打劫，占领了东北大片土地。俄国人很清楚，朝廷最在意的只是京津，只要能保住首都不沦陷，慈禧和王公大臣还能回到北京，有个地方住，其他地方都是可以作为交换代价的。

于是俄国人需要的只是"变战为和"，让八国联军不再侵占大清的领土，不再继续"瓜分"清国。反正他们自己已经"瓜分"完毕拿下东北了，只要尽快促成大清与八国的"议和"，别的国家就没有再起波澜的机会，他们就可以保住在东北的利益，同时也可以在政治上拉拢住慈禧逃亡小朝廷，一举数得啊。

从1900年9月29日起，俄军就开始在八国联军中"带头"将大部分兵力撤出北京，并且开始在德国的强烈反对下积极促成李鸿章与八国的"议和"。他们甚至没有等到当时的瓦德西到北京上任，也没有理会当时血冲脑门的德国人希望打到西安的要求。俄国本来是德、法的"盟友"（1895年"三国同盟"曾经逼迫日本吐出了旅顺、大连），而在实际的国家利益面前，俄国连"盟友"的台也给拆了，德国人就此给俄国记上了一笔。

紧接着，1900年10月，美军也开始陆续撤出北京，他们也没有等到瓦德西到北京。作为即将取代英国成为世界老大的国家，美国人的发财方式早就不再是占据殖民地了，他们对"瓜分"清国也是不感兴趣的。看见俄国人撤，美军只留了一千多人留守北京，其余军队撤回菲律宾和美国本土。

日军本来是英国的雇佣兵，是拿钱来打仗的；对于"瓜分"清国，他们的想法和甲午战争期间差不多：目前的日本无法吞下清国，只能在保证日本"利益线"（南面的中国台湾地区以及北面的朝鲜）的基础上，从清国捞取尽量多的银子，等日本变得更加强大之后再打清国其他地方的主意。于是，在瓦德西到来之前，日军也跟在其他国家屁股后面开始撤出北京。

其他国家对"瓜分"不太积极，一个"基本的共识"在这八强中达成了：战争要适可而止。停止"瓜分"清国，停止灭亡慈禧逃亡小朝廷，清国的赔偿要用货币而不是领土支付！

而李鸿章已经开始从广州启程，去签署他这一生最后一个留在和约上的大名。

# 第二十章
# 李鸿章一生中最后一次议和

### 慈禧很早就在暗中"求和"

6月22日,在颁布战争总动员令的第二天,慈禧接到了裕禄的报告。大沽口炮台失陷,慈禧的心就彻底凉了。

6月29日,慈禧命令总理衙门给清国驻英、俄、法、德、美等国公使秘密发出一封很长的电报,通过这些公使向各国政府直接转达朝廷的意思:与你们开战我们是迫不得已的,对于你们在北京的公使馆,我们会一如既往地切实保护起来;义和团刚刚被宣布"合法",但我们会想办法清剿的("现仍严饬带兵官,照前保护使馆,惟力是视,此种乱民,设法相机自行惩办")。

与此同时,慈禧命令各督抚以"遣散"的名义保护传教士("各国教士应即一律驱遣回国,免致勾留生事,仍于沿途设法保护为要")。

此时正是聂士成和裕禄在天津苦战之时,也是天津的义和团奋力助战之时。

而对于慈禧来说,这既是向八国示好,又是再次确认她心中的那个老问题——八国的胃口到底有多大?他们会打到一个什么样的程度?会不会推翻她的统治?所以她明确告诉各国中央政府:我们会保护使馆,也能保障传教士的安全,希望退兵。

但八国不仅毫无退兵迹象,反而在增兵,准备总攻天津。慈禧终于明白了:她虽然还不能肯定八国是不是会推翻她的统治,但一切皆有可能,而对于权力安全来说,哪怕只有猜疑也是不行的。如果八国联军攻进北京，自己就只能跑！

这对慈禧是沉重的打击，但也反而让慈禧坚定了"求和"的决心。很简单，她从来没有想过要"战斗到底"。她虽然敢"开战"，但不敢相信这一次的战争最终要和洋人拼个鱼死网破。

从这一天起，就在天津前线的清军将士、义和团与八国联军苦战的同时，慈禧开始命人用所有的办法来和八国政府接触，试探他们的底线，当然这一切都是在绝密中进行的。7月3日，朝廷自己出面，以中央政府的名义向俄、英、日正式发出求和国书，但结果是令人失望的，此时八国正在源源不断地从海上增兵，准备进攻天津。

慈禧不知道的是，她的这种表面"战"、暗地里"和"的态度，反而给了八国一个定心丸：可以做好各项战争准备，放手进攻天津和北京，中途也可以从从容容地休整（在天津就休整了20天），反正朝廷是不会真拿那些公使怎么样的。

在对外暗中求和的同时，慈禧也没有忘记催促李鸿章尽早来京"议和"，这种事情也只有李大人才搞得定。前面我们知道，在6月21日发布战争总动员令之前，慈禧是催过李鸿章进京的，不过李鸿章没有成行。不是李大人故意抗命，而是他考虑得很清楚，此时北上于和谈无一利，因为八国此时不会开始和谈，朝廷内部又有端王集团的激烈反对；于他自己却有万害，一旦北上，个人安全都无法保障，八国联军和端王集团都不会放过他。

慈禧就只有接着催，不厌其烦地催。

7月1日、3日，慈禧两次催袁世凯带兵进京，被袁大人用太极拳化解；7月3日、6日，慈禧又两次亲下谕旨催促李鸿章进京，李鸿章还是没有动身，原因还是前面的考虑。

7月8日，就在八国联军进攻聂士成最后一道防线、即将攻入天津的前一天，慈禧紧急任命李鸿章为直隶总督兼北洋大臣，请李鸿章"自行酌量"，能否24小时赶路紧急北上进京（"由海道星夜北上，尤为殷盼，否则即由陆路兼程前来，勿稍刻延，是为至要"）。

此道上谕一出，李鸿章如果再对北上推三阻四，那显然是说不过去了：慈禧都已经任命你为直隶总督，你还想怎样啊，至少要去谢个恩嘛；不到北京，至少要挪下窝嘛。李鸿章终于决定先到上海，再看情况做下一步的决定。7月17日，李鸿章正式从广州乘坐轮船出发，此时聂士成已经战死，天津也已经沦陷（7月14日），距离慈禧下第一道谕旨催李鸿章进京（6月15日），已经过去整整一个月矣。

而对于李鸿章来说，他终于又可以出一口气了。自《马关条约》之后，他遭贬、遭唾骂，一度被剥夺了所有的官职，往日的显赫和荣耀不见踪影，好不容易复出也是被"贬"到偏远的两广。而现在，终于又可以"重回北洋"了，这对李鸿章来说是刻骨铭心的。在与前来送行的安徽老乡、广东南海知县裴景福的对谈中，李大人也忍不住大呼："舍我其谁也！"

一个被憋屈、被压抑得太久的人，似乎又见到当年的豪气干云。然而李鸿章此时并不知道，大清离不开他，只是因为要再签署一个战败条约。

李鸿章坐轮船先去了香港，当然，李大人不是来游玩的，而是要先见一下港英总督，这就等于把和谈之事先跟英国打了声招呼，提前铺铺路，然后乘轮船再向着上海行驶。7月21日，李鸿章抵达上海。按照事先"先到上海，再酌进止"的计划，李鸿章"酌"后的结果是：仍然不能北上，自己去了也没有用。他拿出了荣禄大人的那一招——写请假条。而且又是腿病，报告慈禧"两腿软弱，竟难寸步"，请求赏假20日。对于慈禧来说，她又无计可施了：他寸步都难行了，不准也得准啊，反正他们那些大臣不是下不了床，就是走不了路的。

此时正是李鸿章的对头——李秉衡带着刘坤一"借"给他的兵北上之时。朝廷里的大臣正在为如何确保北京不失而苦恼，他们在纷纷赞美李秉衡的"英雄之举"时，也在大骂李鸿章故意在上海徘徊不前，什么"何其忠于外洋而不忠于朝廷也"，什么"大奸不除，不能成大功"（翰林院编修王会厘奏折），什么"是立绌一汉奸之李鸿章，而小人不敢效尤；重用一公忠体国之李秉衡，而士气因之以振！"（给事中蒋式芬奏折）。

此时的李鸿章已经是个78岁的老人了，他的身体不好也是实情，但实际上他的健康状况也并非坏到寸步难行。李鸿章在上海停留不前只不过是因为犯了与当初荣禄同样的病——心病。李鸿章并没有意识到保住国都的唯一一丝微弱的希望正掌握在他手里，恰恰是由于此时的他不能挺身而出，慈禧才不得不抓住李秉衡这根不是稻草的稻草，诛杀"庚子五大臣"，在清军实际上已经彻底溃败的情况下硬着头皮继续作战，为北京带来了更大的灾难。在我看来，李鸿章的"卖国""汉奸"之实并不是他曾经多少次向洋人"求和"、签订了多少"卖国条约"，而恰恰就是在现在这样的时刻为个人考虑得太多，顾盼摇曳。因为他所有的"求和"都是在水到渠成的情况下才去的，也是为自己留好了后路的。这些因为主导洋务运动而比较"开明"的汉党高官，并没有多少关于"国家"的意识，更没有关于"国家"的共识，他们嘴里仍然是朝廷，而"朝廷"具体到心里和实际行动中就是"公私两便"，两不便的时候自然就是"私"字为先，李鸿章也不例外。

甲午战争之后，备受冷落、闲居北京贤良寺的李鸿章曾有过一个自嘲：大清就像一间破屋子，而他就是东补西贴的辛苦的"糊裱匠"。人们往往只看到了李鸿章的难处，却很少看到李鸿章自己也许也只想当一个糊裱匠，认为能在这个危机四伏的庙堂上做些修修补补的工作就不错了。从这个意义上来说，李鸿章既非"爱国"，也非"卖国"，因为"国家"在大清是缺席的，"国家"意识都不存在，何来爱或者卖？李鸿章并非不知道这个世界上真正困难和可贵的不是忍辱负重，而是开拓进取，但这样的"伟业"注定只能由他曾经、现在以及未来的对手——伊藤博文等人去完成。因为"一定要建立一个近代化的国家"，这是明治维新的根本出发点，也是它与洋务运动在"顶层设计"上的最大区别，伊藤博文等人才有环境、有动力、有程序去承担国家的责任、国家的风险，甚至还有国家的错误。每到关键时刻他们总能挺身而出，总是能为日本找到一条能让国家利益最大化的道路。

当大清作为一个国家的格局只有如此的时候，大臣注定也是"时无英雄，遂使竖子成名"的。李鸿章的"舍我其谁也"，并不是英雄宝刀未老，而正是一个"糊裱匠"的格局。

### 八国联军提出"惩凶"

好吧，李鸿章是注定要在上海停留了，让我们再来关注一下北京的情况。由于天津沦陷，北京城里早已人心惶惶，端王集团越来越被孤立，大家都把他们抛到一边，各自去想"和"的办法。7月17日，光绪给美国总统（威廉·麦金莱）写了一封亲笔求援信，先用快马送到山东，再由山东用电报发往上海电报局，最后用越洋电报发往美国。光绪皇帝在信中强调，大清和美国"长期以来保持友好关系，彼此均无怀疑和不信任。我们了解到，美国的目的是从事国际贸易，所以恳请美国协调各国一致为恢复秩序与和平（停战和停止攻进北京）做出努力"。

麦金莱是19日收到这封信的。考虑了3天后，他给光绪写了回信，希望大清保证使馆人员的安全，表示美国政府和民众对大清"除了希望正义和公平以外，别无他求"，会"积极斡旋"。不过美国人就算是有心"斡旋"，也挡不住其他几国要攻进北京的决心。3个月后（10月17日），光绪只好再给麦金莱写信，"感谢美方的帮助，并希望美国能积极促成和谈"。此时，北京早已沦陷。

给美国总统写信只是胡乱抓的救命稻草，慈禧仍然把希望寄托在李鸿章身上。8月7日，八国联军已经准备进攻通州城了，慈禧又给李鸿章升职和增加权限，任命他为"议和全权大臣"，希望以此来鼓舞李鸿章"奋不顾身地北上"和打动列强。然而八国联军是不会停止进攻的，8月14日，北京失陷，慈禧逃向西安。

8月20日，在惊弓之鸟般的逃亡途中，慈禧以光绪的名义发布"罪己诏"，公开承认当初做出开战的决定"是错误"的，这也是给李鸿章和参与"东南互保"的汉党大臣吃了一颗定心丸：将来朝廷对你们是不会秋后算账的。

8月24日，慈禧告诉李鸿章：只要你能议成和，什么条件都由你做主（"便宜行事"）。27日，她加授奕劻为"议和全权大臣"；31日，加授刘坤一、张之洞为"议和大臣"。参与"东南互保"的总督们竟升了职，汉党彻底翻身。

慈禧如此心急火燎，一是怕八国联军会追过来，二是逃亡的日子实在是太难过了，经常是吃了上顿没下顿，住的是破庙、吃的是野菜粥。你以为会有碗？那是路边捡到的破碗；你以为会有筷子？那是树枝做的筷子！

李鸿章开始积极试探各国对于"议和"的态度。俄国当然表示要"全力支持"，并且积极帮助李鸿章，支持"议和"就是支持他们自己。俄国一支持，它的利益对手英国就要反对，于是李鸿章上奏慈禧，加授了刘坤一、张之洞为"议和大臣"。他和俄国人走得很近，不可避免地会引起英国人的不满，而刘、张两人与英国的关系比较好（英国的利益中心在长江流域，正是刘坤一和张之洞的地盘，此时他们正在"互保"），"议和"的重点就是搞定八国内部各派。

而反对最强烈的是德国。瓦德西率领的德国远征军还没有到北京，德国的最大利益还没有实现。德国在8月23日正式照会各国：李鸿章可以北上，但德国绝不与他进行谈判，李鸿章只要落入我们手中，我们就将扣留他为人质！

德国一强烈反对，俄国就急了，他们强烈抗议德国的强烈反对，表示谁要逮捕李鸿章他们就要向谁开战。

在东方的土地上，德国还不是俄国的对手。于是，为了避免和俄国正面冲突，德国勉强同意可以与李鸿章进行谈判，但提出了一个令朝廷绝对无法接受的条件。

按照八国的共识，"惩凶"是"议和"的前提条件之一。9月5日，德国就在这个基础上提出了他们接受"议和"的新条件："朝廷必须严惩战犯凶手，特别是属于最高层的罪魁祸首，并没收其全部财产。"

德国的意思是："凶手"不只有端王集团，还要包括慈禧太后。

慈禧被这个条件吓坏了。说起来，她对这场和谈最大的希望和唯一的条件就是确保她的权力安全，大清的损失要次于她个人的损失去考虑；而现在，不仅权力安全要失去，生命财产安全都没了，那还议什么和啊。

结束吧，让一切都结束吧！为了权力安全，原先还是一边抵抗，一边求和，而现在同样为了权力安全，只能放弃抵抗，完全求和，自己这边赶紧找替罪羊，同时反复指示李鸿章，谈判只要掌握一个原则：只要洋人不找她算账、不让她交出大权，其余一切都好说。

慈禧的第一个动作就是彻底剿灭义和团。

## 义和团成了和谈的最大牺牲品

慈禧的行动十分迅速。9月7日，她正式发布"剿拳"谕旨，说明战争是由义和团引起（"此案初起，义和团实为肇祸之由"），命令各地"痛剿"义和团，务必斩草除根，不可放过一个。先是在跟洋人和谈的京津地区。"今欲拔本塞源，非痛加铲除不可！直隶地方，义和团蔓延尤甚，李鸿章未到任以前，廷雍（代理直隶总督）责无旁贷，即著该护督督饬地方文武严行查办，务净根株"！

京津间的团民早在城破时就消失了，各地开始严厉排查，"雨后归农"的很多团民又被翻出来了，有的被杀头，有的被逮捕坐牢，有的被讹诈一笔钱财。于是"查团"成了一些地方官吏的发财手段，很多团民干脆入教，以"教民"身份自保。在梨园屯，教民和官吏一起威胁和讹诈"老团民"。他们找到了高元祥（十八魁之一）的母亲，要求她交出高元祥，高母交不出，教民就"用绳子穿着她的鼻子游街"，然后逼迫高母凑钱给他们（山东大学历史系中国近代教研室：《山东义和团调查资料选编》）。

地方官吏要发财，"查团"的风声越来越紧。赵三多在1902年终于和梅花拳的另一位传人景延宾（直隶广宗县人）在直东边境举起反抗的大旗，不过这次是连大清朝廷一起反了，他们的口号是"扫清灭洋"！

从当初的"顺清""扶清",到如今的"扫清",只过去了三年多的时间,而袁世凯派出部将段祺瑞率新军围捕。景延宾被杀害,赵三多被捕,他拒绝招供,在牢房里绝食自杀。"义和团"因赵三多而起,也随赵三多而灭,它被"彻底铲除"了。

而对于慈禧来说,只推出义和团作为替罪羊还是不够的,毕竟开战的决定是由她亲自下达的。李鸿章已经摸清,八国中除了德国,其他国家从利益考量都不主张把慈禧作为"祸首",这对慈禧来说是一个重大的好消息。而李鸿章联名刘坤一、张之洞和袁世凯不失时机地给慈禧上密折:太后您可以把罪过推到"主战派"身上嘛("明降谕旨,归罪于该王大臣等,以谢天下")。所谓的"王大臣",指的就是端王集团的核心成员——载漪、载澜、载勋、刚毅、崇绮、徐桐、启秀等。

禁旅八旗已经灰飞烟灭,朝廷上下没有一个人会同情端王集团,大臣们都在怨恨端王集团给大清带来了"滔天巨祸",巴不得早日求和。端王等人不论在政治上还是军事上都跌入了万丈深渊,他们再也翻不了身了。此密折正合慈禧心意,她准备动手了。

9月15日,有了端王集团已经成了死老虎这个保障之后,李鸿章在俄国军舰的护卫下从上海启程北上"议和",而在逃亡途中的慈禧把辛苦跟在身边的载漪、刚毅等人叫到面前,当众破口大骂("面斥端王"),大势已去的端王集团众将被吓得哑口无言。64岁的刚毅本来就在逃亡途中风餐露宿,身体吃不消,见墙倒众人推,竟然一病不起。他没有跟着逃亡队伍再往前逃,而是留在了当地,三天后一命呜呼,估计是被吓死的。

李鸿章趁势再给满党集团震慑,他电奏慈禧:要求将刚毅戮尸。

根据李鸿章与八国联军的合议,八国联军提出了"战犯"名单,慈禧先后颁布谕旨:庄亲王载勋赐自尽;礼部尚书启秀、徐桐之子刑部左侍郎徐承煜,即行正法;左都御史(原步军营左翼总兵)英年赐自尽;刚毅、李秉衡、徐桐判斩立决,因已身亡,死后戴罪,追夺原官。

端王载漪、辅国公载澜两兄弟均定斩监候罪名,朝廷"加恩"免其一死,永远流放新疆,终生不得回北京。

山西巡抚毓贤是在慈禧开战后,唯一执行了朝廷"杀尽洋鬼子"号召的地方督抚,这个人再现了他的"屠户"本色,用点天灯、挖心、火烧等各种残忍的方式,几乎杀光了山西境内的洋人(有150～200人),另外还屠杀了近2000名"亲洋"的教民。而就是当毓贤在山西大肆屠杀洋人和教民时,山东巡抚袁世凯为了保障"互保",屠杀了近4000名"反洋"的团民!这真是神奇的一幕:这边的官府在堂堂正正地屠杀教民,那边的官府却在屠杀团民。这是两党党争最为激烈的后果,而承担这个后果的,只有百姓。

现在轮到毓贤当替罪羊了,他被判斩立决,死前他留下一篇遗书:"皇上所命,臣下理当遵行,予前杀人,今予被杀,夫复何言?"

除了这些核心人物,还有另外两批"战犯"是来自地方的官吏,总计142人,分别被判处斩立决、斩监候、终身流放、革职永不叙用等处罚。这些人也都是要在正式签订和约之前一一"处理"完的,他们都是名义上的"主战派"。然而,大清从来没有主动对外发起过战争,从端王一直到他的小兵小虾,其实根本不配叫"主战派",甚至连真正的"抵抗派"也算不上。他们和之前被杀的"庚子五大臣"等"主和派"一样,既是党争的主角,又是党争的牺牲品。

八国联军的"战犯"名单上还有一个人——军机汉大臣赵舒翘。

赵舒翘原来并不是端王集团的成员,只是由于他进军机处是仰仗了刚毅大人,所以一度跟端王集团走得比较近。当初拳民大军逼近北京时,赵舒翘就是慈禧派出去"来到拳民中间"的大臣之一(另一位就是刚毅)。后来刚毅回京后向慈禧报告,根据他的查访,"拳民可用",而赵舒翘并没有对此表示反对。按照李鸿章等人在密折中的意思,既然要把责任推到当初"唆使太后"的刚毅等人的身上,那么作为另外一位当事者的赵舒翘自然也难逃干系。所以,不论在八国联军那边还是朝廷这边,赵舒翘都必须上名单。

但问题是慈禧是不愿意过重惩罚赵舒翘的。赵舒翘平时为官还算正直,官声比较好;更让慈禧铭心刻骨的是,八国联军攻进北京时,在慈禧最后一次召开的御前会议上，总共只来了三个人，而其中一个人就是赵舒翘。赵舒翘是西安府人，这是慈禧最想逃亡的目的地。现在，赵舒翘一路护送慈禧来到了西安，慈禧又怎能杀他？赵舒翘也相信，凭着他的这份忠心，自己是一定不会死的。

慈禧给赵舒翘的第一个惩罚是比较轻的：革职留任。她希望能够在八国联军那里蒙混过关。

然而，这是过不了关的。八国联军似乎对大清的官场还比较了解，用八国联军自己的话来说，就是"对于一个朝廷的官员来说，革职之后不久又复出，甚至又高升，这都是司空见惯的事"（引自天津社会科学院历史研究所：《1901年美国对华外交档案：有关义和团运动暨辛丑条约谈判的文件》）。于是他们继续向朝廷施压。

慈禧将判决改为：交部议处。八国联军不同意，再改为斩监候，八国联军仍然没有同意。好吧，慈禧对赵舒翘的最后一道谕旨是"斩立决"。

消息传出后，慈禧担心的事情终于发生了：西安城内的老百姓联合为赵舒翘请命，他们愿以全城人保赵舒翘免死。在鼓楼，上万名西安府的百姓聚集在一起，声称：慈禧太后如若杀赵舒翘，那么请回北京去，此地不欢迎你！而一些激进分子已经做好了劫法场的准备。

慈禧是逃亡到这里的，却要在西安的地盘上杀一个籍贯是西安的高官，也难怪群情激愤。但是不杀又是不行的，不杀，八国联军很可能就会杀她！

慈禧只好丢车保帅了，她谕令陕西巡抚岑春煊到赵舒翘家中赐死，并要岑春煊亲眼看到赵舒翘死亡才能回来复命。

岑春煊带着谕旨来到赵舒翘的家中，跪在地上的赵舒翘默默听完岑春煊宣读的谕旨，他问："太后难道没有别的旨意了吗？"

"没有了。"岑春煊回答。

赵舒翘的夫人默默地拿出了毒药，先自己吞下，然后递给了赵舒翘吞下。夫人很快气绝，而一个时辰过去了，赵舒翘并没有气绝。

赵舒翘不死，岑春煊大人自然就没法交差，于是他又让赵舒翘吞下鸦片。神奇的是又过了一个多时辰，赵舒翘仍然顽强地活着。对于死，他似乎是很不甘心！

岑春煊只好又让赵舒翘喝下砒霜。砒霜入肚，赵舒翘疼得满地打滚，不住哀号，最后只剩下了微弱呻吟。但他仍然不肯死，他的心志十分坚定，他相信慈禧一定会在最后关头"赦免"他。他双目炯炯地盯着大门，等待"太后别的旨意"。

一直折腾了五个时辰，岑春煊满头大汗，再不回去复命，他自己也很难交代了，他只能自己动手，给赵舒翘"助死"。于是，岑春煊叫人拿来用酒浸湿的厚纸，分别盖住赵舒翘的嘴、鼻、耳。在换了几次纸之后，赵舒翘终于气绝，死时他仍然圆睁双目，盯着那空空的大门。

最后，真正难以处理的是荣禄。荣禄是武卫军总统，是与八国联军作战的清军主力的直接领导；更何况荣禄还亲率武卫军中军"围攻"过使馆区，造成了洋人的死伤。总之，与洋人开战是慈禧下的命令，但最大的执行者是荣禄。在慈禧要找替罪羊的情况下，很不幸，在八国联军的名单上，荣禄大人就是最有可能取代慈禧的"祸首"！

问题是，即使是对大清官场比较了解的八国联军，也不清楚荣禄到底是个什么样的官。虽然他是武卫军总统，手下的聂士成等将领英勇抗敌，但荣禄大人别说上前线督战、鼓舞士气，就连在朝堂上也没有说过要抗洋的话。他从来没有发表过他的政治观点，而他亲自率领一万多武卫军中军"围攻"使馆区近两个月，发射了那么多的炮弹枪弹，却没有造成一个公使伤亡。这点也是令八国联军大感不解的，以至于入城后他们还要相互打听："荣禄是谁？"

慈禧逃出北京之前，她本来是留下荣禄替她"坐镇京城"的，不过荣禄很害怕八国联军会找他算账，于是就自己一个人逃了，先逃到了保定。在慈禧的队伍深一脚浅一脚地赶往西安府时，朝廷的大学士、军机大臣，慈禧一人之下、万人之上的大清实际宰相"荣相"，正在保定生死未卜、惶恐难安。他还特意通过张之洞去探询洋人的意思，探问会不会拿他开刀，让他也上名单。

"解救"荣禄的人出现了，他是李鸿章。同一阵营里的人自然要相互照应，更何况在两年前的戊戌变法中，已经在慈禧那里犯了杀头大罪的袁世凯和李鸿章的世侄徐致靖，都是荣禄利用当时慈禧对他的特别倚重而力保下来的。李鸿章东山再起出任两广总督，也是荣禄在幕后一手操办的。现在，李鸿章又成了慈禧不得不特别倚重的人，正是对荣禄大人报恩之际。

当时慈禧还在担心八国联军会不会找她算账，李鸿章上奏慈禧：这件事情我可能一个人搞不定，还请您召回在保定的荣禄到您身边主持大局，我和荣禄大人内外联手，这事儿在八国联军那里就会好办得多。

此时的慈禧对于李鸿章简直是言听计从，于是她诏令荣禄"前来行在，入直办事"（1900年10月6日上谕），李鸿章就是要通过此举让八国联军意识到：在朝廷内部，荣禄大人仍然是能够影响慈禧的最重要的人物，你们议和提出的条件，只有我李鸿章"楷柱于外"，没有荣禄大人"斡旋于内"是不行的。八国为了自己的利益，对这样的人物一定不会过于责难。

而在北京，突然冒出了许多"高官日记""高官书信""纪事"等之类的文件，它们大多是八国联军的士兵从高官的宅子里搜出的。这些私密性很强的日记无比"巧合"地落到八国联军手里，反正渠道来源是"可信"的。而这些文件有一个共同的主题，那就是通过朝廷"内部人士"之口，不厌其烦、无比详尽地讲述荣禄与端王集团之间的斗争、暗地里反对开战、阻截废立以及尽力周旋保护使馆的过程。比如著名的《景善日记》，前礼部右侍郎景善在八国联军入城时自杀，后来八国联军在进入他家检查中偶然发现了这部日记。大家对这样的日记自然深信不疑，而它的内容就是通过景善的记录，将荣禄"反战、反端王集团"的表现描述得如同现场直播。不过很可惜，虽然《景善日记》记载了很多真实的史料（因为荣禄与端王集团的斗争是史实），但它已经被后世证实是一部伪造的"高官日记"，而且有可能就是荣禄或者李鸿章"在京的党羽"为荣禄开脱而在景宅中布置的（"当时荣已列祸首单，其党偶见景记，遂攫以窜入他语，重仿一册，置之景宅，故引德军入检"，引自瓜尔佳·金梁：《四朝佚闻》）。

好吧，这一招果然最奏效。要知道洋人最相信的往往是"渠道可靠"的什么"内部材料""解密档案"，他们认为这些是最真实也最公正的。再加上公使们讲述了"使馆之围"的真相，八国联军恍然大悟了：原来在那万恶的端王集团周围，还潜伏着一个如此忍辱负重、对我们洋人"友好"的宰相级别的高官！我们能追究他的责任吗？噢，不，不能，我们要保护这样的人，各国对荣禄大人充满敬意！

就这样，一个公认的最应该上八国联军"战犯"名单的人，却在一系列的暗中运作之后，令人大跌眼镜地安然无恙。不仅八国联军没有把他列在名单之中，慈禧也因为要依靠荣禄与李鸿章"联手"为她开脱而不得不更加"恩宠"荣禄。事实上自从荣禄赶赴慈禧身边后，他也确定了一个原则：自己的一切，仍然是跟慈禧捆绑在一起的，李鸿章等人也是。保太后，就是保大清；保大清，必须先保太后！每当与李鸿章商谈"议和"的问题，荣禄在坚持这一条原则上，从来没有动摇过。

如此为自己卖力，慈禧自然更加重用，反正她的帮手也不多了。军职出身的荣禄很快将会成为文华殿大学士（朝廷大臣最高级别的政治荣誉），慈禧身边最红的红人，"得太后信仗，眷顾之隆，一时无比，事无巨细，常待一言决焉"（《清史稿》），而他的女儿甚至被慈禧赐婚给皇族，被慈禧纳入"接班人"的考虑计划之中。荣禄就这样从此成为荣耀无人可匹的皇亲国戚。

那个曾经因为出身问题而自卑、苦恼的荣禄，终于再也不必为此懊恼了。从此，他的血统中，也带有了一个"皇"字。

而这一切，正是荣禄"奋斗"来的，也是他在大清官场上钻营得来的。正是因为他不是皇族后代、出身低微，在大清官场上的关键词就永远只能是"奋斗"和"往上爬"。

对于荣禄来说，也正是因为没有"皇族"的挡箭牌，他永远没有忘记"往上爬"的一个最基本的前提——自保。他是满人，但也在积极关照和笼络李鸿章、袁世凯等汉臣实力派；他是慈禧的心腹重臣，但总是多栽花、少栽刺，以强大的意志力在朝廷中低调隐忍，不主动树敌（包括端王集团）。他没有上八国联军的名单，正是他这些积极"自保"的成果。不要指望在关键时刻慈禧会"保"他，如果在端王和荣禄之中慈禧只能"保"住一个，那么这个人绝不会是荣禄，而只可能是端王。因为端王是大清皇帝的后代，爱新觉罗的子孙，也是大清的脸面和符号，对于慈禧这个专制王朝的最高统治者来说，心腹可以再找，而脸面不能不要。

在多年以前，荣禄就已经深深地明白这个道理了，所以他越接近慈禧、越接近权力的顶峰，就越不飞扬跋扈，而是时时刻刻提醒自己要"自保"，要"自保"！自从年轻时在官场上栽了一个大跟头之后，荣禄就再也没有得罪过跟朝局有关的任何人了。他没有得罪过汉党，没有得罪过满党，没有得罪过慈禧，没有得罪过义和团，甚至连八国联军都没有"得罪"过，处处给自己铺好后路。这哪里是什么"晚清第一官场狐狸"，简直是狐仙！

这就是荣禄，大清实际上的宰相。在风光荣耀、位高权重的背后，是一颗战战兢兢、如履薄冰、时常半夜被惊醒而又彷徨难定的高官的心；是一颗时常左右为难而又无处可诉、苦水只能往肚子里咽的高官的心。

他唯一得罪的人，就是他自己。

## 赔款数额的确定过程

好吧，只要不问罪自己和危及权力安全，慈禧的根本性危机就已经渡过了，接下来的重心就是赔款的问题。1901年2月14日，慈禧以光绪的名义颁布上谕，昭告天下：朝廷已经做出与各国议和这个"无比英明"的决定，现在我们要根据和掂量大清的物力，来促使议和顺利完成。如何确定赔款数额？这要根据各国的要求以及大清的实际财力、物力，综合考虑来完成，既要避免列强狮子大开口，狠敲大清一笔竹杠，更不能触怒各国，使议和破裂（"本年夏间，拳匪构乱，开衅友邦。朕奉慈驾西巡，京师云扰。迭命庆亲王奕劻、大学士李鸿章作为全权大臣，便宜行事，与各国使臣止兵议和。昨据奕劻等电呈各国和议十二款大纲，业已照允。仍电饬该全权大臣将详细节目悉心酌核，量中华之物力，结与国之欢心"）。

这样的上谕是告诉自己人，是给"天下臣民"的一个交代，赔多少和怎么赔是要听洋人的。虽然娘子关的久攻不下逐渐让八国达成了共识：清国的战争赔偿应用货币而不是领土支付，但大家最后要索赔多少银子，各国又能分到多少银子，这八位老兄仍是各有各的想法的。

大清肯定是要把各国"实际的军费开支和战争损失"赔完的，这点八国都没有意见，争论的焦点在于大清还应多赔多少？也就是说，每个国家还能从大清那里讹诈多少两银子？这个问题简直是不用想的，无论是俄国人还是日耳曼人，他们都已经做好了狮子大开口、大发一笔的打算，但此时出现了一个特立独行的国家，它就是美国。

美国人强烈反对过度赔偿，主张"根据大清的实际偿还能力来定数额，将赔款保持在一个适当的限度内"，这自然是被认作"头脑发晕的决定"。但是，美国人从未放弃为减少"庚子赔款"而努力。

在美国人的坚持下，八国先是成立了"财源调查委员会"，调查清国的实际偿还能力。美国人根据调查，最先提出了一个数额——2.02亿两白银左右。而俄国人和德国人一看总共才2亿多两白银，还不如6年前日本人在《马关条约》中实际到手的多，坚决反对。美国只好又将数额增加到2.66亿两，但还是遭到强烈反对。最后其他几国也不管什么对大清"财源"调查不调查了，确定了一个最后方案：每一位清国人，包括"东南互保"地区里的人，对八国赔款一两白银，合计4.5亿两（按照购买力计算，当时的一两白银大致相当于如今100~150元人民币），这是由朝廷支付的赔款；另外，烧过教堂、杀死过传教士的省份还要赔给教会、传教士约3000万两白银的地方赔款。

后来有人专门做过计算，各国按照这个数字所获得的赔款，平均约

7倍于他们的实际损失，比日本在《马关条约》中约5倍于实际损失又进了一步。难怪俄国人说"这是历史上少有的最够本的战争"。

美国人坚决反对如此巨额勒索，他们向海牙国际仲裁法庭申请裁决。然而，此时的"海牙国际仲裁法庭"不过是另外一个版本的八国集团，美国人孤掌难鸣，赔款数额仍然维持原议。美国减少"庚子赔款"的努力以失败告终。

4.5亿两白银中，俄国人分到了1.3亿两（约占总数的29%），其次是德国（20%）、法国（15%）、英国（11%）、日本（7.7%）、美国（7.3%），八国中排在最末两位的是只出了几十个兵的意大利和奥匈帝国。另外还有五个欧洲国家虽然没有出兵，但八国认为他们也应该获得赔款，他们是：比利时、荷兰、西班牙、葡萄牙、瑞典和挪威（当时为一国），他们分得了从11.25万两至850.5万两不等的白银。

跟"马关赔款"一样，数额问题确定了，接下来就是大清如何支付的问题，这又是事关各国利益的。

德国提议将大清的海关关税提高到10%。关税提高，外国货物进入清国就要多交税，大清也就会有更多的钱来还款，俄、法随即表示同意。不过，这三国的算盘打得是很精的：他们不是大清的主要贸易国，提高关税对他们影响不大，而对大清出口很多的英、美、日就损失不小了，于是此方案在英、美、日的强烈反对下，最终没有通过。

俄国人又生一计：让大清先向各国的银行借钱还款。这里面有什么玄机呢？朝廷向八国的银行借钱，自然要有担保公司，担保公司是谁呢？八国政府，而他们也不是白担保的，既然要担保，就要有抵押，朝廷能拿什么做抵押？自然就是最稳定和最大的一笔收入——税。

于是，俄国人这一招的实质就是：大清以未来几十年的关税作为抵押，向外资银行贷款，通过这笔贷款再还掉庚子赔款。绕来绕去，等于大清又多了一道借钱的程序。

俄国人是很狡猾的。他们之所以增加一道借钱的程序，倒不是看重那些利息（借钱肯定会产生利息），他们看重的是对大清关税的控制权。

自从1840年鸦片战争以来，大清海关关税一直控制在英国人手里，就连海关总税务司都是英国人罗伯特·赫德担任的。海关关税是清国主要的税收之一，截留了这个财源，就可能控制清国的财政；控制了清国的财政，就有可能左右大清的政局。所以多少年来，俄国一直费尽心思想在关税上插上一脚，在过去很多次条约中，俄国曾经不止一次地提出这个方案，现在他们仍贼心不改。

但英国人也不傻，他们一直严防死守的就是大清海关关税不能变成多国控制，这是他们的利益底线，也是他们比获得赔款更重要的长远利益。面对俄国人的损招，英国人必须顶住。

俄国的这个方案自然也获得了与它利益相近的国家——德国和法国的支持，于是英国人开始使出古老的那一招——反间计。他们离间德国：只要你们在这个问题上不支持俄国，我们就不反对你们适当地增加赔款，并且我们还能够保证你们到手的钱财会比正常赔款还要多。

交易达成了。有了英国老大的支持，在后来4.5亿两白银的分配中，德国分到的比例仅次于俄国。

然后，英国要求清国以债券的方式支付赔款。

所谓债券支付，简单来说就是大清把对各国的赔款数额换成等额债券，并备有0.5%的首先偿付基金，剩下的以大清的盐税、常关税、海关关税等作为偿还债券的稳定财源，规定分39年还清（不许提前还清）。然后在此基础上计算出每年、每月的还款额，为了方便起见，朝廷不需要向各国分别付款，由八国成立一个委员会，朝廷统一把款项付给这个委员会，再由委员会向各国分配。

不愧为老牌金融帝国想出来的办法，贷款买过房子的人一定会觉得似曾相识，没错，0.5%的"首付"，剩下的是"年供"，那么一定是有利息的——规定年息为4厘。大清在这39年要支付的利息总计为5.3亿两白银，比赔款额4.5亿两还多，本息合计摇身一变为9.8亿两，相当于大清至少12年的财政总收入，可以组建160个北洋舰队。

德国人果然获得了"比正常赔款还要多"的数额，他们乐开了花。

而俄国人是见钱眼开的，见英国为了保住对大清海关的控制权，不惜变相地提高了赔款数额，他们占的分配比例最大，到手的钱又多了，于是也不再坚持他们的方案，乐呵呵地同意了。在八国关于赔款数额、还款方式的内部谈判中，俄国人处处"占便宜"才肯罢休，不过他们也已经完全暴露了贪婪的面目，就连曾经的"盟友"法国和德国也极为不满，俄国人将尝到孤立无援的滋味。

而美国人是八国里面最高兴不起来的，因为他们坚持认为这种赔款不仅无益于美国利益，反而会是极大的损失。他们早已经暗地里嘲笑俄国这些"土老帽"了，因为他们的发财方式早已不同了。

## "门户开放"政策和"庚子退款"之谜

1861年，在大清刚刚结束第二次鸦片战争时，美国开始内战，从1861年打到1865年，最后完成南北方的统一，史称南北战争。

战争刚一结束，美国就开始进行一项对后来影响深远的政策——西部大开发。经济飞跃发展、国力突飞猛进，到1900年短短35年间，美国的工业生产总值已经占了全世界的31%，竟然是老牌工业强国英国（占全世界18%）的差不多两倍。

也就是说，从经济实力来说，美国其实已经取代英国，成为世界老大。但世界老大只有经济实力是不行的，美国需要加强的，是在西方强国中的政治影响；而美国的政治，也是由经济决定的（市场经济程度很高的国家）。

和所有的西方强国一样，美国一开始也在积极掠夺海外殖民地。1898年，太平洋上的岛国——夏威夷王国并入美国，从此成为美国向东方扩张的海军基地；然后是关岛；接下来，通过与西班牙打仗，美国成功地从老牌海上强国西班牙手中抢到了菲律宾。

而这个时候，世界上已经有85%的陆地变成了几个西方强国的殖民地，非洲和南美差不多全部沦陷。在亚洲，除日本以外的其他国家基本都已或多或少地受到列强控制，世界上最后一块宝地就是曾经的世界老大——中华帝国。为了争夺这块宝地，地球上所有的强国都不远万里而来，准备大抢一场。

很显然，作为新兴的世界老大，美国需要一种新的思维、新的模式去重建世界秩序。其实美国在崛起的过程中，已经找到了一条与争夺殖民地完全不同的发财方法。

这就是国际贸易。

所谓国际贸易，就是国与国相互不断地做生意，源源不断地进行物品交换。这个发财模式其实自古就有，只不过美国人变得比过去的贸易者更加聪明了。他们除了关心自己在贸易中发了多少财，更会注意对贸易伙伴进行市场开发，竭尽全力地引领和挖掘伙伴国家人们的消费需求。你本来只想买匹马的，人家已经造出了马车；你本来已经买了马车，人家又造出了四轮马车；接下来就是四轮豪华马车。总之，商品版本是不断"升级"的，每升级一次，你就要买一次，最后变得"物欲横流"。这样美国人就能把贸易永远地做下去，原本一元钱的贸易就能够做成十元钱、一百元钱，让他们不断发财。

这种"市场开发"与中华民族一直以来"重修身而不重物"的传统是大相径庭的。不过，在五光十色又确实能为生活创造方便的"物"的面前，清国人也很快缴械投降了。仅仅从1895年至1899年五年时间，美国对大清的出口额增长了将近两倍！大清已经成为美国重要的贸易顺差伙伴，美国的工业产品在国内消费不完，就运到清国来卖掉。

这种大尝甜头的发财方式让美国人终于意识到：过去那种占领清国土地的想法实在是太愚蠢了。清国幅员太广、人口太多，还不如维护大清朝廷的政权稳定，让朝廷管着那些人和地，然后同他们做生意。说起来美国自己的领土还有待开发，占着远在大洋彼岸的黄土地实在是太不划算啊。

于是，在这样新的"发财思路"指导下，美国国会以微弱的票数通过吞并菲律宾的法案后，就拒绝通过任何参与欧洲强国"瓜分清国"、占据清国土地的提议了（美军最初想占据的地方是厦门港）。他们只有一个希望：与大清国之间的国际贸易能够平平安安地做下去。

要实现这一点，只有美国不去占据大清的领土是不行的，其他国家也不能侵占大清的领土，如此才能保证清国市场真正的巨大、完整和开放。于是，美国人开始想办法说服其他国家从占领土地走向贸易自由，放弃之前的"占地发小财"模式，接受"贸易发大财"模式。

这个办法就是当时美国人眼中比得到菲律宾更伟大的成就——门户开放政策。

## 1899年9月6日，美国正式向各强国提出外交照会

所谓"门户开放政策"，并不是美国对大清的外交政策，而是美国希望其他强国能够接受的如何对待大清的政策。美国首先承认了这之前各国已经在大清占据的土地范围（聪明），要求大家也互相承认，然后在承认的基础上，共同创造一个"公平、自由、开放"的贸易环境：各国都开放已经占领的大清的地盘，允许所有的国家（包括清国）在这里自由公平地做生意，收取同样的关税、港口税和铁路运费。总之就是"大家联合起来为大家"，所有人都有同等的发财环境和机会，"机会均等，利益均沾"。而要保障将来大家的生意都能真正越做越大，各国就必须停止再去占领大清的领土，停止"瓜分清国"，同时关税的自主权也要交还给清国。

不愧是"从土地经济向商品经济转型"的天才之举，"门户开放"绕开了各强国在清国直接的土地之争，避免了将来有可能出现的火并。各国付出的义务基本上是相等的，得到的权利也基本上是相等的，又在每个国家之间都形成了一个相互制衡、相互钳制、自我约束的机制，且恰恰对每个国家（包括清国）都有好处。搞了几十年"以夷制夷"的外交策略也没有成功的李鸿章做梦也没有想到，美国人一上来就为大清带来了另外一个版本的"以夷制夷"——这是真正的市场经济意识，也是

真正的"美式思维"。此时的美国人眼里并没有强者、弱者,也没有分出"我们"和"你们",他们的眼里只有"发财"。

但是,各国要接受这个"新事物"是需要一定时间的,毕竟大家看到的都是土地这样实实在在的利益。1900年7月3日,就在八国联军总攻天津之前,美国再度向其他七国提出关于"门户开放"政策的第二次外交照会,试图阻止八国联军进攻天津,把八国集团拉回与大清做生意的"正确道路"上来。

但其他国家脑筋不转弯,美国人也没办法,如果他们退出八国联军,不仅清国的土地还是要被占,而且美国什么也得不到。于是,讲究实际利益的美国人也只好强调"We are a team"(我们是一个团队),跟着其他国家的军队一起打进北京,接下来就是跟着其他七国一起在与李鸿章"和谈"中确认赔款的数额和支付方式。

美国人的"门户开放"政策暂时失败了,"培育清国市场"的计划也因此受阻;不过,美国人对于更大的发财机会是不会甘心放弃的,即使在后来的《辛丑条约》签订之后,美国人都没有放弃这种机会。

1901年,大清开始按照条约还款,由于条约中并没有规定赔款是用"银"支付还是用"金"支付。朝廷就想当然地以为赔款就是"4.5亿两白银",一直也是用白银支付的。而此时,银价不断下跌,金价不断上涨,世界上很多国家的货币政策已经改为金本位制,八国就瞄准了这一时机,在1903年至1905年提出来将白银换算成英镑来支付(英镑是金本位的)。这样朝廷的实际支出又增加了,并且还要赔付1905年之前各国造成的"镑亏"——800万两白银。

朝廷没有办法,只好命令各驻外使节向列强政府交涉,要求不要改为"金"支付。其中一个人,就是大清驻美国以及墨西哥公使——广东人梁诚。

梁诚拜访美国高官,游说他们不要将大清的财政逼入绝境。美国的意思是他们改不改都无所谓,但美国必须与其他各国保持一致,其他各国坚持要改,美国也没有办法。

梁诚的游说失败了，而美国在拒绝梁诚的同时，放出了一个明确的信息：经过美国政府后来的"精确计算"，当年索要的赔款实在太多了，超出了美军的实际军费开支和各项战争损失。

这笔账具体是这样的：美国分得了4.5亿两白银的7.32%，也就是3294万两白银，约合2400多万美元（1两白银相当于0.7美元左右），而美方计算出他们"实际应该得到的赔款"约为1165万美元，也就是当初"多要"了约1278万美元，即使扣除已发行债券的利息以及其他各项费用，还多出1000万美元左右。这1000万美元美国也不是不可以"退"回去。

美国人恰好在此时放出这个信号，自然也是有现实原因的：1905年，美国国内正在通过排挤华人劳工的法案，引发清国各地爆发大规模的抵制美货运动，于是美国人最初想以此跟大清拉拉关系，以便更好地做生意。但对于美国来说，只有这笔钱退还给清国产生的长远效果比暂时得到它更对美国有利，才有退回去的意义。

伊利诺伊大学校长给当时的美国总统西奥多·罗斯福写了一封信，他的建议是这笔"退款"必须规定清国只能用于兴办教育，让清国从国内选派留学生到美国，让他们接受美国式的教育，树立美国式的信仰和价值观，将来他们回到清国之后，就有可能按照美国人希望的那样去改造清国社会，成为亲近美国的意见领袖，培育大洋彼岸的"美国梦"（"如果美国在35年前能成功吸引来自清国的留学潮流并使其壮大，那么我们此时就能以最圆满和最巧妙的方式控制清国的发展：以知识和信仰支配清国公众领袖的方式"）。

这个主意很快成为美国各界的共识。

不过，朝廷那边的想法有些不同，他们听说还有这么一笔"退款"，简直十分意外和兴奋。朝廷的意思是：现在发展经济资金缺口很大，可以将退款先用于这方面，比如兴办路矿等；等经济发展了，有了钱再去发展教育。这自然是"标本兼顾的两全之策"。

消息反馈到美国，美国人表示：如果是这样的话，那这笔钱就不能退了。美国人只是有"退款"的想法,并没有进行实际的工作,如此一来,反对的声音也就更大了。

公使梁诚出马,他干脆撇下朝廷,先按照美国人的要求以及方式积极游说高官让"退款"进入实质性的程序。梁诚知道,只要美国人这边搞定了,朝廷最后是不得不同意美方要求的。3年以后(1908年),退款的章程终于达成一致。

按照美国人制定的这个章程,大清继续按照原有的数额和支付方式向美国支付赔款(不改变《辛丑条约》),然后美国将"多得"的这1000万左右美元退还给一个基金会,由这个基金会来保管退款的本金以及产生的利息,而管理这个基金会的董事中有清国人也必须有美国人。美国全程监督款项的用途:除了要监督款项最终是不是用于教育,还要防止这笔钱被朝廷的某些大臣贪污挪用。如此一来,所谓的"退款"其实就变成了一笔从大清国库里出来的钱,被美国强制性地规定了用途——用于教育。

从1909年1月1日起,美国正式开始退款,而规定朝廷从1909年开始的4年内,每年用这笔钱至少派出留美学生100人,在赴美留学的总人数达到400人后,从第二年起每年至少要派50人赴美,直到"退款"全部用完为止。而这些派出去的人中,必须有80%的人学习农业、矿业、机械工程、医学等理工科,20%的人学习政治、法律等社会科学。

美国人还规定:到达美国之前必须具备中文写作能力以及对本国有较为丰富的历史知识,英文水平能够直接进入美国大学听讲。

大清的孩子是没有学过英文的,这就需要朝廷先建立一所"留美预备学校",教授英文等知识。

北京的西北郊外是皇家园林的聚集地,有圆明园、颐和园,还有一个有山有水、风景优美的熙春园。由于乾隆曾在熙春园御笔题词:"水木清华",咸丰年间改名为清华园,朝廷就将清华园作为"留美预备学校",用退款修建新的校舍。这里曾经走出了胡适等著名的留美生,并在两年后(1911年)正式命名为"清华留美预备学校";1928年,改名为清华大学。

这只是"退款",对美国该付的赔款还是要照常赔的,退款是退款,赔款是赔款,该要的一分也不能少。1911年以后,大清没有支付完的赔款就只有留给后面的北洋政府和国民政府了,对美国的赔款一直延续到1943年才因新的条约而取消。就这样,大清自己只还了十年,后面两位倒霉的大哥替它整整还了30年。

而由于美国带头"退款",其他国家的脑筋也纷纷转过弯来了,纷纷开始了类似的"退款"(退给之后的北洋政府和国民政府)。其中包括俄国1917年十月革命之后成立的苏联,他们对当时的北洋政府承诺放弃一切未还完的赔款,唯一的条件就是北洋政府承认苏联,这笔买卖也达成了。所有国家中只有日本没有退,他们把款"退"到了在华为侵华战争服务的日本机构,实际上是一分没退。

最后,统计一下各国的"退款"和中止的赔偿。截至1938年,实际付给各国的赔款总额在5.76亿两白银左右,约占本息总数的58%,另外,虽然各国都成立了"退款"基金会严密监控,但退款总额中真正用于文化和教育事业的还是只占12%左右,有56%左右被用各种方法挪用为政府开支,其余下落不明。

好吧,这些都是后话,让我们再回到"和约"的谈判中。1901年9月,在李鸿章与各国谈定了"惩凶"、赔款两大主要内容之后,《辛丑条约》(也称《北京协定》)正式签订,其他的条款还有:

西方国家对大清武器禁运两年。

从大沽口至北京沿线的炮台全部削平,环天津20里以内,不得驻扎清国本国军队,山海关至北京沿线的战略要地一律由外国人驻军。

东交民巷正式划为使馆区,由各国派兵驻守,清国子民概不准居住和过境。

在各地,凡是发生过针对洋人骚乱的地方,朝廷一律停止考选文武官员5年。

朝廷将总理衙门改为"外务部",作为与各国外交联络的专门机构,外务部在朝廷的地位列于各部之首,必须由满族亲贵担任外交大臣。大清皇帝以后接见各国公使时必须在正殿,而各国公使也必须由正门出入,不得像以前那样只能走侧门。

现在,是时候来揭开八国联军侵华这场战争背后的真相了。

# 第二十一章
# 义和团运动与八国联军侵华的终极启示

## 利益的战争：各怀鬼胎的八国

1900年三四月间，义和团在直隶"遍地红"并且有向北京蔓延的迹象后，西方各国开始密切关注清国的政局。有美国议员写信给当时的国务卿海约翰："发生在清国的义和团运动可能影响波斯和中亚，并引发阿拉伯民族的总暴动！"警告政府要提前采取对策，而世界老大英国最担忧的是大清的北方邻国俄国会趁机派兵南下，与英国争夺在清国的利益。

1900年5月13日，英国女王向政府询问清国的局势和窦纳乐的安全，首相索尔兹伯里回答："就我看来，目前的危机在于俄国而非清国。"（王尔敏：《弱国的外交》）

5月27日，团民到达丰台。北京的政局进一步紧张，作为老大的英国自然要维护一下在强国集团中的地位，并且要在俄国之前抢先行动。索尔兹伯里发电报给窦纳乐："在你认为必要时，可以将大沽口外海军调来以保护在北京的欧洲人的生命安全。"有了这个授权，作为驻外公使的窦纳乐就能够调动在大沽口外军舰上的英军了。

随后，法国、德国等闻风而动，他们国内的政府纷纷把调兵权授权给北京的公使。各国都已经做好了军事入侵的准备，只等谁来带头。

与此同时，负责在亚洲紧盯俄国的日本报告了一个消息：俄国从澳大利亚进口的咸牛肉和其他快速食品突然猛增。日本外相青木周藏告诉英国人："看来俄国正在准备一场（对清国的）远征！"索尔兹伯里立即紧张起来：如果俄军在八国联军中占领导和主力地位，这将对英国在清国的利益造成极大的损害。6月7日，索尔兹伯里再次给窦纳乐发电："现在各种各样的危险都可能存在，但最危险的是俄国人得以占领整个或部分北京城，他们一旦成功，就很难迫使他们撤出。时局艰难，政府向你授予全权，在你认为必要的时刻采取任何行动！"

日本人的情报并没有错，此时俄国确实正准备向东北和大沽口派遣远征军，而已经获得情报的大英帝国赶在了俄国人之前。领导八国集团向北京先派兵就此注定了，英国人需要的只是一个借口。6月9日，英国使馆的赛马场被焚烧，窦纳乐当晚发电报给大沽口外的西摩尔，西摩尔立即组建第二批八国联军开赴北京。此时俄军的主力还在开向大沽口的路途中，俄国人自然不愿意马上行动，但在八国中他们也只有一票，西摩尔军就这样开向了北京。

6月12日起，俄军主力开始陆续抵达大沽口外。西摩尔军已经出发了，而俄国必须另外再派遣一支以俄国人为总指挥的八国联军前往北京，这样俄国才可以与企图独揽八国联军指挥权的英国抗衡。于是，在勃兰特的积极策划、鼓动和领导之下，第三批八国联军开始总攻大沽口炮台，战争就此全面打响！

现在我们清楚了：对于八国来说，这是一场彻头彻尾的利益战争。既是大家都在期盼的对大清的共同侵略，其中更有八国内部对利益的明争暗夺。

但是，这并不是说大清朝自己就是绝对无辜的。从本质上来说，庚子之战不过是甲午之战的翻版：一个恶政而无能的朝廷，给了侵略的强盗乘虚而入的可能。正是大清自己激发了西方列强侵略的野心！大清坐拥如此壮丽的山川、从高原到海洋的辽阔疆土、聚宝盆式的地理位置、连上帝都眼红的资源以及有着刻苦耐劳传统的人民；然而这个朝廷却远远落后于时代：政治黑暗、军事无能、全民腐败，这就像是手捧宝贝在闹市上走的三岁小童，危险而不自知！

这是一个很浅显的道理：当你拥有资源而无法争取到国家的富强、

人民的幸福时，在某个时候，别人总会来抢夺你的这些资源！

落后就要挨打。这个道理从来没有变过，过去几千年都没有变过，将来一万年也不会变。

但是，谴责和愤怒是不能使我们真正强大的，能够使我们真正强大的是反思。

而在我看来，这种反思应该从几百年前就开始。

## 专制王朝带来的传统文化的顽固

好吧，下面我将梳理一下中华民族文明演变的进程。我重点要说的是跟义和团运动发生大背景有关的对外交流，就让我们从王懿荣发现的甲骨文的那个朝代——商说起吧。建立商朝的人是"殷人"，而殷人是"九夷"中的一支，在当时，"夷人"指的是生活在东部沿海的人，到了大清朝，指的就是从海外来的人了。所谓"师夷长技以制夷"，洋人一开始是被称作"夷人"的。

殷商部落是一个面向海洋，十分愿意走向海洋并且航海技术十分先进的部落。史料记载，他们当时的远航能力，竟然能够达到一年以上，完全可以到达今天的北美、南美、非洲等地方。后来有历史学家提出了"殷人东渡美洲"的概念，认为印第安人（包括神秘的玛雅人）的先祖，很可能就是在商朝时期东渡到美洲的殷人。

到了秦帝国时期，秦始皇虽然在国内搞过思想封锁，但他从来没有锁过国门，更不会限制海上来往；虽然动机有点儿不纯（想寻找长生不老之法），但他对大洋总是充满着无尽的好奇与向往，除了派徐福出海，他还不辞劳苦地几次从咸阳来到大海边。他远眺大海的地方，后世留下了"秦皇岛"这个名字，估计若不是他那份工作不好请假，他早就驾起一叶扁舟冲出去了。

根据《后汉书》的记载，166年（延熹九年），西方的罗马帝国派使节来到了大汉。这是史料中有明确记载的东西方海上交流的开始，从此以后，地球两端的交流逐渐频繁。继陆地上的"丝绸之路"之后，"海上丝绸之路"也在大汉出现。在工业文明席卷全球之前，中华民族也曾有一次将先进的农业文明全球化的过程，丝绸、瓷器、茶叶，包括指南针、火药、造纸术、印刷术都是通过这两条"丝绸之路"传去西方的。

到了唐朝，包容、开放的宏伟气象让东西方之间的交流达到了第一个高潮，两条"丝绸之路"更是热闹非凡。这是一种双向的交流和传播，因为大唐并不拒绝任何的外来事物，而在这些"外来事物"中，有一种被大唐的人们称为"景教"的、经中亚的波斯传进来的西方宗教——基督教的一支聂斯托里派。这是它第一次来到中国大地。

大唐之后的两宋，在东西方的交流方面又达到了另外一个高潮。特别是南宋，它虽然连北方的国土都不保，偏安一隅，但国家却是极其开放的，在东西方经济交流方面甚至远远超过大唐！由于开放，南宋成为当时世界上最自由也最发达的经济体，商税收入首次超过了农税收入，而很大一部分财政收入就来自沟通东西方的三大港口——广州、泉州和明州（今宁波）。经济自由也带来了言论自由，大宋帝国是中世纪最为尊重人权与讲究言论自由的国家：皇帝不能迫害读书人，文官经常在金銮殿上公开对皇帝说"不"。其实包大人能出现在大宋也是有这方面原因的。

而真正使东西方交流和国家的开放达到顶峰的，是一个我们意想不到的朝代——元。

作为不种地的游牧民族，蒙古人只能靠物品交换生存，这是一个天然重视商业和交换的民族，不仅在陆上，也在海上。在元以前，南方的漕米一直是通过京杭大运河运往北方的，而元朝把河运改成了海运，因为他们的水师在从海上南下征伐南宋的过程中，早就熟练掌握了从江南到北方的运输航线。后来，元朝派往中亚的商队被刺杀了，于是蒙古人发起了西征，一直打到中亚。当时中亚的很多国家试图"闭关锁国"，但蒙古人的铁骑踏开了他们的国门：你们必须和我们进行物品交换，必须"通商"！

在短短的时间里，大元建立了一个前所未有的庞大帝国，不仅疆域辽阔，贸易更是发达。大元帝国就像一个处于地球中心的磁铁，将全世界的财富和贸易源源不断地吸引到这里，波斯人、阿拉伯人、斯拉夫人等都在大元帝国的版图里和平共处。泉州已经成为世界上最大和最繁忙的港口之一，而在另一大港口城市广州，仅仅是来这里做生意的阿拉伯人就已经超过了12万！

1275年（至元十二年），一个叫马可·波罗的意大利人慕名来到了元帝国的首都，他原本只是想来这里走走看看的，没想到一来到大元就深深喜欢上了这个国家，在这里整整生活了17年，给后世留下了著名的《马可·波罗行纪》。他描写的东方的元帝国为"天下最繁华之所"，以至于后来欧洲王室举办化装舞会，参加者不约而同地装扮成中国人，以显示自己别样的高贵，而只有身份高贵的王公贵族才有资格穿上一件来自中国的丝绸，其他人只有站在一旁观看的资格。

然而，在元的对外交流和国家开放都达到顶峰之后，一切急转直下，开始盛极而衰了。因为接下来，中国进入一个"万古如长夜"的朝代，一个有史以来最为黑暗的朝代，它比以往任何一个朝代都要专制，比以往任何一个朝代都要封闭，也比以往任何一个朝代都要僵化——最后一个汉人王朝：明。

作为史上唯一一位由赤贫起家的皇帝，朱元璋对专制有着无比的痛恨，但在痛恨的同时，这种专制也深深地融进了他的血液里。他领导起义军推翻了大元，却又建立了另外一个更为专制而封闭的王朝，这个王朝远远落伍于世界文明发展潮流。由于元朝的残余势力一部分逃往漠北，另一部分逃往海上，为了巩固专制王朝的政权，朱元璋一改千年以来重视开放与交流的传统，开始真正的"闭关锁国"。他干了两件事：一是修北面的长城，直到把修长城作为"祖训"，让他的子子孙孙都修下去，将这条抵御外敌但也隔绝外商的城墙一直修了将近200年。

另外一个，就是禁海。1371年（洪武四年），朱元璋正式发布禁海令，这个禁海令后来被总结为"寸板不许下海"（"禁滨海民不得私出海，片帆寸板不许下海")。延续了千年的"海上丝绸之路"自此断绝,虽然继任的朱棣曾经派郑和率领巨船下西洋,但朱棣的目的可不是继续发展海上贸易:要么是寻找他的政敌建文帝,要么就是为他篡夺而来的政权搞搞"形象工程"——威服四海,胸怀远人。如果是为了通商、开辟航线、发展贸易,是不需要这么大的船的,而"郑和之后,再无郑和"(梁启超语)。明朝的历代皇帝都彻底停止了远航,朝廷甚至连对造船都规定了尺寸:谁要是造出超过尺寸的大船,谁就是犯罪!

东西方的陆上贸易横亘着一条延绵万里的明长城,海上贸易则彻底停止,大明对外面的世界浑然不知。世界文明正在酝酿着农业向手工业、工商业,最终向工业的演变,管理国家的手段也正在从土地管制向贸易管制、金融管制,最终向市场管制推进。本来通过汉、唐、宋、元的不断发展和积累,中国是处于这个潮流尖端的,而明朝的封闭自守生生斩断了中国再次领先世界文明的可能性,让这一切成了永远的泡影,加上"横空出世"的八股文,大明朝自始至终通过土地管制和思想禁锢来管理国家。中华民族从此与外界彻底隔绝,再也没有什么像样的创造发明出现,丢掉了过去那一千多年形成的进取、包容、开放、血性的"海洋性格",退化为以明为起点的封闭、内敛、内斗、懦弱的"小农性格",而对外面的世界浑然不知的每一个中国人都生活在"天朝上国"的美梦里。

然而,被大明抛在一边的西方人自然还是想继续"发财"的,还是会想尽一切办法重新打进这个巨大的市场,"贸易全球化"的潮流不可抵挡。此时,基督教已经成为西方世界最强势的宗教,可大明在禁海时顺便也把基督教的传播之路给切断了。于是"传教先行",通过"传教"来撬动这个越来越封闭的东方大国不仅是基督教自身传播的需要,更是后来西方列强政府的"共识"。

1506年(正德元年),一个叫方济各·沙勿略的人在西班牙出生。为了在全世界更好地推广基督教,沙勿略参与创建了一个后来很重要的组织——耶稣会。1540年(嘉靖十九年),35岁的沙勿略奉命前往人口众多的东方传教。

在向东方远航的途中，沙勿略认识了一个日本人，此时的日本状况也是比较差的：由于大明禁海，一直以中华为师的日本也跟着禁海，一直禁到了后来的明治维新。而这个大胆的日本人带着沙勿略一起潜回日本，沙勿略由此成为第一个踏上日本国土的基督教传教士。但是，他在发展日本教民时遇到了一个重大的问题。

"你们的教义这么好，但为什么我们的老师——中国人不知道？"日本人总是看着那十字架向沙勿略发问。

于是，沙勿略认识到：日本等国都深受中国的影响，"东方基督化"的首要问题，是"中国基督化"。沙勿略最终下定了到大明传教的决心。

这个决心是很不容易下的，因为颁布禁海令的大明禁止除官方正式派遣的使节之外的一切海外人士进入。沙勿略并不死心地乘船抵达了距广州很近的上川岛（今属广东省台山市），这里是当时的葡萄牙商人走私的据点，人迹罕至、野兽出没。沙勿略在岛上制订了秘密潜入大明的计划。然而，他的计划还没有来得及实行，当年就在岛上染上重病去世，享年46岁。他后来被罗马教廷封圣，称为"圣方济各"。

在沙勿略去世的这一年，有个叫玛提欧·利奇的意大利人出生了，他后来也成为耶稣会的一员，同样接受了到东方传教的使命。有了沙勿略的经验，玛提欧·利奇深知前往大明传教不容易。1580年（万历八年），玛提欧·利奇先启程前往葡萄牙人的另外一个走私据点——澳门，学习汉语，为潜入大明做更好的准备。他给自己起了一个中文名字——利玛窦。

经过3年的努力学习，1583年，利玛窦终于从澳门进入广东，他对大明官员自称来自"天竺"（即今天的南亚大陆）。利玛窦发现中国社会的官方正统思想是儒家，于是，他脱下了教袍，穿上了明士大夫的装束，说着一口带口音的汉语（"华语儒服"），抓住了儒家最敬"上天"的特点，先是用"天主"来翻译基督教中的"God"（唯一神）——以至于利玛窦传播的基督教在后来也被称作"天主教"。

很显然，这种有意迎合儒家思想的方式是很有利于传教的。而随着传教的进行，利玛窦逐渐发现利用科学和文艺才是迅速开启传教之门的好方法，因为被钳制在八股文中的士大夫既缺失精神上的信仰，又需要物质上的征服。利玛窦开始学习和阅读更多的中华文艺经典，他从《诗经》和《尚书》中发现了"上帝"这个名词，于是现学现用又拿来重新翻译。从此，英语中的"God"等于中文中的"上帝"。

而"科学"是现成的。大明朝的读书人早就钻进了八股文的死胡同，重农抑商的现实早将很多具有创造力的天才扼杀在幼年，利玛窦从西方带过来的很多随身物件就成了"天朝上国"的人们从来没有见过的"科学产品"，比如三棱镜、星盘和自鸣钟等。由于这些东西实在让人大开眼界，许多人还传言利玛窦会炼金术，可以点石成金。

在成为"著名人物"之后，利玛窦成功地发展了朝中大臣——徐光启为教徒。在徐光启成为"科学家"的过程中，利玛窦的影响是不容忽视的。他们合作翻译了欧洲的《几何原本》，从此，"点、线、面、三角形、四边形、多边形、几何、星期"等新名词被创造出来并逐渐走向大众。利玛窦还根据他的航海经验，参与绘制了当时的世界地图——《坤舆万国全图》。这张图上，依然把中国置于世界的"中心"，但已经标注了其他的大洲和大洋，这应该是中国人第一次了解世界地理。而这幅地图传到日本之后，日本人终于发现在他们的"中华老师"之外，世界是如此之广啊。

名气越来越大的利玛窦终于惊动了北京的万历皇帝。1601年（万历二十九年），在利玛窦于中国的南方辗转了整整18年之后，万历皇帝特意下诏：许利玛窦等人长居北京。利玛窦由此成为朱元璋禁海之后，首位进入北京的基督教传教士，正式成为一名"北漂"。当然，他的主要工作仍然是把基督教打扮成与儒学并不冲突的"科学"进行传教。1610年，利玛窦病逝于北京，本来按照朝廷规矩，是应该移葬澳门的，但万历皇帝比较喜欢这个知识丰富的人，特意为利玛窦"赐葬"于北京。如今，利玛窦墓仍然保存在北京。

去世之前，利玛窦写了一部《中国传教史》，告诫后来的传教士：在中华帝国传教要遵守两个原则：尽量不要与官方正统的儒家思想相冲突；通过科学和文艺的方式传教。利玛窦自己总结为"驱佛补儒""合儒超儒"，即只有先让基督教成为儒家思想的重要补充和助手，替代佛教的地位，然后才有可能"超儒"——实现"中华大地的基督化"。万历之后，来大明的传教士基本上都遵守了这个原则，因此他们的成就也是不小的，传教一度传进了皇室：南明永历帝的皇后就曾写信给罗马教皇，请求援助。

明朝灭亡了，大清并没有吸取朱元璋禁海的教训，因为他们暂时还没有发现封闭自守带来的巨大危害，禁海政策被自然而然地传承下来，而大清还要对付流亡到台湾的郑成功，于是又将禁海向前推了一步——迁海。朝廷曾经三次颁布迁海令，把沿海的居民全部迁往内地，沿着海岸线建立纵深30里的无人区，严防死守"郑氏逆贼"和"夷人"上岸。在入关前，满人正是大明口中的"夷人"，明军从荷兰人手中学习过来的"红夷大炮"，被清军缴获后，因"夷"字犯了他们的忌讳，改为"红衣大炮"。刚刚建国，别的没学到，封闭和僵化竟然比大明有过之而无不及！

而仍然遵守着"利玛窦原则"的传教士倒是和大清朝廷保持着良好的关系。在1623年（天启三年），德国籍的传教士汤若望来到北京，帮助大明修订历法，并为前线明军制造火炮。但清军入关时，汤若望又将他参与编纂的大明历法加以改造献给了多尔衮，多尔衮的人经过研究和验证后认为：这部历法"很科学"！于是他命令将这部历法在大清推广执行，汤若望也被任命为大清"天文气象台台长"（钦天监监正）。虽然我国自夏商时期就有自己的"农历"，但它与太阳年（即真正的"一年"的时间）还是有细微的差距；而汤若望修订的这部历法，是与太阳年完全相吻合的农历纪年法。汤若望还用自己的西医医术治好了孝庄太后侄女的病，孝庄对他很感激，认他为"义父"。1661年，顺治因天花病危，在确立皇位接班人时，孝庄特意派人征求"义父"汤若望的意见。孝庄喜爱聪明过人的皇三子，汤若望则认为未来的大清领导人必须是一个已经出过天花的皇子，而皇三子恰好已经出过天花，于是他的接班人之位就被确定了——这就是康熙皇帝。后来，意图篡政的鳌拜还对汤若望进行过政治迫害，汤若望被捕下狱并判第二年凌迟处死！孝庄亲自出面救下汤若望。

1666年（康熙五年），汤若望病死于寓所，被安葬在利玛窦墓的旁边。1669年（康熙八年），康熙在扳倒鳌拜后，当即给汤若望平反，并任命汤若望的继承者、比利时人南怀仁继续担任钦天监监正。后来南怀仁去世，他又被安葬在汤若望墓的旁边。

总之，这一时期的传教士和大清的关系是极为融洽的，因为他们已经打入了高层。然而，就在融洽的关系继续维持时，教廷内部却对"利玛窦原则"有了看法。他们认为，按照这种方式传教严重影响了基督教的纯粹性，特别是中国人好"讲礼"，把祭祀祖先和尊孔子为圣人当作传统，这就严重动摇了基督教最根本的教义——"上帝是唯一的神"，这种"原则性问题"是不能够妥协的。于是1645年（顺治二年），罗马教廷在内部批准：禁止大清的基督徒祭祖和祀孔，反对"利玛窦原则"派占了上风。以这个禁令为起点，教会内部关于如何向中国传教的"礼仪之争"正式开始！

用我们现在的话来说，教廷的这个做法实在是"太官僚"了。利玛窦以他的亲身经历为后世的基督教传教士定下规矩，自然有他的道理。这其实并不是一味妥协，而是为了解决在中华大地传教的首要问题——本土化。

为什么基督教一到中华大地就要碰到"本土化"问题？这是因为中华文化的核心——儒家思想对中华民族有着根深蒂固的影响，而老百姓头脑中的儒家思想又是一种与现实联系得比较紧密的"世俗化"的思想，用另一句话来说就是带有一点儿"功利性"。或许正是因为跟百姓们的现实生活联系紧密，中华文化如此根深蒂固又特色鲜明，以至于外来者提到"中国人"时，他们想到的不是一个种族的概念，而是一个文化的概念。中华文化对外来思想文化甚至是宗教的改造和同化能力都是非常强的。大约在宋时,一部分犹太人来到中国,由于他们的饮食禁忌和回族相近,宋朝人误以为是回族的一支,称他们为"蓝帽回回"。而后来,这支在中国的犹太人真的被同化,最终变成回族的一支。

当然,这种"本土化"的过程又是比较复杂的,我们还是拿佛教来举个例子吧。

佛教从印度传到中华大地时,一开始就面临着严重的困难,因为它的原本教义和儒家思想严重对立。比如佛教宣扬"众生平等",但当时百姓头脑中其实是很讲究尊卑贵贱的:大人就是大人,咱老百姓见了官自动矮三分,这个规矩糊涂不得,一糊涂就有可能在现实中给自己招来祸事。

再有,佛教的原本教义要求修行者离家出走(出家),剃个发,断了结婚生子的念头;而百姓们却把家庭伦理看得比什么都重,所谓"父母在,不远游""不孝有三,无后为大",你要是不结婚生子,那不仅是问题,还是罪过。更加难办的是,佛家弟子是不拜任何凡人的(包括皇帝),他们只拜佛,这与不论任何人见了皇帝就得下跪的传统怎么协调?

最后的结果是传到中国的佛教做出了让步。当然这种让步是相当灵活的,比如成了佛家弟子还要跪拜皇帝,那就拜呗,只要在跪拜之时在心中默念一句"皇帝啊,您是未来佛!所以我拜的还是佛啊"就可以了。

也就是说,为了传播的需要,佛教接受了中国人传统观念中最核心的"忠孝"观念,扫除了进入中国市场的主要障碍。中国人口众多,也就是说,潜在的信徒很多,市场前景广大。为了开拓这一市场,佛教先以"自我改变"消除了对立,而这还只是"本土化"的第一步。

接下来,佛教甚至对与中国传统观念并没有冲突的教义都做了某些调整和改变。比如按照原教义,有权供佛、修筑寺院传播佛教的人必须严守清规戒律,不做邪恶之事,按照一定的程序修行,这样才可能(不保证)会涅槃"成佛"。

但面对中国广阔的传教"市场",传到中国的佛教迅速调整了:无论是信佛还是"成佛",它都不搞特殊、不搞歧视、降低门槛,人人可信佛,人人也可以"成佛"。总之,传到中国的佛教不拒绝一切"弟子",不放过每一个"招收对象",正所谓"佛门广大,普度众生"。

其实对于中华大地众多的普通大众来说,"成佛"离他们还是很遥远的,但佛教又有一个很贴近他们的东西——菩萨保佑。相信大家已经发现了,正是由于几千年来"正统思想"过于顽固,基本上外来的任何思想、理论或者宗教在中华大地的传播都不能带有固有的"原则和傲慢",都必须要放下架子,主动走向大众,搞点儿与大家的传统观念暗中契合(通俗易懂)、令人向往(有利可图)又易于口口相传(方便省事)的东西(符号)。比如佛教是"菩萨保佑";道教是"长生不老";儒教看上去很正经,实际上也是抓住了人们想成名的心理——"人人皆可为尧舜"。没办法,所谓"超级符号就是超级创意"。

应该说,在《中国传教史》里,利玛窦对中国社会是有着深刻的了解的,他那两个原则并不是随随便便就提出来的,他也并不是被"中华文化俘虏"而有"叛教"嫌疑。用我们现在的话来说,他正是把基督教当作了一个需要在大清这个广阔的市场进行传播的"产品"。因此,利玛窦才提出不与官方正统思想相冲突,以对大清百姓有实际好处的"科学"和便于传播的"文艺"作为传教的"符号"。他这么做是为了获得更好的传教效果,希望基督教能够取代佛教成为中华民族最广泛的信仰。只是,那些远在万里之外的教廷人士不能理解他的苦心啊。

而连利玛窦也没有想到的是,教廷禁止清国教民祭祖和祭孔,也大大地惹火了朝廷。几千年以来,历代的王朝表面上只有"思想"而没有"国教",其实无论哪个王朝都有一个没有说出来的"根本大教"——礼教。

对于专制王朝来说,最根本的就是确定并保障统治的等级秩序,而礼教就是把宗教、法律、教化和风俗等都混在一起,作为"朝廷王法"之外的思想武器来确定和保障等级秩序。历朝历代基本都有一个专门的部(礼部)来管"礼仪"。于是,"礼仪"这个词也成了王朝时代给人印象最好的一个词(王朝教化的结果)。事实上历朝历代教化的"礼仪"

与我们理解的"文明礼貌"实在是两码事儿。王朝的礼仪就是"规矩",就是条条框框,你只能站在那个框框里面,"不讲礼"不行,那是逆臣贼子;而讲过分了竟然也不行,王朝专门为这种"讲礼"过多的人创造了一个字——淫。你愿意别人说你"淫"吗?

不仅方式规定了,连火候都有规定,王朝所教化的"礼仪"的确是禁锢头脑、僵化思想的另外一大利器,因为它是面向所有人的,又是一代传一代潜移默化的,所以还远超八股文的"功效"。用鲁迅先生总结的那句话来说就是:吃人的礼教!

而既然是专制王朝维护统治的利器,那么必然为王朝历代统治者所死命维护,这和统治者个人喜好没有关系,而是他们不得不做出的选择。康熙皇帝在宫廷中深受传教士们带来的"科学知识"的影响,喜爱近代的天文、地理、数学等,多少具有一点儿"世界性眼光";由于"科学知识"是基督教带给他的,他甚至还写过希望皈依基督教的诗句("我愿接受神圣子,儿子名分得永生")。南怀仁因此相信康熙会成为历史上第一个信奉基督教的中国皇帝("东方的君士坦丁大帝")。

然而,康熙首先是大清皇帝、是专制王朝的皇帝,他作为大清朝的最高统治者所能够接受的,仅仅是那种不会破坏王朝的统治稳定的"利玛窦式基督教"。当教会内部的"礼仪之争"波及大清,要撼动专制王朝的统治基础"礼教"时,禁止传教就是必然的结果。

接下来的事实证明了这一点。

又过了六十年,到了1704年(康熙四十三年),教会内部的"礼仪之争"终于争出了一个最终答案。罗马教皇颁布教令:严禁清国的基督徒祭祖祭孔,并勒令在大清的各教堂摘去康熙御笔的"敬天"匾额。三年后,康熙对在大清的传教士颁布上谕:对凡是不遵守"利玛窦原则"的人一律驱逐出境,不准在大清传教("自今以后,若不遵利玛窦规矩,断不准在大清住,必逐回去")。"礼仪之争"自此正式由教廷内部的争论转向西方宗教势力与大清朝廷的冲突。

在接下来的几十年里,康熙皇帝和罗马教皇真可以称得上是你来我往、针锋相对。教皇多次重申他的教令，而康熙也屡下严旨，一直到他去世。到1724年（雍正二年），持续了将近一百年的"礼仪之争"终于画上了一个句号——继位的雍正皇帝虽然和他的父皇康熙一样，个人对传教士并没有太多恶感，宫廷里继续留用一批传教士担任御用学者和文艺家（比如著名的宫廷画家郎世宁），但是迫切需要集权的雍正颁布了比康熙更为严厉的"禁教令"：在大清的国土上彻底、全面地禁止传播基督教。教堂改为关帝庙，传教士送往澳门，严禁再潜入内地。接下来的乾隆、嘉庆、道光都把"禁教令"当作了一项基本国策。

持续了将近百年的"礼仪之争"就这样结束了，它以大清皇权的表面胜利而告终。之所以说是表面，是因为这种胜利包含着极大的不幸：由于要禁教，大清王朝把原来的海禁又往前推了一步，顺便把主宰近代文明的西方科技也给禁掉了（那被称为"奇技淫巧"）。本来大清的人民还有从传教士这个窗口来了解西方最新科技成果的机会，但在海禁关上国家的大门之后，连这扇小窗也被紧紧地关闭了。而一旦闭关锁国，禁锢思想又会变本加厉，文字狱、重农抑商、打压知识分子和商人，专制集权达到了顶峰。

1722年（康熙六十一年），在康熙皇帝去世的这一年，大清的人口突破一亿；短短68年之后（1790年，乾隆五十五年），人口突破三亿。在农业文明时代，人口的猛增其实就是农业生产力大发展的时期，也是农耕文明达到顶峰的产物，因为要收获足够的粮食才能养活这些人口。当时前来"朝贡"的使节不无羡慕地说："他们播种时省下来的粮食，就足够养活我们一个小国的人口！"这一时期，史称"康乾盛世"。然而，我们知道，所谓的"康乾盛世"不过是土地红利的结果；基本上谁拥有如此广袤的国土和丰富的资源，只要不出大的乱子，都是可以创造这样的"盛世"的。而在"盛世"的背后，大清正在一步步地落后于世界。大清的人们似乎永远地失去了一个能够真正使近代国家走向富强的东西——创新能力。

而通过近代科技逐步强大起来的西方国家是不会放弃通过贸易"发

财"的，既然传教士无法撬动这个封闭的大国，那么他们就只好由政府出面了。1793年（乾隆五十八年），在雍正颁布彻底的"禁教令"整整70年之后，西方国家派来了试图撬动大清的新一批人——通商使节。

### 以大炮轰入的"文明人"必然遭遇对尊严的野蛮捍卫

这一年，大英帝国正式派往大清的特使乔治·马戛尔尼，带着东印度公司董事长给两广总督的介绍信，率领700人的庞大使团，乘坐浩浩荡荡的船队，第一次踏上大清的领地。

此时的英国已经是西方强国中的强国，正在成为世界老大。1688年（康熙二十七年），英国成为世界上第一个宪政国家；1760年（乾隆二十五年）左右，工业革命正式发生，英国的国家实力从此突飞猛进，无国可敌。

这是大清开国以来，东西方之间的第一次正式接触。

其实此时的大清也不是封闭得像铁桶一般，事实上这是做不到的。茶叶、瓷器、丝绸等大受西方社会的欢迎，输出去可以取得重利；更重要的是，宫廷里和王公大臣等"上流社会"还需要享用很多"西洋玩意儿"。这就要交给一个专门的部门去办理，就是在广州的很多"洋货行"——统称为"广州十三行"。这是全大清唯一的外贸中转地，它们是"半官半私"性质的，作风却是衙门式的官僚，管理十分混乱。英国希望清国可以先开放一个或者几个沿海城市作为真正的通商口岸，有钱大家赚嘛。

西方来的使节在私底下是被大臣们称作"鬼使"的，那么清朝的使节呢，自然就是"神差"了。已经82岁的乾隆就在承德避暑山庄接见了"鬼使"马戛尔尼一行，礼部的官员坚持要马戛尔尼像其他国家来清朝"朝贡"的使节一样对乾隆皇帝行三跪九叩"大礼"，而马戛尔尼坚持只能像他谒见英王时那样行单膝下跪、吻手礼的礼仪。于是，这场接见不欢而散。乾隆交代：大清怀柔四海，就不要治这些不懂礼仪的夷人的罪了，把他们从广州送回国了事。至于马戛尔尼带来的大英帝国的通商请求，在乾隆和朝中所有大臣看来，大清地大物博，所有的"通商"都不过是给那些前来讨要东西的夷人的恩惠。但是，马戛尔尼"不讲礼仪"，乾隆皇帝心情不好，大清现在不想给这种恩惠，所以这桩"小事"就被顺便拒绝了。

谁也没有想到，就在这次接见中，发生了另外一个版本的"礼仪之争"。对于大清来说，这是很正常的，不仅皇帝和大臣们认为正常，大清所有的人也都认为正常。

马戛尔尼的使团失望地离开了承德，他们从北京坐船沿京杭大运河南下。当然，无论他们走到哪里，身边总是少不了大清官员"热情陪同"，看来大清对自己也不是那么自信。马戛尔尼暗中吩咐身边的人：趁南下之机暗中观察和了解清国社会，为将来收集情报。

马戛尔尼首先发现，他在运河沿岸接触到的百姓，几乎"每个人都有着机械的表情"，看上去他们并不"幸福"，这和传言中所谓的"乾隆盛世"相去甚远。而马戛尔尼的侍童、12岁的小孩子乔治·斯当东也敏锐地发现：虽然京杭大运河比欧洲所有的运河都宏伟和历史悠久，但当使团里的人试图和大清官员讨论最新水利技术时，却没有人对此感兴趣。"在这个国家，人们认为一切都是最好的，并认为任何变革的打算都是多余的，甚至是有罪的。"斯当东记录道。

出于小孩子独有的敏锐眼光，斯当东在乘船途中发现了两种房子：一种是土墙草顶的草舍，一种是高大的有油漆装饰的深宅大院，"在其他国家里，富有者和赤贫之间，还有着许多不同等级的中等人家，但这里很少看到中等人家的房子"：大清的贫富差距之大，世所罕见。斯当东还发现了沿途的很多乞丐和外乡流浪汉，究其原因，他们都是有冤无处诉的人，"朝廷关心社会安宁稳定，而很少考虑对个人人身安全的保障，那些穷而无告的人处在当地官吏的淫威之下，没有任何诉苦申冤的机会"。

大概是受了这次旅途的刺激，回到英国长大后的斯当东写了《英使谒见乾隆纪实》，并用了整整十年的时间翻译出英文版的《大清律》，于

1810年出版。这本书的出版在当时的西方世界引起了轰动,因为它是了解大清这个封闭国家的重要窗口。然而,所有人在研读后都失望了。"大清的法律只是十分细致并不断干涉个人的行为,大清尚未达到社会普遍发展的某个阶段",就连严谨的德国大哲学家黑格尔都在参阅了其他资料后得出结论:"那里的人们从根本上就缺乏独立性和个性,因为无论是法律、道德,还是学问都不是在心里内在性地接受,而是被外在的力量所规定,然后被动地接受。"(黑格尔:《历史哲学》)

使团的一位副使约翰·巴罗观察了官员和"上流社会"的生活:"朝廷的每个高级官员根据其经济状况和对女色喜好的程度,有6个、8个或10个妻子,广州的商人妻妾成群。我们今天知道清国有钱人家的私生活,就是变着花样集体戏耍。"

综合这样的实地见闻,马戛尔尼等人对所谓的"乾隆盛世"充满着不解与不屑。马戛尔尼首先认为大清需要的是思想开放、决心大胆地同旧传统决裂的皇帝,这样清国人民才会迅速融入世界潮流,清国的变革事业才会大步前进。而根据与乾隆帝的短暂接触,发现他与过去那些无所作为的君王并没有多少区别:他意气盛旺、自负心极强但实际所见不远。这样的"大清盛世"就像是一个脸上扑着厚厚脂粉的华丽老妇人,远望可人,但灯越亮这张脸就越可怕,并且表层下的东西在迅速腐烂。

而清国的官员和百姓的自私、冷漠、麻木、无力,用一个准确的词语来形容就是"全民腐败"。船队在运河中航行时,旁边一伙看热闹的人压翻了他们的小船,英国船员要求停船救人,而大清的官员和船员根本不理睬地继续航行,这与使团在菲律宾、槟榔屿等地方见到的海外清国人是完全不同的。那些人给人的印象是活泼自然,聪明有创造力,而在自己国土上的人们却是另外一副模样:他们很怕官,在官员不在的场合,他们的表情十分正常,"但一见了官,就马上变成另一个人"。"在这样的国度里,人人都有可能变成奴隶,人人都有可能因官府中最低级官员的一点头而挨板子,还要被迫亲吻打他的板子、鞭子或类似的玩意儿……人的尊严的概念被巧妙地消灭于无形。"(约翰·巴罗)

马戛尔尼预计了将来大英帝国和清国之间的贸易冲突给大清带来的严重后果：分崩离析。"如果清国禁止英国人贸易或给他们造成重大的损失，那么只需几艘三桅战舰就能摧毁其海岸舰队"，到那时"朝鲜将马上会获得独立；把朝廷和台湾维系在一起的联系是如此脆弱，只需外国介入，它立即就会被切断；还有从孟加拉只需稍稍鼓动，在西藏就会引起动乱；而同时，俄国还有机会在黑龙江流域建立统治权并攫取蒙古诸省"。

"大清帝国是一艘破败的头等战舰，"马戛尔尼总结道，"它只是幸运地有了几位谨慎的船长，才使它在近150年期间没有沉没，它那巨大的躯壳使周围的邻国见了害怕。但假如来了个无能之辈掌舵，那船上的纪律与安全就都完了……也许船不会立刻沉没，但它将像一个残骸那样到处漂流，然后在海岸上撞得粉碎，并且永远不能修复。一个民族不进则退，最终它将重新堕落到野蛮和贫困的状态。"

25年后，1816年（嘉庆二十一年），并不死心的大英帝国又一次派出了特使威廉·阿美士德前来要求"通商"。相比于几十年前，大英帝国的通商愿望更加强烈了，因为大清虽然闭关锁国，但交换了上千年的丝绸、茶叶、瓷器在西方世界实在是太受欢迎了，这些东西仍然是在出口的。于是清国对西方国家的贸易是：只卖东西，不买东西，从来都是顺差，成箱成箱的英镑流向大清。英国人需要首先让清国开放国门，然后去找到在清国大受欢迎的东西。

此时大清皇帝已经换成了嘉庆帝。对于这个叫"英国"的国家总是不远万里派人前来要求"通商"，嘉庆帝也是比较疑惑的。他特意召见湖广总督、原广东巡抚孙玉庭，一解心中疑惑。

嘉庆："英国是否富强？"

孙玉庭："彼国西洋诸国中称大，故是强国。至于富嘛，因我国富彼才富，富不如我国。"

嘉庆："何以见得？"

孙玉庭："英国人从我国买进茶叶，然后转手卖给其他小国，这不说明彼富是因我国富吗？如若我禁止茶叶出洋，则英国会穷得没钱活命。"

嘉庆大喜："说得是！"

既然是"有求于我"，"通商"问题又变成了老问题：如果英国人对大清皇帝三跪九叩、乞求通商，大清说不定会格外开恩通一下商的。

但阿美士德又在这个"礼仪"问题上坚持他们的原则，于是嘉庆帝一怒之下下令将阿美士德一行人"即日遣返回国"，阿美士德只好又灰溜溜地回到英国。路过圣赫勒拿岛时，前一年被英军在滑铁卢战役中打败的法国拿破仑·波拿巴大帝被囚禁于此，阿美士德上岛去征询这位传奇人物对大清问题的看法。

对于自己敌人的尴尬，拿破仑自然是要冷嘲热讽一番。他对英国人说：是你们错了嘛，觐见清国皇帝却要遵行英国的习俗，这是没有道理的嘛！"如果你们英国人见国王的习俗不是吻手礼，而是吻他的屁股，是否也要大清皇帝脱裤子呢？哈哈哈。"

然后，拿破仑说："要同这个幅员广大、物产丰富的帝国作战是世上最大的蠢事，开始你们可能会成功，你们会夺取他们的船只，破坏他们的军事和商业设施，但你们也会让他们明白他们自己的力量。他们会思考；他们会建造船只，用火炮把自己装备起来。他们会把炮手从法国、美国甚至（英国）伦敦请来，建造一支舰队，把你们打败！"

在这段话的最后，拿破仑说出了那句后来被各种读物引用过的名言：中华帝国是一头睡着的雄狮，一旦被惊醒，世界将为之震动！

连被囚禁在孤岛上的拿破仑都看出来了：英国人想动武。所以他要特意告诫一下自己的敌人。然而，大英帝国是并不急于动武的。通过情报收集，他们发现了这个国家的特权阶层在"变着花样集体戏耍"，而有一样东西绝对是最对这些人胃口的，一定会受到他们的欢迎，一定会让他们想着办法偷运进境，也一定会让大英帝国的贸易逆差变成顺差，让大清国白花花的银子成箱成箱装船运过英吉利海峡，流到白金汉宫的储藏室里。这就是鸦片。

在东印度公司的主导下，印度大陆开始遍种鸦片，然后卖到清国。果然不出所料，这个令人"欲仙欲死"的东西很快风靡大清的有钱阶层和上流社会。1822年，阿美士德回国仅仅5年后，英国从东印度公司输入清国的鸦片已经超过5000箱！英国人终于开始从大清赚钱了，现在大清通不通商都无所谓了，只要鸦片贸易带来的绝对顺差不被破坏！接下来的事情我们知道了：林则徐虎门销烟，英国人的洋舰、洋枪和洋炮毁掉了大清的海禁，轰开了大清的国门，之后又用《南京条约》迫使大清从此永久性"开放"。鸦片战争以前，除了正式使节，大清唯一能够与西方世界发生联系的是广州十三行，朝廷的官员绝不直接和"夷人"打交道，免得有"里通外国"的嫌疑。现在通过《南京条约》，广州、福州、厦门、宁波、上海五个城市被迫向外开放，朝廷也不得不设置专门打理此事的大臣——五口通商大臣，由两广总督兼任，没有额外的工资，也没另外用专门的"办公室"，而且两广总督还羞于谈起这个兼职，因为这是与"夷人"打交道的。但对于迫切希望通商的西方列强来说，他们好歹找到了专门办事的人。

接下来的1860年，在第二次鸦片战争之后，根据《北京条约》，朝廷不得再称西方人为带有侮辱性质的"夷人"，于是改称"洋人"，朝廷又不得不设置一个专门的机构——总理各国事务衙门。而实际负责的分别是直隶总督和两江总督，他们分别兼任北洋大臣和南洋大臣，分别管理北边的"涉洋事务"和南边的"涉洋事务"。

虽然有了总理衙门，但是外交人才还是没有的。没有透明高效的内政，就不会真正有吐气扬眉的外交。大清号称"懂外交"的也不过是北洋大臣李鸿章等寥寥数人，而他们的"懂"，也只不过是跟洋人打交道比别的大臣多一点儿而已，还是几乎没有人愿意真正去了解外洋、了解外面的世界。总理衙门里的很多官员连当时的开放特区——通商口岸都没去过，大臣们最怕的就是被朝廷委任为驻外公使，他们把这称为"放羊"（放洋）。直到1899年，总理衙门接到报告：意大利军舰"马可·波罗"号出现在三门湾海域，于是总理衙门的官员说，意大利派来了"马可"

舰和"波罗"舰，此时距离马可·波罗游历元帝国已经有600年。

在一次次的战败中，大清的对外政策由过去的不可一世走向了另外一个极端——拱手听令，所谓"对内强悍，对外软蛋"是也。从现实世界来说，大清又一次没有赶上时势。以前没有认识到"外交就是力量"，后来又没有认识到"力量就是外交"。这样的例子不用多举了，甲午战争前的李鸿章一定会感触颇深。

而这样的对外政策也将给大清基层千千万万的百姓带来切身之痛，因为跟着洋人的枪炮进入国门并深入田间乡野的，还有另外一群人——传教士。

他们曾经被逐出境，想尽所有的办法都无法混进来，而这次他们是跟着洋枪洋炮进来的，这就决定了他们的嚣张跋扈。"利玛窦原则"再没有人想起了，那被认为"不合时宜"，教义的"本土化"自然已无可能，而他们在其他方面却迅速"和清国接轨"，接轨最成功的，就是等级制度。

传教士们发现，清国的专制制度就是好啊。教会把全大清按行政区划一样划分为几十个教区，传教士们都把自己当成了清国的特权阶层——官僚，并且还要有相应的级别对应，比如一省的主教就认为自己该是督抚级别的"待遇"，外出时前面有人封路开道，后面有人欢送放炮。据当时美国传教士明恩溥的记载就是"乘与其身份相符的轿子，都有骑马侍从和步行随员前呼后拥，都有一只体现地位尊崇的大伞为前导，而且每次到达和出发时都鸣放一响礼炮"。

后来在洋人的压力下，1896年（清光绪二十二年），总理衙门干脆把传教士的"级别"用文件的方式固定下来。文件规定：总主教或主教与督抚同级，头戴二品顶戴；摄位司铎（神父）、大司铎与司道同级；司铎与府厅州县同级，并且规定同级别的地方官吏必须接待同级别的教会人士，办理其要求之事。如此一来，那些顶戴就不是虚的了，"洋大人"变成了另外一批"土大人"，教会就是清国地方行政系统之外的另一个"衙门"。

而早在这个条款颁布之前，传教士就开始行动了。他们在基层干了两件事——一是要地，二是要人。

要传教，光靠教义是不管用的，首先就得修教堂；要修教堂，首先就得有地。而各种废弃的庙宇、道观、书院等没有明确个人产权的"无主之地"，正是传教士们的第一目标。在他们看来，这些地也是有"主"的，只不过"主"属于朝廷和官府，而他们就是"官"，可以巧取豪夺或者干脆霸占，反正在大清基层可以进行大量的土地侵占。

而接下来就是"要人"。"利玛窦原则"中处处以"受众为第一"的理念烟消云散了，某些地方的传教士竟然有了"传教任务"。为了完成任务，他们开始动用自己的权力。有的强迫整村整村的人入教，不入教怎么办？没关系，教会有的是办法对付，这就是清国地方官的那一套：罚款、抓人。或者向地方官府施压，规定教民可以少缴税甚至不缴税，教民触犯朝廷的法律必须先由教会过问。如此一来，教民队伍中除了那些真正的信教者，还有因生活无着落入教的"吃教者"，更有那些终于找到"组织"了的流氓、地痞、恶棍等"仗教者"，他们依仗教会的势力，欺压乡邻、抢劫财物、骚扰妇女，而当乡民们报官时，教会又会出面来保护他们。

在基层又是强占土地，又是干涉老百姓之间的司法诉讼，传教士终于引发了众怒。在百姓们看来，这些"拿经的侵略者"才是他们头上最重的大山，洋人比地方官府中的那些贪官污吏更加可恨。他们也知道，如今官府怕洋人，朝廷也怕洋人，因而他们更担忧洋人会彻底夺走他们手中仅有的那几亩薄田、几间破屋、几块碎银子，因为他们拥有的本来就不多。

怀着对失去一切的深深的恐惧，他们跟同样受到"欺负"的官府结成了某种精神上的同盟，他们对洋人爆发了极大的仇恨。"扶清灭洋"虽然是他们后来"抗洋斗争"中用来规避朝廷打击的"基层政治智慧"，但实事求是地说，这个口号是十分吸引人的，只有它才具有广泛的群众心理基础。而它最吸引人的地方与其说是"扶清灭洋"，不如说是"灭洋扶清"，先灭洋，后扶清。这大概是大清的基层百姓的切身利益遭受洋人侵占以后，于内心深处一个无可言说的期待与愿望，义和团运动也是这种心结的总爆发。

然而，正是从这个时候起，一场悲剧便已经注定了：落后土地上的人们维护他们自己的正当利益、维护他们坚守的道义原则，来自"文明国家"的人却用枪炮和武力剿杀了这种行为，为他们自己攫取了更多的利益。而作为这块土地上落后之源、陈腐之源的大清朝廷，恰恰承载着那些无助的人的期望与梦想，直到它把这个悲剧推向极致：让无助的人变得疯狂、让入侵者变得更贪婪。然后在这样的殊死对决中，朝廷举起血淋淋的屠刀朝向那些把期望和梦想寄托在它身上的人，将"动乱"的罪名安在他们身上，而作为罪魁祸首的朝廷却以传承千年的专制王朝的顽固生命力自我保全了。朝廷保全了自己，八国联军得到了银子，而团民和教民，这些大清的普通老百姓，却为这场亲身参与其中的动乱和战乱付出了最沉重的代价！

最初，他们是自发的基层维权组织"义和拳"；后来他们被鼓动，成了"合法组织"，残酷地杀害了许多教民和洋人，也曾英勇地抗击过侵略者。但是自始至终，他们不过是朝廷手中的一张牌。

## 列强内部矛盾无法调和，日俄战争即将打响

好吧，关于义和团的"总结报告"到此为止了。然而，这场关乎千年的东西方交流故事并没有结束。随着1840年大清国门被打开，清国东南沿海的居民纷纷开始了一场"出洋"的热潮。他们有的"下南洋"，有的"渡西洋"，来到大洋对岸的美洲。当然，他们并不是出门旅游的，而是为了现实生计——谋生。而这些去往海外谋生的人也有一个统一的名字——华工。

关于华工"出洋"的故事我们将在以后详细讲述，这又是中华民族的一段辛酸史。总的来说，华工为东南亚、澳大利亚、美洲、欧洲乃至非洲的经济建设做出过巨大贡献，甚至奠定了当地经济的基础。但是，

他们却引发了当地人特别是西方白人工人的强烈不满。归纳起来，这些不满主要来自两个方面。

一是华工人数众多又特别能吃苦，基本上什么脏活累活都能干，并且能够忍受极低的工作报酬。不论工作条件多么恶劣，只要还有空气和水，他们似乎都能胜任；而且一块地方只要出现了一个华工，很快就会有一群。西方人认为这严重挤压了他们的生存空间，霸占了他们的工作机会："他们走到哪里都是想发财，不放过任何能够获利的机会"，"处处都有他们！成群结队，就像刮起的沙尘暴"！

二是在西方人看来，一群黄皮肤的人在一起，是一个几乎封闭的体系，这很可怕：他们从不参与白人工人的工会组织，也不参与什么工人运动，他们的生活似乎永远只有埋头辛苦地干活、挣钱，然后在改变自己命运的同时也改变当地的经济形态。他们的特征如此鲜明,以至于"外国人"就显得截然不同。外国人无法融入他们的圈子，当然，他们也不会融入外国人的圈子。

于是，西方世界里的白人工人便将华工的竞争看作对于他们的生活水平乃至生存的致命威胁：华工身处一个具有完全不同的社会组织、思想和文明的世界，同他们一起居住，必然会败坏白人社会。

民间的情绪是可以引导和利用的。重视这种情绪的，有两个国家——俄国和德国。

俄国是传统的欧洲大国，而他们的领土扩张野心仍然不死。此时他们正在秘密推行"黄俄罗斯计划"，盯上了大清的龙兴之地——东北。

而德国在1871年完成统一之后，经过20多年的发展，已经成为欧洲的新兴强国。他们正在四处打量：还有没有能让我们德国人插一腿的地方？

打量来打量去，他们的目光聚集在了遥远的东方土地——大清。

1895年，德国皇帝威廉二世正在皇宫里看一幅画，他将这幅画命名为《黄祸图》。画上，上帝麾下的首席战士——伊甸园的守护者、战斗天使米迦勒手持红色十字利剑，率领着一群手持武器的皈依上帝的教民

"刚刚突出重围",而在他们的后方,被他们"打败"的,是来自东方的佛和龙。

威廉二世在这幅画上写下了一行字:"欧洲各民族,保护你们的信仰和家园吧!"然后,他命人复制一幅送给法国,而另外一幅,则送给了此时正在野心勃勃地谋划如何得到东北的俄皇尼古拉二世。

正是从这幅画开始,因争夺清国东北而发端的、在人类战争史上被称为"第零次世界大战"、首次出现人肉挡机枪的惨烈状况的日俄战争,即将在大清的东北大地上演!

八国联军横行京津的同时,沙俄突然出动十几万军队侵占满洲,踩到了日本"利益线"的底线。1904年,日俄战争爆发,双方均投入了四五十万兵力。经20个月苦战,日本最终险胜国力、兵力远远高于己方的俄国。此战除了疯狂的沙皇尼古拉二世、孤注一掷的天皇睦仁,乃木希典、东乡平八郎等十年前甲午战争的配角成了战争主角。这场发生在东北大地的战争,充满了惊心动魄和戏剧性的变化,留下了无数令人深省的事件。

日俄战争对大清最后十年的"新政"产生了深远影响。随着李鸿章、荣禄的先后去世,袁世凯以令人瞠目结舌的政治手段和政治表演,竟然同时继承了李鸿章和荣禄的权力衣钵,一跃成为清廷头号权臣。而随着慈禧开始新的权力布局,同样举世瞩目的"清末新政"就在庆袁集团与慈禧刻意扶植的大臣之间拉开了序幕……